『两山』理念背景下的中国森林资源价值核算研究

RESEARCH ON CHINA'S FOREST RESOURCES ACCOUNTING IN THE CONTEXT OF "TWO MOUNTAINS" THEORY

中国森林资源价值核算研究项目组 ◎ 编

中国林业出版社
China Forestry Publishing House

审图号：GS京（2022）1348号

图书在版编目（CIP）数据

"两山"理念背景下的中国森林资源价值核算研究 ／ 中国森林资源价值核算研究项
目组编 . -- 北京 ：中国林业出版社，2022.12
　ISBN 978-7-5219-1841-0

　Ⅰ . ①两… Ⅱ . ①中… Ⅲ . ①森林资源—经济核算—研究—中国 Ⅳ .
① F326.25

　中国版本图书馆 CIP 数据核字 (2022) 第 157268 号

责任编辑 于界芬　于晓文

出版发行　中国林业出版社（100009，北京市西城区刘海胡同 7 号，电话 010-83143549）
电子邮箱　cfphzbs@163.com
网　　址　www.forestry.gov.cn/lycb.html
印　　刷　北京雅昌艺术印刷有限公司
版　　次　2022 年 12 月第 1 版
印　　次　2022 年 12 月第 1 次印刷
开　　本　787mm×1092mm　1/16
印　　张　18.5
字　　数　300 千字
定　　价　128.00 元

"两山"理念背景下的中国森林资源价值核算研究
项目组

项目领导小组

组　长　张建龙　宁吉喆
副组长　彭有冬　李晓超

项目专家指导委员会

主　任　江泽慧
副主任　马建堂　赵树丛
委　员　蒋有绪　唐守正　尹伟伦　傅伯杰　李家洋　方精云　曹福亮
　　　　张守攻　葛剑平　盛炜彤　黄守宏　褚利明　程子林　彭有冬
　　　　施发启　胡章翠　费本华　刘世荣　汪　绚　戴广翠

项目主要参研人员

林地林木课题组	王月华	张志涛	张　宁	宁金魁	王建浩	王伊煊
	张欣晔	郭　晔	任海燕	彭道黎	蒋　立	程琪媛
	马景锐	王　伟	王　凯	王剑武	王森林	韦龙斌
	吕康梅	刘　军	刘如聪	刘明才	刘洽昆	刘建聪
	刘　锦	孙　文	纪卓荣	李庆波	邹　颖	张江平
	张　谷	陈乐蓓	陈国林	罗军伟	李元祖	周小平
	孟祥江	赵丰钰	赵　越	郝再明	姜　尚	洪桢华
	贺喜叶乐吐	袁传武	柴　政	涂彦军	殷　有	郭朝霞
	康文智	舒联方	潘文强			
森林生态课题组	王　兵	牛　香	宋庆丰	刘　润	丁访军	于新文
	王立中	王永福	王新英	方江平	甘先华	卢　峰
	申文辉	代力民	冯万富	吕　寻	任　军	刘小林

	刘苑秋	刘贤德	阮宏华	孙向宁	苏建荣	李明文
	李显玉	杨会侠	杨钙仁	吴和平	吴春荣	宋希强
	张红蕾	张秋良	张维康	张慧东	张露	陈本文
	陈伏生	陈志泊	陈波	陈健波	陈祥伟	范培先
	罗大庆	周本智	周梅	孟广涛	孟祥江	胡海波
	钟哲科	姚兰	莫其锋	夏尚光	倪细炉	高鹏
	陶玉柱	曹秀文	曹建生	阎恩荣	彭明俊	韩新辉
	蔡会德	蔡体久	梁启	魏江生	刘广菊	肖放
	廖菊阳	韩玉洁	王天平	刘秉儒	涂德兵	税玉民
森林文化课题组	汪绚	尹刚强	樊宝敏	陈雷	王雪军	刘经纬
	张玉钧	陈丽微	熊静	胡海平	任重	兰思仁
	王琳	高大伟	周军	张德成	万志兵	李智勇
	宋军卫	谢和生	但新球	但维宇	冯艳萍	朱霖
	任平	刘作福	陈登	赵燕	李传有	王季思
	宋丽君	陈仪	李梦羽	王竹	涂晓婷	潘熠
	吴祺雷	汪秋红	洪凌涛	修新田	王雅蕾	韩笑
	王碧云	秦子薇	马益鹏	涂琳琳	黄静婷	王嘉欣
	贾倩	郑月宁	郭佳	戴子云	吉银翔	周苏宁
	曹光树	陈继阳	薛俊桓	丰伟		

项目统稿组

彭有冬	胡章翠	郝育军	刘世荣	王兵	王月华
汪绚	李智勇				

项目秘书处

秘　书　长	郝育军				
副秘书长	费本华	刘世荣	尹刚强	李晓华	
成　　员	宋红竹	吴红军	程强	刘庆新	王兵	张志涛
	覃道春	杨淑敏	孙雯	夏恩龙	刘志佳	石雷
	陈雷	宋庆丰				

森林是一种重要的自然资源，开展中国森林资源核算研究，可以定量测算我国森林资源及其提供的生态系统服务的实物量和价值量，科学反映森林的功能和作用，是推动将森林资源纳入国民经济发展核算体系的重要探索；是贯彻落实习近平生态文明思想和党的十九大及二中、三中、四中、五中全会精神，坚持和完善生态文明制度体系，促进人与自然和谐共生，践行绿水青山就是金山银山理念，坚持节约资源和保护环境的基本国策；是适应社会主义市场经济、绿色转型发展和全球绿色发展大势的重要途径，具有前瞻性、创新性和战略性，意义十分重大，具有重要应用价值。

为贯彻落实习近平生态文明思想，坚持新发展理念，顺应世界绿色增长与发展大势，国家林业局（现国家林业和草原局）联合国家统计局组织开展了"中国森林资源核算"研究，在2004年、2013年两期项目研究成果基础上，2016年7月启动开展了第三期项目研究，主要包括林地林木资源核算、森林生态服务价值核算、森林文化价值评估以及林业绿色经济评价指标体系等四部分内容。第三期项目由国际竹藤中心江泽慧教授担任项目负责人，国际竹藤中心、中国林业科学研究院、国家林业和草原局发展研究中心、中国生态文化协会等单位参与了项目研究。

项目组以联合国等发布的《2012年环境经济核算体系：中心框架》《2012年环境经济核算体系：实验性生态系统核算》为理论依据，与现行国民经济核算体系（SNA）相衔接，基于第九次全国森林资源清查实测数据，以及国家统计局、国家林业和草原局、农业农村部、水利部、生态环境部等机构公布的社会公共价格数据，结合国内外最新研究成果，创新发展并完善了森林资源核算的理论方法，全面系统地核算了全国林地林木资源的经济价值、生态服务的货币价值，首次创新性地提出了森林文化价值评估方法，为建立我国资源环境核算体系、编制自然资源资产负债表进行了非常有价值的探索，提供了重要参考。

第九次森林资源清查期末（2018 年），全国林地林木资源总价值 25.05 万亿元，全国森林生态系统提供生态服务总价值为 15.88 万亿元，全国森林提供森林文化价值约为 3.10 万亿元。与第八次全国森林资源清查期末（2013年）相比，林地林木资源总价值增长了 13.70%，森林生态服务年价值量增长了 25.24%。这些研究结果表明，我国林地林木资源持续增长，森林财富持续增加，为绿色发展奠定了重要的物质基础；天然林资源逐步恢复，人工林资产快速增长，"绿水青山"向"金山银山"转化的根基更加稳固。"绿水青山"的保护和建设进一步扩大了"金山银山"体量，为推进新时代中国特色社会主义生态文明建设提供了良好生态的条件。

该书借鉴了当前国际上最前沿的环境经济核算理论和方法体系，同时紧密结合我国森林资源清查和森林生态系统服务监测的实际情况，首创森林文化价值评估方法，在国内外该领域都具有明显的先进性、适用性。同时，该书内容丰富，图表翔实准确，深入浅出，为我国建立综合环境经济核算体系、编制林木资源资产负债表和构建森林生态产品价值实现机制提供了重要参考；既可以作为林学和生态学相关教学研究的教材和学术专著，又可以作为各级林业、统计等相关部门森林资源核算的工具手册。下一步，建议林业相关部门，借鉴本书森林资源核算项目的成功做法，开展重要省份森林资源价值核算试点工作，推进经济建设、生态文明建设和可持续发展，认真践行绿水青山就是金山银山理念，落实中央关于建立健全生态产品价值实现机制的要求。

中国工程院院士

2022 年 8 月

Foreword

Forest is one of the important natural resources. The research on forest resource accounting in China can quantify the physical quantity and monetary value of China's forest resources and their ecosystem services and enable science-based demonstration of functions and benefits of forests, which is a key exploration for incorporating forest resources into the system of national accounts. It is an important measure to implement Xi Jinping's Thought on Ecological Civilization and fulfill the spirits of the 19th CPC National Congress and the 2nd, 3rd, 4th and 5th plenary sessions of the 19th CPC Central Committee, and it also serves to uphold and improve the system of ecological civilization, promote harmonious co-existence between man and nature, advocate the "Two Mountains" theory, and adhere to China's basic state policy of resource conservation and environmental protection. The research is a critical approach to adapting to the socialist market economy, green transition and global green development. In these senses, the forward-looking, innovative and strategic study of forest resources accounting in China is of great significance and high practical value.

In a bid to implement Xi Jinping's Thought on Ecological Civilization, uphold the new development philosophy, and follow the global trend of green growth, the National Forestry and Grassland Administration (NFGA) and the National Bureau of Statistics (NBS) has launched the research project of forest resource accounting in China. Based on the results of the Phase I in 2004 and the Phase II in 2013, the Phase III Project was initiated in July 2016, which is focused on the accounting of forest land and tree resources, the valuation of forest ecosystem services, the assessment of forest cultural value and the evaluation index system of forestry-based green economy, respectively.

The Phase III Project is coordinated by Prof. Jiang Zehui from the International Centre for Bamboo and Rattan (ICBR) and jointly implemented by ICBR, Chinese Academy of Forestry, Research Center on Development of NFGA, China Eco-Culture Association, etc.

The research draws its theoretical framework from the *System of Environmental-Economic Accounting 2012: Central Framework (SEEA—2012)* and the *System of Environmental-Economic Accounting 2012: Experimental Ecosystem Accounting (SEEA—EEA)*, which are the two latest publications by the UN, as well as the prevailing system of national accounts (SNA). It innovates and improves the theoretical framework for forest resource accounting in China, and evaluate the economic value of China's forest land and tree resources and the monetary value of their ecosystem services, based on the field data from the 9th National Forest Resource Inventory, public prices data published by NBS, NFGA, Ministry of Agriculture and Rural Affairs, Ministry of Water Resources and Ministry of Ecology and Environment, and the latest research results at home and abroad. The research also pioneers a methodology for the assessment of forest cultural value, and provides a valuable reference for establishing a system of resource and environment accounting and compiling the balance sheet of natural resources in China.

In 2018, when the 9th National Forest Resource Inventory came to an end, China's forest land and tree resources were valued at RMB 25.05 trillion, the forest ecosystem services at RMB 15.88 trillion, and the total forest cultural value nationwide at approximately RMB 3.10 trillion. Compared to the values at the end of the 8th National Forest Resource Inventory in 2013, the total value of national forest land and tree resources grows by 13.70% and the yearly value of forest ecosystem services increases by 25.24%. The research shows that there is a continuous increase in China's forest land and tree resources and a resulting growth of forest wealth, which provides an important material foundation for green development. It also reveals that the natural forest resources in China have gradually recovered while planted forest resources have grown fast, laying a solid base for the conversion of lucid water and lush mountains into invaluable assets. Conserving and expanding "lucid waters and lush mountains" will further ensure the growth of China's "invaluable assets", and offer superb ecological conditions for socialist ecological civilization development in the new era.

The book uses world cutting-edge theoretic frameworks and methodologies regarding environmental-economic accounting as reference and takes into consideration the reality of forest resource accounting and the forest ecosystem services monitoring in China, to pioneer a methodology for forest cultural value assessment. This makes it stand out in this field at home and abroad for progressive nature and applicability. With detailed and accurate graphs, the informative and easy-to-understand book provides an important reference for China to establish a comprehensive system framework of environmental-economic accounting, compile the forest resources balance sheet and realize the value of forest ecological products. It can be used not only as a textbook and monograph for education and research in the field of forestry and ecology, but also as a handbook on forest resource accounting for relevant institutions of forestry and statistics It is recommended that forestry-related institutions should draw lessons from the forest resource accounting, which is introduced in this book, and pilot forest resource accounting in key provinces, in order to facilitate economic growth, ecological conservation and sustainable development, act on the "Two Mountains" theory, and meet the central government's requirements on building and improving the mechanism behind ecological product value realization.

Member, Chinese Academy of Engineering

Yin Weilun

August , 2022

「两山」理念背景下的
中国森林资源价值核算研究

前 言

一

在 2021 年的全国两会上，习近平总书记对内蒙古大兴安岭林区生态产品价值评估结果 6159.74 亿元给予了高度肯定，总书记指出生态本身就是价值，不仅有林木本身的价值，还有绿肺效应，更能带来旅游、林下经济等，"'绿水青山就是金山银山'是增值的"。

党的十九大提出，我国社会主要矛盾已经转化为人民日益增长的美好生活需要和不平衡不充分的发展之间的矛盾。在物质供给比较充分繁荣的时代，人民群众迫切需要生态产品的丰富和繁荣，赋予了林业前所未有的历史使命。林业必须主动服从服务于国家战略大局，即稳步扩大森林面积，提升森林质量，增强森林生态功能。同时，为贯彻落实习近平生态文明思想，坚持新发展理念，顺应世界绿色增长与发展大势，在 2004 年、2013 年两期项目研究成果基础上，2016 年 7 月国家林业局、国家统计局再次联合组织开展了"中国森林资源核算"三期研究，主要包括林地林木资源核算、森林生态系统服务价值核算、森林文化价值评估，以及林业绿色经济评价指标体系等 4 部分内容。

该项研究有利于科学、客观、量化地认识森林的功能和价值。通过森林资源核算能让人们明确地看到森林对经济社会发展提供的价值到底有多少，从而有利于牢固树立生态保护意识，自觉把森林当作财富加以保护和可持续利用。开展这项前瞻性的战略研究，至少具有三方面的重大意义：

有利于实现从资源管理向资产管理转变。党的十八届三中全会提出的"建立健全国家自然资源管理体制"，这对开展森林资源核算，对森林资源资产实物量和价值量进行核算具有重要的指导意义，也可以有效地反映森林资源资产的存量和变动情况，为森林资源资产化管理奠定基础。

有利于加快生态文明制度建设。森林资源核算研究形成的森林生态系统服务核算、森林文化价值评估及林地林木资源核算评估方法为健全和完善生态效益补偿和森林资源有偿使用等重大制度提供了重要依据。

有利于建立健全生态产品价值化实现机制，也是坚持生态优先、推动绿色发展的必然要求。中国正在推行生态GDP核算，对林业生态效益价值量化的需要越来越迫切。只有将林业生态效益价值量化，才更能引发全民保护生态环境的自觉性，实现可持续发展。

<h2 style="text-align:center">二</h2>

如何选取适用的森林资源核算理论和方法，如何准确界定核算对象，是国际同类研究的难点，也是本项研究的核心基础。

本次研究采用了联合国、欧洲联盟、国际货币基金组织、经济合作与发展组织、世界银行、联合国粮食及农业组织共同发布的《2012年环境经济核算体系：中心框架》（以下简称SEEA-2012）以及《2012年环境经济核算体系：实验性生态系统核算》的要求，并根据我国现行国民经济核算体系（SNA）和中国森林资源清查实际制定基本框架、内容和方法，确定了符合我国林地林木资源核算的框架体系。本次森林资源核算研究，在前两期研究的基础上，充分吸收和借鉴国内外最新研究成果，在核算评估的理论和方法上不断创新并与中国森林资源管理实践紧密结合，进一步完善了我国森林资源核算的理论框架和方法体系，在理论与实践结合的应用方面处于世界领先水平。

林地林木资源实物量核算数据主要来源于第九次全国森林资源清查结果。价值量核算数据源于林地林木资源价值核算专项调查，在各省（自治区、直辖市）抽样选取近500个国有林场（乡镇）作为样本点，该样本量已经满足抽样要求，通过县—省—国家林草管理部门逐级上报价值量核算基础数据。

在森林生态系统服务价值核算中，按照森林生态系统当期提供的服务流量进行核算，采用森林生态连清技术体系，基于国家标准《森林生态系统服务功能评估规范》（GB/T 38582—2020），选择森林涵养水源、保育土壤、固碳释氧、林木养分固持、净化大气环境、森林防护、生物多样性保护、森林康养等服务功能 8 类 24 个评价指标，核算了森林生态系统服务物质量、价值量及变动情况。

在本次评估中，森林生态连清技术体系得到进一步完善。在标准体系方面，增加了 4 项国家标准，分别为《森林生态系统长期定位观测方法》（GB/T 33027—2016）、《森林生态系统长期定位观测指标体系》（GB/T 35377—2017）、《森林生态系统服务功能评估规范》（GB/T 38582—2020）、《森林生态系统长期定位观测研究站建设规范》（GB/T 40053—2021），提升了各森林生态站及辅助监测点森林生态连清数据的准确性和可比性；在评估指标和评估方法方面，借鉴国外典型评估案例和项目组近年来的研究成果，在生物多样性保护功能、森林康养功能、滞尘功能的评估方法上进行修正和完善。在固碳释氧服务功能中首次提出了中国森林全口径碳汇的全新理念。在社会公共数据方面，依据《中华人民共和国环境保护税法》规定的"环境保护税税目税额表"中相关应税污染物当量值和征收税额对森林净化水质、森林吸收污染气体和滞尘功能的价值量进行评估。

森林文化价值评估主要数据来源于第九次全国森林资源清查结果，价值量评估中涉及的国内生产总值、森林旅游支出、人均可支配收入、区域人口等主要来源于国家统计局、文化和旅游部、国家林业和草原局等部门公布的统计数据。

"中国森林的文化价值评估研究"作为一项开创性的人文科学与自然科学相结合的交叉科学研究，在引入时间价值理论、自然价值理论、协同理论和梯度理论基础上，以"人与森林共生时间"为核心，链接森林文化价值评估指标体系综合指标系数和第九次全国森林资源清查结果，创新性地提出森林文化物理量和价值量的价值评估法，在国际和国内尚属首创。研究成果对于进一步提升社会对森林多种价值的认识，传承与弘扬中华优秀传统生态文化，增强文化自信、文化自觉等具有重大意义，特别是为践行习近平总书记"绿水青山就是金山银山"理念提供了理论和实践支撑。同时对区域生态文明建设的成效评估和探索森林生态系统生产总值测算，具有重大意义。

我们相信，随着人们认识水平的不断提高，评估技术不断进步，森林资源核算的系统性、客观性将不断改进。

三

"绿水青山"的保护和建设进一步扩大了"金山银山"体量，为推进新时代中国特色社会主义生态文明建设提供了良好生态条件。第九次全国森林资源清查期间的林业生态建设成效显著，进一步提升了全国森林生态系统服务水平。

第九次森林资源清查期末（2018年），全国林地资源实物量3.24亿公顷，林木资源实物量185.05亿立方米；全国林地林木资源总值25.05万亿元，其中林地资产9.54万亿元，林木资产15.52万亿元。与第八次全国森林资源清查期末（2013年）相比，林地资源面积增长4.51%，林地资源价值量增长24.87%；林木资源实物存量增长了15.12%，价值量增长了13.70%。

2018年，我国森林生态系统提供生态系统服务价值达15.88万亿元，比2013年增长了25.24%。与第八次森林资源清查期间2009—2013年相比，全国森林生态系统服务年实物量增长明显。其中，涵养水源功能中调节水量增加了8.31%，保育土壤功能中固土量增加了6.80%、保肥量增加了7.50%，净化大气环境功能中提供负离子量增加了8.37%、吸收气体污染物量增加了5.79%、滞尘量增加了5.36%。全国森林生态系统服务年价值量从12.68万亿元/年增长到了15.88万亿元/年，增长了25.24%。

全国森林提供森林文化价值约为3.10万亿元。森林文化价值评估方法中相关指标如"人与森林共生时间"就低取值，未计算森林文化价值的外延效益。由于森林的文化价值与森林的生态系统服务价值、经济价值既相互关联又相对独立；国际国内关于森林文化价值评估研究多处于定性范畴，基于历史与现实的复杂性和人类认识的局限性，难以做到精准核算并穷尽其价值。而我国森林文化价值核算是首次创新性开展工作，用相对准确的概念界定指标体系并进行定性和定量评估，以后还将深化研究，逐步完善。

森林作为陆地生态系统的主体，是陆地生态系统中最大的碳库，森林植被通过光合作用可吸收固定大气中的二氧化碳，发挥巨大的碳汇功能，并具有碳汇量大、成本低、生态附加值高等特点。森林对以二氧化碳为主的温室气体的调控，主要体现在三个方面——贮碳、吸碳和放碳。联合国粮食及农业组织对全球森林资源的评估结果表明，森林是陆地生态系统最重要的贮碳库，全球森林面积约40.6亿公顷，约占总陆地面积的31%，森林碳贮量高达6620亿吨。

在中国森林资源核算项目一期、二期、三期研究过程中，项目组创新性地提出中国森林全口径碳汇的全新理念，即中国森林全口径碳汇＝森林资源碳汇＋疏林地碳汇＋未成林造林地碳汇＋非特灌林灌木林碳汇＋苗圃地碳汇＋荒山灌丛碳汇＋城区和乡村绿化散生林木碳汇，只有全口径碳汇才能真实地反映林业在生态文明建设战略总体布局中的作用和地位。目前，我国森林资源面积为 2.2 亿公顷、疏林地面积为 342.18 万公顷、未成林造林地面积为 699.14 万公顷、非特灌林灌木林面积为 1869.66 万公顷、苗圃地面积为 71.98 万公顷、城区和乡村绿化散生林木株数 109.19 亿株。本次核算结果显示，我国森林全口径碳汇量达 4.34 亿吨／年，折合成二氧化碳量为 15.91 亿吨，根据中国碳排放网报道，我国 2018 年二氧化碳排放量为 100 亿吨，那么同期全国森林吸收了全国二氧化碳排放量的 15.91%，起到显著的碳中和作用。据第九次森林资源清查报告记录，全国森林蓄积量净增 22.79 亿立方米，每年约为 4.5 亿立方米，根据生物量转化因子（BEF 为 2.1~5.0）和含碳率（0.445 左右），三者相乘能够粗略的估算森林生态系统植被层年固碳量，估算结果与本核算结果大致相当。据 2020 年 9 月 30 日中央政府网报道，2019 年我国单位国内生产总值二氧化碳排放比 2015 年和 2005 年分别下降约 18.2% 和 48.1%，2018 年森林面积和森林蓄积量分别比 2005 年增加 4509 万公顷和 51.04 亿立方米，成为同期全球森林资源增长最多的国家。通过不断努力，中国已成为全球温室气体排放增速放缓的重要力量。目前，我国人工林面积达 7954.29 万公顷，成为世界上人工林面积最大的国家，其面积约占天然林的 57.36%，但单位面积蓄积生长量为天然林的 1.52 倍，说明我国人工林在森林碳汇方面起到了非常重要的作用。另外，我国森林资源中幼龄林面积占森林面积的 60.94%，中幼龄林处于高生长阶段，具有较高的固碳速率和较大的碳汇增长潜力。以上对我国二氧化碳排放力争 2030 年前达到峰值，2060 年前实现碳中和都具有重要作用。

四

森林是一种重要的自然资源，森林资源核算是自然资源核算的重要内容和有机组成部分。加强森林资源核算，可以定量测算我国森林资源及其提供的生态系统服务的实物量和价值量，科学反映森林的功能和作用，更好地服务于经济建设和生态文明建设。国家林业和草原局作为林业和草原主管部门，在森林资源管理和森林资源调查等方面具有丰富的专业技术和经验。国家统计局作为统计主管部门，在环境经济核算体系的国际标准和实践的研究方面积累了一定的经验。国家林业和草原局和国家统计局联合开展中国森林资源核算项目，是贯彻落实党的十八大、十八届三中全会、十九大和十九届五中全会精神的重要举措，对于加强和完善森林资源管理，推进经济建设、生态文明建设和可持续发展具有十分重要的意义。中国森林资源核算研究项目采纳最新的相关国际标准，同时紧密结合我国森林资源统计调查实际，探索建立中国森林资源核算的理论框架和基本方法，为建立我国资源环境核算体系、编制自然资源资产负债表进行了非常有价值的探索，提供了重要参考。

一是林地林木资源持续增长，森林财富持续增加，为绿色发展奠定了重要的物质基础。第九次全国森林资源清查期间（2014—2018年），全国森林面积、森林蓄积量双增长，森林覆盖率从21.63%提高到22.96%。清查期末林地林木资产总价值25.05万亿元，较第八次清查期末2013年总价值净增加3.76万亿元，增长17.66%。清查期末我国人均拥有森林财富1.79万元，较第八次清查期末2013年的人均森林财富增加了0.22万元，增长14.01%。天然林资源逐步恢复，人工林资产快速增长，"两山"转化的根基更加稳固。中东部地区林地林木资产价值快速增加，地方绿色发展的生态资本更加扎实。西部地区林地林木资产实物量、价值量比重最大，蕴含着巨大的生态发展潜力。

二是森林资源核算研究为编制林木资源资产负债表和探索生态产品价值实现机制奠定了重要基础。森林资源核算研究借鉴了当前国际上最前沿的环境经济核算理论和方法体系，同时紧密结合我国森林资源清查和森林生态系统服务监测实际，采用我国首次提出的森林资源核算的理论和方法，构建了基于我国国情的森林资源核算框架体系，在国内外该领域都具有明显的先进性、适用性，为建立我国环境经济核算体系、编制林木资源资产负债表和构建森林生态产品价值实现机制提供了重要参考。

三是开展中国森林文化价值评估尚属首创。构建森林文化价值评估指标体系，创新性地提出森林文化的物理量和价值量的评估法，并以此对全国森林的文化价值首次开展了计量评估。研究成果对传承与弘扬中华优秀传统生态文化，增强文化自信、文化自觉等具有重大意义；同时，可以应用于区域森林文化价值和政府生态文明建设成效评估、完善森林生态系统生产总值测算。

开展森林资源核算是一项具有前瞻性、创新性和科学性的研究工作，也是一项涉及林业、统计、环境和国土等诸多领域的一项基础性和综合性的工作，系统性强，政策面广，任务艰巨，意义重大。在前两期的基础上，新一期不仅取得了重大阶段性成果，还对核算理论方法进行了进一步的完善，对统计和监测的建立运行，为自然资源资产负债表编制奠定了科学的基础。

本次中国森林资源核算研究，为完善国民经济核算体系做了有益探索，同时开启有效保护与可持续利用森林资源的新阶段，为实现党的十八大提出的建设生态文明、美丽中国的宏伟目标作出应有的贡献！

编　者

2022年9月

『两山』理念背景下的
中国森林资源价值核算研究

I

During the annual session of National People's Congress and the Chinese Political Consultative Conference (NPC&CPPCC) in 2021, President Xi Jinping spoke highly of the RMB 615.97 billion worth of ecological products in Daxinganling Forest Region of Inner Mongolia. President Xi pointed out that the forest ecosystem contains its values not only from forests and their green-lung effect, but also from tourism, under-storey economy, etc. "Lucid water and lush mountains are invaluable assets" have its value on the rise.

It is pinpointed in the 19th National Congress of the Communist Party of China that the principal contradiction in China has evolved to the contradiction between the people's ever-growing needs for a better life and unbalanced and inadequate development. In the era of sufficient material supply, Chinese people urgently need the abundant and diverse ecological products, which gives the forestry sector an unprecedented historical mission. The forestry sector must proactively comply with and serve the overarching national strategy, i.e., steadily expanding forest area, improving forest quality and enhancing forest ecological functions. At the same time, in order to implement Xi Jinping's Thought on ecological civilization, firmly implement the new development philosophy and adapt to the general trend of world green growth and development, the National Forestry and Grassland Administration (NFGA) teamed up with the National Bureau of Statistics (NBS) to launch the Phase III Project of "China Forest Resources Accounting" in July 2016, based on the research results of the Phase I Project and the Phase II Project implemented in 2004 and 2013, respectively. The research is focused on 4 parts, i.e., the accounting of forest land and tree resources, the valuation of forest ecosystem service, the assessment of forest cultural value, and the evaluation index system of forestry-based green economy.

This research is conducive to the scientific, objective and quantitative understandings of the functions and values of forests. Through forest resource accounting, the value that forests contribute to socio-economic development can be explicitly understood, which thus helps increase the awareness of ecological protection and consciously protect and sustainably utilize forests as wealth. This forward-looking research is of great significance in at least three aspects:

It is conducive to realizing the transformation from resource management to asset management. The 3rd Plenary Session of the 18th CPC Central Committee proposed to "establish and improve the national natural resources management system", which serves as an important guidance for carrying out forest resource accounting to quantify the quantity and value of forest resource assets and effectively reflect the inventory and changes of forest resources, thus laying the foundation for forest resources asset management.

It is conducive to accelerating the development of ecological civilization system. The methodology proposed by this research for forest ecosystem service valuation, forest cultural value assessment and forest land and tree resource accounting provides an important basis for improving the systems for ecological compensation and paid use of forest resources.

It is conducive to establishing and improving the mechanism for realizing the value of ecological products, which is also an inevitable requirement for adhering to the principle of eco-environment prioritization and green development. China is promoting gross ecosystem product (GEP) accounting, and the need to quantify the value of forestry ecological benefits has become increasingly urgent. Only by quantifying the ecological benefits of forestry can the people's eco-environment awareness be aroused and sustainable development be achieved.

II

How to select the applicable theory and methodology for forest resource accounting and how to accurately define the objects of accounting are the main challenges confronted by similar international studies, which are also the core content of this research.

Referring to the *System of Environmental-Economic Accounting 2012: Central Framework (SEEA—2012)* and the *System of Environmental-Economic Accounting 2012: Experimental Ecosystem Accounting (SEEA—EEA)*, jointly released by the United Nations, the European Union, the International Monetary Fund, the Organization for Economic Cooperation and Development, the World Bank, and the Food and Agriculture Organization of the United Nations, and taking into consideration China's System of National Accounts (SNA) and the results of China National Forest Resource Inventory, this research develops the basic theoretic framework, content and methodology, and determines the system framework for the accounting of China's forest land and tree resources. Based on the research results of the previous two research projects, this research on forest resources accounting further improves the theoretical framework and methodology system of forest resources accounting in China by fully learning from the latest research progress at home and abroad, continuously innovating the theory and methodology of the accounting and gaining ground on China's forest resource management practice. The research accomplishes the world top level of application in terms of theory-practice combination.

The data for the physical quantity accounting of forest land and tree resources mainly comes from the results of the 9th National Forest Resources Inventory, while the data for the monetary value accounting of forest land and tree resource comes from the special investigation on the valuation of forest land and tree resources. In the investigation, nearly 500 state-owned forest farms (townships) were selected and sampled in all provinces (autonomous regions and municipalities), which meets the requirement on sample size, and the basic data were reported level by level from county through province to the NFGA.

For the valuation of forest ecosystem services, the flow of service that forest ecosystem provides in the current period is taken for the accounting. Twenty-four evaluation indicators under 8 categories of forest ecosystem service functions are selected in accordance with the technology system of continuous forest ecosystem service inventory and China's national standard of *Specifications for Assessments of Forest Ecosystem Services* (GB/T 38582−2020), to measure the quantity, value and fluctuations of forest ecosystem services. The 8 categories include water conservation, soil conservation, carbon fixation and oxygen release, tree nutrient retention, atmospheric environment purification, forest protection, biodiversity conservation, and forest-based healthcare.

In this valuation, the technology system of continuous forest ecosystem services inventory has been further improved. Four national standards have been developed and released, including *Methodology for Field Long-term Observation of Forest Ecosystem* (GB/T 33027−2016), *Indicators System for Long-term Observation of Forest Ecosystem* (GB/T 35377−2017), *Specifications for Assessments of Forest Ecosystem Services* (GB/T 38582−2020) and *Specification for Construction on Long-term Observation Research Station of Forest Ecosystem* (GB/T 40053−2021), all of which contribute to the improved accuracy and comparability of forest ecosystem service inventory data collected at each forest ecological station and auxiliary monitoring points. In terms of valuation indicators and methodology, we refer to typical evaluation cases in other countries and the results of the research projects in recent years, to correct and improve valuation methodology for biodiversity conservation, forest-based healthcare, and dust retention. For the service function of carbon fixation and oxygen release, a new concept of "China's full-caliber forest carbon sequestration" is proposed for the first time. Concerning public data, the equivalent value of relevant taxable pollutants and the amount of tax collection are used as reference based on the "Environmental Protection Tax Items and Tax Amount Table" stipulated by the *Environmental Protection Tax Law of the People's Republic of China*, to valuate the forest functions of water purification, pollutant absorption and dust retention.

The data for forest cultural value assessment comes from the 9th National Forest Resources Inventory, while the data on the national GDP, forest tourism expenditure, per capita disposable income, and regional population, which are the indicators of forest culture value assessments, mainly come from the statistical data published by the NBS, the Ministry of Culture and Tourism, and the NFGA.

Forest cultural value assessment in China is a pioneering cross-disciplinary study which combines humanities and natural sciences. With the "human and nature in symbiosis" as core theory and the time value theory, natural value theory, synergy theory and gradient theory as the theoretic basis, the research links the comprehensive index coefficient of forest cultural value assessment index system with the results of the 9th National Forest Resources Inventory to propose an innovative method for assessing the physical quantity and monetary value of forest culture, which is ground-breaking both nationally and internationally. The research results are of great significance to further enhance the community's understanding of the multiple values of forests, inherit and carry forward the excellent traditional Chinese ecological culture, and boost cultural self-confidence and awareness. Particularly, this research provides theoretical and practical support for implementing President Xi Jinping's philosophy of "Lucid water and lush mountains are invaluable assets". At the same time, it is also of great significance for evaluating the effectiveness of regional ecological civilization development and exploring the valuation of gross forest ecosystem production.

We believe that with increasing awareness and improved assessment techniques, the forest resource accounting will be continuously improved in terms of holism and objectivity.

III

The protection and expansion of "lucid water and lush mountains" contributes to the increase in invaluable assets, providing excellent ecological conditions for promoting the development of a socialist ecological civilization with Chinese characteristics in the new era. During the 9th National Forest Resources Inventory, the forest-based eco-environment achieved remarkable improvements, further raising national forest ecosystem service.

By the end of the 9th Forest Resources Inventory (2018), national forest land resources and national forest tree resources were 324 million hectares and 18.51 billion cubic meters, respectively, in quantity; national resources of forest land and trees were valued at RMB 25.05 trillion, of which forest land resources had the value at RMB 9.54 trillion and forest tree resources at RMB 15.52 trillion. Compared with the 8th National Forest Resource Inventory, which ended in 2013, forest land resources increased by 4.51% in area and by 24.87% in value, while forest tree resources increased by 15.12% in volume and by 13.70% in value.

In 2018, forest ecosystem services in China was valued at RMB 15.88 trillion, with an increase of 25.24% compared with the valuation in 2013. Compared with the 8th National Forest Inventory (2009−2013), the annual increase in the quantity of forest ecosystem services in China is significant, while the amount of water regulation under the water conservation function increases by 8.31%; the amount of soil fixation and fertilizer preservation under soil conservation function increases by 6.80% and 7.50%, respectively; the amount of negative ions provided, pollutants absorbed and dust retained by forest, which are categorized under air purification function, increases by 8.37%, 5.79% and 5.36%, respectively. The annual value of national forest ecosystem services increases from RMB 12.68 trillion to RMB 15.88 trillion, with an increase of 25.24%.

The forests nationwide provide about RMB 3.10 trillion worth of forest cultural value. The assessment of forest cultural value gives a low value to the relevant indicators such as "human and forest in symbiosis" and does not calculate the extended benefits of forest cultural value in terms of methodology. Since the cultural value of forests are both interrelated to and relatively independent of the service value and economic value of forest ecosystem, and international and domestic studies of the assessment of forest cultural values are mostly qualitative, it is difficult to achieve accurate accounting and attain the highest value out of the complexity of history and reality and the limitations of human understanding. The assessment of forest cultural value is a pioneering and innovative attempt, which defines the index system with relatively accurate concepts and conducts qualitative and quantitative assessments. This assessment of forest cultural value needs to be further studied and improved in the future.

As the main part of the terrestrial ecosystem, the forest is the largest terrestrial carbon pool. Forest vegetation can absorb and fix carbon dioxide in the atmosphere through photosynthesis and play the role of an enormous carbon sink characterized by such as large carbon storage, low cost and high ecological value addition. Forests regulating greenhouse gases (mainly carbon dioxide) is mostly reflected in three aspects of carbon storage, carbon absorption and carbon emission. The FAO's *Global Forest Resource Assessment* shows that forests are the most important carbon sink in terrestrial ecosystems, the global forest area is about 4.06 billion hectares, about 31% of the total land area, and the forest carbon storage is as high as 662 billion tons.

During the first, second and third phases of the China Forest Resources Accounting Project, the project team innovatively proposed a new concept of China's full-caliber forest carbon sequestrations, whose formula is China's full-caliber forest carbon sequestration = forest resource carbon sequestration + sparse forest land carbon sequestration + immature forest land carbon sequestration+ shrub carbon sequestration + nursery carbon sequestration + barren hill carbon sequestration + carbon sequestration of urban and rural greening and scattered forest. Only with the full-caliber carbon sequestration formula can the role and position of forestry in the overall strategy and layout of ecological civilization development be truly reflected. At present, the forest area, sparse forest land area, immature forested land area, shrub area and nursery area in China is 220 million, 3.42 million, 6.99 million, 18.70 million and 719,800 hectares, respectively, and the number of trees used for rural and urban greening is 10.92 billion. This accounting show that China's full-caliber forest carbon sequestration reaches 434 million tons per year, equivalent to

1.59 billion tons of carbon dioxide. A report on China Carbon Emissions Network indicates that China's carbon dioxide emissions in 2018 were 10 billion tons. This means that forests absorb 15.91% of China's carbon dioxide emissions in the accounting period, playing a significant role in carbon neutrality. According to the 9th Forest Resources Inventory Report, the forest stock volume nationwide increases by 2.28 billion cubic meters, with an annual increase of 450 million cubic meters. By multiplying it with the biomass estimation factor (BEF, 2.1~5.0) and the carbon content rate (about 0.445), the annual carbon sequestration by the vegetation layer of the forest ecosystem can be roughly estimated, the result of which is consistent with the result of this accounting. A report posted on September 30, 2020 at the gov. cn indicates that China's carbon emissions per unit of GDP in 2019 decreases by about 18.2% compared to 2015 and 48.1% compared to 2005, and the forest area and forest stock volume in 2018 increase by 45.09 million hectares and 5.10 billion cubic meters, respectively, compared to 2005, which brings China to be the country with the world largest increase in forest resources. Through everlasting efforts, China has grown into an important force in slowing down global greenhouse gas emissions. At present, China is the world largest country in planted forest and its planted forest area reaches 79.54 million hectares, equivalent to 57.36% of natural forest area, but its stock volume per unit area is 1.52 times that of the natural forest, which means that planted forests play a very important role in forest carbon sequestration in China. In addition, the area of middle-aged and young forests in China takes up 60.94% of the total forest area. Middle-aged and young forests are in a high-growth stage, with a high rate of carbon sequestration and a large potential of carbon sequestration increase. All the above plays an important role in China's efforts to peak carbon emissions by 2030 and achieve carbon neutrality by 2060.

IV

Forest is one of the important natural resources, and forest resource accounting is an important and integral part of natural resource accounting. Strengthening the accounting of forest resources can quantitatively measure the value of China's forest resources and their ecosystem services, truthfully reflect the functions and roles of forests, and better serve economic growth and ecological civilization development. As the national authority of forestry and grassland, the NFGA has rich expertise and experience in forest resource management and forest resource inventory. As the statistics authority, the NBS has also accumulated certain experience in the research on international standards and practices related to the Environmental-Economic Accounting System. The China Forest Resources Accounting Project, jointly implemented by the NFGA and the NBS, is regarded as an important measure to fulfill the spirits of the 18th CPC National Congress, the 3rd Plenary Session of the 18th CPC Central Committee, 19th CPC National Congress and the 5th Plenary Session of the 19th CPC Central Committee, which is of great importance for strengthening and improving forest resource management and promoting economic growth, ecological civilization development and sustainable development. China's Forest Resource Accounting Project adopts the latest international standards, while is firmly grounded on China's forest resource investigations and statistics, to establish a theoretical framework and basic methodology for the forest resource accounting. It has made a very valuable exploration and provides an important reference for the establishment of China's resource and environmental accounting system and the compilation of the natural resource balance sheets.

First, the continuous growth of forest resources and forest wealth has laid an important material foundation for green development. During the 9th National Forest Resources Inventory (2014−2018), China achieved the dual increases in both the forest area and forest stock volume nationwide, and successfully increased the forest coverage from 21.63% to 22.96%. At the end of the 9th National Forest Resources Inventory, forest land and tree assets was valued totally at RMB 25.05 trillion, with a net increase of RMB 3.76 trillion or 17.66% compared with the total value in 2013 at the end of the 8th inventory; per capita forest wealth was RMB 17,900, with an increase of RMB 2,200 or 14.01% compared with that in 2013 at the end of the 8th inventory. Natural forest resources have gradually recovered while planted forest assets have grown rapidly, which consolidate the foundation for the conversion of lucid water and lush mountains into invaluable assets. The value of forest land and tree assets has increased rapidly in the central and eastern regions, replenishing ecological capitals for local green development. The volume and value of forest land and tree assets have a high proportion, presenting huge potentials for ecological development.

Second, the research on forest resource accounting lays an important foundation for compiling the balance sheet of forest resources and exploring the mechanism behind the ecological product value realization. The research on forest resource accounting draws on the cutting-edge environmental-economic accounting theory and methodology across the world, gains ground on the results of China's national forest resource inventory and forest ecosystem service monitoring, and adopts the theory and methodology that China has proposed for the first time, to establish the framework system of forest resource accounting in line with China's national conditions. This framework system boasts obvious progressive nature and applicability in this field at home and abroad and provides an important reference for establishing China's environmental-economic accounting system, compiling the forest resource balance sheets, and developing the realization mechanism for forest ecological product value.

Third, it is unprecedented to carry out the forest cultural value assessment in China. The research establishes the forest cultural value assessment index system, innovatively puts forward the method for assessing the physical quantity and value of forest culture, and implements the first quantitative assessment of forest cultural value in China. The research results are importantly significant for inheriting and promoting the excellent traditional ecological culture of China nation and enhancing cultural self-confidence and cultural awareness. At the same time, it can be applied to evaluate regional forest cultural value and the effectiveness of government efforts in ecological civilization development, as well as to improve the calculation of the gross forest ecosystem production.

Forest resource accounting is a forward-looking, innovative, and scientific research, and it is also a basic and comprehensive task involving multiple fields such as forestry, statistics, environment, and land. As a highly holistic system involving a wide range of policies, the accounting is arduous to complete and great in significance. Based on the research carried out in the previous phases, the research in Phase III Project not only results in major periodic achievements, but also further improves the accounting theory and methodology, laying a scientific foundation for the statistics and monitoring of forest resources and the compilation of natural resource balance sheets.

This research on China's forest resource accounting has made a helpful exploration for improving the system of national accounting, while ushering in a new chapter of the effective protection and sustainable utilization of forest resources. As proposed in the 18th CPC National Congress, the research has made due contributions to realizing the grand goals of building an ecological civilization and a beautiful China!

Editor

September , 2022

「两山」理念背景下的
中国森林资源价值核算研究

目　录

第一章
森林资源核算进展与理论框架体系

第一节　国内外森林资源核算理论研究与实践进展

　　森林是陆地生态系统的主体,在应对全球气候变化中发挥着不可替代的作用。当前,资源节约、生态保护与生态文明建设受到深刻而广泛的重视,森林资源核算也不断从理论构建、政策完善和价值分析等角度推动上述工作。森林资源核算,或称森林核算,是依据环境经济核算的基本原理,以森林为核算对象,以森林调查、林业统计及生态监测为基础,对森林经营、恢复和保护活动进行全面定量描述,反映森林资源资产现状及变化、森林为经济社会发展提供的产品与服务,分析经济发展对森林资源资产的影响以及森林对可持续发展的支撑,是环境经济核算的重要组成部分。

　　关于森林资源核算,国内外已经进行了多方面的理论研究和实践探索,形成了一些阶段性的理论与方法。例如,欧盟统计局编写的《欧洲森林环境与经济核算框架》(简称 IEEAF-2002)、联合国粮食及农业组织编写的《林业环境与经济核算指南》(征求意见稿,简称 FAO-2004 指南)、联合国统计署等单位编写的《环境经济核算体系》(简称 SEEA)。这些文献为中国创新性开展森林资源核算提供了理论和方法借鉴。

一、SEEA中有关森林资源核算的发展及其变化分析

(一)SEEA 的产生与完善

　　20 世纪 80 年代,世界环境与发展委员会在《我们共同的未来》报告中系统阐述了"可持续发展"理念,并将可持续发展定义为"既能满足当代人的需要,又不对后代人满足其需要的能力构成危害的发展"。这一理念的提出对环境经济核算的研究发展起到了明显的推动作用,联合国环境规划署与世界银行成立了相关课题研究小组,开始着手研究环境核算与国民经济核算。一些政府间组织、非政府组织研究机构和部分国家也对绿色国民经济核算体系进行了理

论和实践上的探索与尝试。其中，最具代表性的当属联合国（UN）、欧洲联盟（EU）、经济合作与发展组织（OECD）、国际货币基金组织（IMF）及世界银行（WB）共同组织编写的《环境经济核算体系》。

（二）不同版本 SEEA 中关于森林资源核算的发展及演变

自 1993 年以来，经过多年的发展，联合国统计署等组织已经编制发布了多个版本的 SEEA。尽管 SEEA 并不是专门针对森林资源核算的技术指南，但其所阐述的环境与经济核算原理为搭建森林资源核算框架奠定了基础，并以发展的视角对森林资源核算进行了阐述与分析，对森林资源核算具有重要的指导意义。

1. SEEA-1993

1993 年，联合国公布了《国民经济核算体系》（SNA-1993）及其卫星账户——《环境经济核算体系》（SEEA-1993）用以指导世界各国开展环境经济核算。SEEA-1993 是环境经济核算领域第一本公开发行的手册，它的诞生标志着环境经济核算的初步形成。SEEA-1993 以 SNA 的基本理论为基础，以环境估价为核心，以环境调整的宏观总量指标为综合目标，对环境资产进行核算。SEEA-1993 扩展了传统国民经济的核算范围，将生产资产、非生产自然资产以及其他非生产自然资产（指没有处于机构单位控制下的自然资源）全部纳入了核算范围之中，并首次提出要在国民经济核算中加入森林资源、水资源、矿产资源等非生产自然资产的核算。从森林资源核算的角度来看，SEEA-1993 的积极意义在于，它表明了林业产品适用于自然资源账户和环境流量账户，并肯定了森林在国民经济核算体系中具有市场价格，可划分至经济资产类别。

2. SEEA-2000

之后公布的 SEEA-2000，与 SEEA-1993 相比，在森林资源核算的理论和实践层面均有了较大的进步。

理论方面，从核算对象上来看，SEEA-2000 在历代 SEEA 版本中首次单独列出了森林资源账户，并明确界定了森林资产的覆盖范围，即林地、生态系统、森林中的生物资产（动物和植物）以及与森林有关的其他资产四大类。SEEA-2000 调整了国民账户体系中的土地分类，将林地划为土地类别中的一项，这对于森林资源核算来说具有重大的进步意义。从核算内容上来看，SEEA-2000 介绍和规定了森林资源的实物量和价值量。其中，森林资源实物量涉及土地使用账户、森林自然资源账户和商品平衡状况三部分内容。SEEA-2000 指出，土地核算是环境经济体系的重要组成部分，可将土地核算作为衡量环境后果可能导致的森林变化的尺度；森林资源账户应显示立木存量在期初与期末随时间发生的净变化；商品平衡表则显示了木材和木制品在经济过程中的实物投入产出情况，可用于研究碳平衡。价值量核算主要是通过土地估价、立木估价、非培育生物资产估价、流量的划分以及经环境调整的国内生产净值来体现。利用不同的估价方式，可将森林资源的实物账户转化为货币账户。

实践方面，从操作层面上来看，SEEA-2000 详细阐述了应用 SEEA 的 10 个步骤，具体到森林资源核算上，SEEA-2000 介绍了逐步法，给出了森林资源核算的 8 个具体步骤：①编制供给和使用账户；②确定和编制同森林有关的环境保护支出；③编制生产森林资产账户；④编制实物资产账户；⑤森林估价，编制货币账户；⑥编制实物环境账户；⑦编制按经济部门分列的排放表；⑧核算环境退化的保持成本。可以说，与 SEEA-1993 相比，SEEA-2000 更加聚焦环境经济核算的实践过程，是一本操作层面的业务手册。

尽管 SEEA-2000 相较于 SEEA-1993 有了很大的突破，但仍存在一些不足之处：①核算方法缺乏系统性。SEEA-2000 虽然指出森林资源的核算对象应包含森林生态系统，但受生态系统复杂性、多样性的影响，其并未提供森林生态系统具体的核算方法；②账户结构设置不够合理。为了与 SNA 中的库存与非生产性经济资产概念相衔接，SEEA-2000 将实物账户分割为培植林账户、实物非生产经济资产账户和实物环境资产账户等多个账户，导致账户分类破碎化，相关账户信息分散在多处，缺乏整体性，易产生混乱。此外，SEEA-2000 虽然提供了实物账户和货币账户，但增减项目杂糅在一起，没有进行统一归类，导致账户增减原因难以辨别。

3. SEEA-2003

SEEA-2000 在实践的基础上不断开发和完善，形成了 SEEA-2003。SEEA-2003 对于森林资源核算的指导意义主要体现在以下几个方面：

第一，界定概念与分类。SEEA-2003 详细界定了森林实物账户和价值账户中各个名词的定义与分类，包括"有林地""森林地""其他有林地""天然林""立木量""生长存量""年净增量""年采伐量"等一系列概念。SEEA-2003 还对其中一些概念进行了细致的分类。例如，在"林地分类"中将"有林地"分为"培育森林地"与"非培育森林地"；在"森林地实物核算"中，SEEA-2003 将森林地的变化归类为存量增加（植树造林和自然生长）、存量减少（采伐和退化）、土地分类的变化以及存量的再评价，并对存量增加及减少的各项原因做了解释说明。这些都是在 SEEA-2000 的基础上新增的内容，对于明晰 SEEA 中不同账户各个项目的含义具有重要意义。

第二，独立划分章节。SEEA-2003 为森林资源核算账户单独划分了章节，并明确了核算对象及内容来源，这意味着森林资源核算方法更为成熟，地位更加重要，可为森林资源核算提供更加具体的指导。同时，SEEA-2003 克服了 SEEA-2000 账户分类破碎化的弊端，将培育资产与非培育资产整合到了同一张实物账户表中，使得账户结构设置更加合理。

第三，细化估价方法。SEEA-2000 只是简单介绍了林木估价可以使用的方法，但具体如何使用却语焉不详。SEEA-2003 不仅介绍了林木估价的三种方法：立木价格法、消费价值法和净现值法，还明确了不同方法的计算公式、使用范围及优缺点，为不同地区根据自身具体情况选择不同的林木估价方法奠定了坚实的基础。

第四，提供补充表式。SEEA-2003 在森林专题的基础上，还提供了一些补充表式，包括生态植物区、森林保护状况、固碳能力、森林树龄结构、森林病虫害、生物多样性及生态系统以及森林服务等。这些补充表式可以反映森林作为生态系统服务的功能质量状况及其保护状况，是对前述核算账户的补充和完善。

与 SEEA-2000 相比，SEEA-2003 关于森林资源核算的内容更加具体，体系也更加完善，但仍存在一些问题。

第一，森林资源核算内容不完整。尽管 SEEA-2003 详细讨论了林地、林木以及林产品的实物量和价值量账户，并新增了森林管理和保护支出账户，但仍然缺少在环境经济核算体系中处于重要地位的与森林投入产出相关的复合流量账户和宏观经济调整账户。此外，SEEA-2003 没有提供森林生态系统具体的账户列表。对于森林生态系统中最为重要的碳平衡核算，SEEA-2003 也仅仅在补充表式中提供了固碳账户表，但固碳能力具体如何计算并未给出详细说明。

第二，核算内容存在重叠。SEEA-2003 所描述的环境资产涵盖了自然资源和生态系统，从测算的角度看，不同资产之间可能存在重叠。例如，对森林资源核算中林地的讨论，不可避免地会涉及土地资源，导致核算内容出现重叠。

4. SEEA-2012

2014 年，联合国（UN）、欧洲联盟（EU）、联合国粮食及农业组织（简称联合国粮农组织，FAO）、经济合作与发展组织（OECD）、国际货币基金组织（IMF）、世界银行（WB）共同编写的《2012 年环境经济核算体系：中心框架》（SEEA-2012）正式发布。自 1993 年第一版 SEEA 发布之后，历经 20 多年的发展与探索，环境经济核算在国际上地位愈来愈重要，SEEA 体系也愈来愈完善。因此，SEEA-2012 一经发布，就引起了国际上强烈的反响，并成为环境经济核算领域的第一个国际标准。

就森林资源核算而言，SEEA-2012 重点修订了 SEEA-2003 中理论与实践不一致的部分，并在国际统一标准的前提下整合了已经达成共识的内容。同时，SEEA-2012 还吸纳了联合国粮农组织编写的《全球森林资源评估》和《林业环境经济核算指南》的概念、分类和方法，进一步完善了林地、林木资产实物账户和资产价值账户以及估价方法。可以说，SEEA-2012 是在 SEEA-2003 的基础上，向前迈了一大步，其先进性具体体现在以下几个方面：

第一，资产账户结构更加合理。首先，SEEA-2012 对标准资产账户的描述吸纳了联合国等国际机构联合发布的《2008 年国民账户体系》（SNA-2008）中的相关内容，使得 SEEA-2012 提供的标准资产账户结构适用于各类环境资产，并且每一种环境资产的测算范围都得到了明确的界定。其次，SEEA-2012 中的资产核算包括实物型核算和价值型核算两种类型。资产账户包括实物型资产账户和价值型资产账户两种基本形式。实物型资产账户详细记录了造林、自然扩张、伐林、灾害损失等因素导致的存量增减变化，并对增加项和减少项进行了合计。价值型资产账户还新增了"重估价"项目，用来记录核算期间因价格变动导致的环境资产变化。这样的设计有助于区分经济因素与环境因素对森林资源产生的影响。此外，联合国粮农组织作为 SEEA-2012 的编写机构之一，将全球森林资源评估的相关标准引入森林资源核算之中，使得森林资产账户结构更加合理。

第二，资产核算方法更加科学。SEEA-2012 明确区分了环境资产的核算方法，即以各项自然资源、培育型生物资源和土地核算为基础的环境资产核算方法和以生态系统核算为基础的方法，这些方法有效避免了 SEEA-2003 中不同环境资产存在重叠的可能性。

第三，进一步补充了核算内容。首先，SEEA-2012 增加了森林产品的合并列报，包括木材和薪材等森林产品的供应使用量、木材资源信息存量、开采森林产品所用的固定资产存量信息等，用以反映与环境相关的流量。其次，SEEA-2012 扩展了木材资源实物型资产账户，并划出单独一小节内容介绍了木材资源中碳的核算方式，使得核算内容较 SEEA-2003 更加完善。

二、SEEA实验性生态系统核算

作为环境经济核算的第一个国际标准，SEEA-2012 在各国环境经济核算的探索实践中发挥了重要作用；然而，它对生态系统核算的指导意义仍然不足。通过对生态系统本身以及它为社会、经济和人类活动所提供的服务的调查来评估生态环境是生态系统核算的根本目的。在全球生态环境问题日益受到关注的背景下，2014 年，联合国（UN）、欧洲联盟（EU）、联合国粮农组织（FAO）、经济合作与发展组织（OECD）、世界银行（WB）共同公布了《2012 年环境经济核算体系：实验性生态系统核算》（以下简称 SEEA-EEA）。SEEA-EEA 作为 SEEA-2012 的卫星账户，是在后者的基础上，将原来包含在环境经济核算中的生态投入以及与环境退化相关联的内容进行进一步扩展，形成的带有实验性质的生态系统核算框架。

SEEA-EEA 指出，生态系统核算是通过测量生态系统和从生态系统流向经济以及其他人类活动的服务来评估环境的一种连贯和综合的方法。具体来说，SEEA-EEA 构成了一个综合的统计框架，用于组织生物物理数据、测量生态系统服务、追踪生态系统资产变化，并将这些信息与经济和其他人类活动联系起来。SEEA-EEA 可视为衡量经济与环境之间关系统计标准的尝试，体现了其与环境经济核算（SEEA）、国民经济核算体系（SNA）的契合与衔接，揭示了生态系统内部、不同生态系统之间以及生态系统与环境、经济和社会之间的相互关系。

在 SEEA-EEA 中，生态系统核算包含生态系统资产和生态系统服务两个基本部分。生态系统资产是指"由生物和非生物成分以及其他共同作用的特征组成的空间区域"，显示在特定时点上生态系统的存量；生态系统服务是指"通过经济和其他人类活动在充分利用生态系统过程中产生的大量资源和过程"，显示在特定时期内，生态系统对经济体系及其他人类活动的贡献，包括供给服务、调节服务、文化服务三个部分。生态系统资产与生态系统服务之间联系十分紧密，生态系统资产是提供生态系统服务的基础，反过来，生态系统服务会在一定条件下影响生态系统资产。二者结合起来体现生态系统核算基本的"存量—流量"框架。

SEEA-EEA 指出，无论是生态系统资产核算还是生态系统服务核算都包含实物核算和价值核算两个层面。实物核算是价值核算的基础，体现特定时点上生态系统的范围和状态以及一定时期内生态系统提供了什么生态系统服务，提供了多少生态系统服务。在此基础上，选择适当的估价方式，将实物量转化为价值量。具体基本内容框架见表 1-1。受数据的可得性以及核算的可实现性影响，当前，生态系统服务实物核算处在首要位置，其次为生态系统服务价值核算和生态系统资产实物核算，最后为生态系统资产的价值核算。

表 1-1　生态系统核算基本内容框架

项目	实物核算	价值核算
生态系统服务	生态系统服务实物核算	生态系统服务价值核算
生态系统资产	生态系统资产实物核算	生态系统资产价值核算
与其他指标合并应用	生态系统实物指标及经济社会发展指标	包含生态系统价值指标的经济资产和经济账户序列

为了便于确定生态系统的边界、范围以及信息的收集和统计，SEEA-EEA 根据生态系统的空间特征从三个层次设定生态系统核算的基本单位，分别为基本空间单位、土地覆盖/生态系统功能单位与生态系统核算单位。

（一）基本空间单位

第一个层次为基本空间单位 BSU，是一个小的空间面积，一般情况下，可通过划分小区域来形成（如 1 平方千米），通常是在相关地图上叠加网格，也可以由地籍或遥感像素划定。每个 BSU 可以用一组基本信息进行归纳，便于后续的汇总或核算，包括生态系统特征，如土壤类型、地下水资源、海拔和地形、气候和降雨量、现有物种及其丰度、当前或过去的土地用途、土地所有权、相对于人类居住区的位置，以及人们对该地区的可达程度。值得说明的是，BSU 没有独立意义，只是为了便于确认后两个层次的核算单位。

（二）土地覆盖/生态系统功能单元

第二个层次为土地覆盖/生态系统功能单元 LCEU，LCEU 是指能够满足一套与生态系统特征有关的预定标准的区域，这些特征包括土地覆盖类型、水资源、气候、海拔和土壤类型等。根据其生态系统特征的差异，可以将一个 LCEU 与相邻的 LCEU 区分开来。LCEU 可以分解为若干个 BSU，也可以将具有相同核心特征的相邻的 BSU 聚合形成 LCEU。例如，一个 BSU 的主要特征是森林树木覆盖，那么该 BSU 与邻近类似的 BSU 相结合，就会形成一个以森林树木覆盖为主要特征的 LCEU。LCEU 可视为一个独立的生态系统，在此层面上，可以对生态系统资产、生态系统服务进行核算。

（三）生态系统核算单位

第三个层次为生态系统核算单位 EAU，EAU 代表进行生态系统核算、提供核算结果的统计范围，根据核算目标，可以对其的边界进行划分，如行政区域边界、环境管理区域、流域等。EAU 可能会包括若干个 LECU，由此产生多种类型的生态系统服务。总的来说，EAUs 是随时间推移而固定或大致稳定的空间区域，并可被视为生态系统资产。它可以在一个较大的区域内将生态系统特征和人类活动特征综合起来。对不同的生态系统核算结果进行汇总，从而提供与生态系统资产和服务有关的完整的核算结果，包含从最小单元到区域尺度方面的核算，最终能够将这些单元合计得到国家尺度的核算结果。例如，从一个地方行政单位开始，可以建立一个 EAUs 层次，接着是省级，然后是国家级，在所有情况下，一个国家的总面积将代表生态系统核算单位层次结构中的单一最高层次。

SEEA-EEA 分别就供给服务、调节服务、文化服务等不同生态系统服务类别给出估价方法的选择建议，具体估价方法包括：①单位资源租金定价法；

②替代成本方法；③生态系统服务付费和交易机制，以及包含各种具体形式的显示性偏好法，包括享乐价值法、生产函数法、旅行费用法和避免行为法；陈述性偏好法，包括条件价值法和选择实验法。

总而言之，SEEA-EEA 阐述了一种可用于探索和支撑生态系统核算的框架体系。自 SEEA-EEA 公布之后，不少研究项目按照其提出的框架和方法进行了实际案例测算，如马达加斯加生态系统估价试点研究、荷兰堡省生态系统服务价值核算研究等，尽管 SEEA-EEA 仍处于试验阶段，但它作为一个相对独立的核算框架直接强化了近年来备受关注的生态系统核算问题，补充了 SEEA-2012 留下的空白，对生态系统资产及其服务的核算提供了初步的方法论支持，对于生态系统核算具有重要意义。

三、环境经济统计与生态统计体系

2021 年 3 月，联合国公布了一个具有里程碑意义的全新框架——《环境经济核算体系：生态系统核算》（以下简称 SEEA-EA）。SEEA-EA 将自然资本如森林、湿地以及其他生态系统纳入经济报告中，旨在衡量自然对经济繁荣和人类福祉的贡献。这是人类沿着重视自然方向迈出的历史性一步，超越了 GDP 这一衡量经济最常用的指标。

SEEA-EA 是一个基于空间的综合核算框架，用于组织关于生态系统的生物物理信息，衡量生态系统服务，跟踪生态系统范围和条件的变化，评估生态系统服务和资产，并将这些信息与经济和人类活动联系起来，使自然对经济和人类的贡献可见，并更好地记录经济和其他人类活动对环境的影响。

（一）生态系统核算框架概述

1. 相关基本概念

生态系统核算框架的中心逻辑建立在生态系统资产的定义之上。SEEA-EA 统计框架分别从空间视角、生态学视角、社会效益视角、资产价值视角、机构所有权视角对生态系统相关概念进行了描述。其中，由于生态系统资产的定义与空间视角直接相关，且该视角支持将核算框架的各个组成部分联系起来。因此，生态系统资产（ecosystem assets，EA）被定义为以一组生物与非生物组成部分及其相互作用为特征的特定生态系统类型的连续空间。

对生态系统进行核算，需要在一个边界清晰的核算区域内确定将要核算哪些生态系统资产。生态系统核算区域（ecosystem accounting areas，EAA）是编制生态系统账户的地理区域，如国家边界、地方行政区域、集水区或保护区。生态系统资产可以反映不同的生态系统类型，每个生态系统类型都有自己的结构、功能、组成部分以及相关的生态过程。

生态系统类型信息由生态系统范围（ecosystem extent）和生态系统状况（ecosystem condition）反映。生态系统范围是指生态系统资产在空间面积上的大小。生态系统状况是指一个生态系统的质量，以其非生物和生物特性来衡量。

根据生态系统类型、范围、条件、所在位置以及经济单位（包括家庭、企业和政府）的使用模式，生态系统资产提供一系列反映各种生态系统特征和过程的生态系统服务。生态系统服务（ecosystem services）是生态系统对经济和其他人类活动所产生的效益的贡献，包括供应服务、调节服务、文化服务三大类。

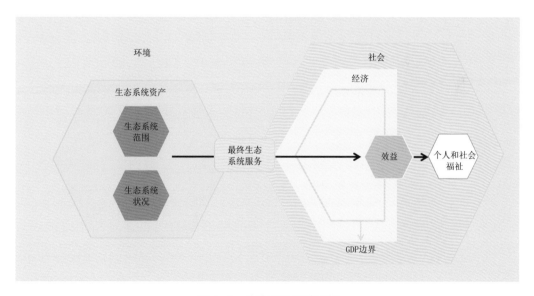

图 1-1　生态系统核算框架

效益（benefits）是人类和社会最终使用和享受的商品和服务。生态系统服务所贡献的效益可能体现在当前的生产措施（如食物、水、能源、娱乐）中，也可能体现在这些措施之外（如清洁的水、空气，抵御洪水）。

在 SEEA-EA 中，存量和流量组成部分之间的联系可以体现在生态系统容量（ecosystem capacity）的概念中。广义而言，生态系统容量是指生态系统资产在未来提供服务的能力。从核算的角度来看，生态系统的容量是未来价值储存的基础。

生态系统资产（供应商）和经济单位（用户）之间的交易，代表了生态系统在与经济互动之前的最终产出，被定义为最终生态系统服务（final ecosystem services）。

2. 生态系统账户体系

SEEA-EA 被设计成一个集成的、内部一致的一系列账户的系统（表 1-2）。可以以模块或整体的形式进行灵活应用。这些账户彼此之间联系紧密，构成了生态系统核算系统的核心。国家可以根据具体的环境和经济情况选择适合本国的账户或在本国内选定某个区域编制核算账户。

表 1-2 生态系统账户体系

账户类型	相关介绍
生态系统范围账户——实物账户（ecosystem extent account–physical terms）	用于组织不同生态系统类型的范围或面积数据
生态系统状况账户——实物账户（ecosystem condition account–physical terms）	用于组织选定的生态系统特征的数据和距离参考条件的数据，以深入了解生态系统的生态完整性
生态系统服务流量账户——实物账户（ecosystem services flow account–physical terms）	记录在一个核算期内由生态系统资产提供和由经济单位使用的最终生态系统服务流量，也可以记录生态系统资产间的中间服务流量
生态系统服务流量账户——货币账户（ecosystem services flow account–monetary terms）	通常以单个生态系统服务的价格乘以生态系统服务流量账户中的实物量
生态系统资产货币账户——货币账户（monetary ecosystem assets account–monetary terms）	用于记录有关存量和资产存量（增减）变化的信息

不同生态系统账户之间的联系如图 1-2 所示。生态系统范围核算与生态系统状况核算的重点是对生态系统特征进行描述，由于生态系统的特征将影响生态系统服务的供应，因此，这两种核算在实物方面与生态系统服务流量核算相联系；生态系统服务价格数据可以支持将生态系统服务流量核算在实物方面和货币方面联系起来；货币形式的生态系统服务流量账户与生态系统货币资产账户之间存在联系，后者需要估算未来的生态系统服务流量。考虑到以上所有联系，各种生态数据和经济数据的一致性是生态系统核算的重中之重。

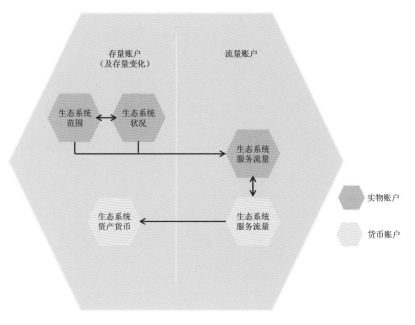

存量账户
（及存量变化）

流量账户

生态系统
范围

生态系统
状况

生态系统
服务流量

生态系统
资产货币

生态系统
服务流量

实物账户

货币账户

图 1-2　生态系统账户之间的联系

（二）生态系统核算的价值框架

生态系统核算的目的是为了记录某一生态系统的存量和流量数据。SEEA-EA 不仅对生态系统进行核算，还对生态系统、人员和经济单位之间的关系进行核算，从而为分析生态系统在支持经济与其他人类活动方面所起的作用以及理解经济和人类活动对生态系统的影响提供基础。SEEA-EA 提出的核算方法有两个特点：一是它以实物和货币的形式进行核算；二是它采用了 SNA-2008 中描述的核算原则，这有助于将生态系统核算的数据与传统经济核算数据进行比较。

SEEA-EA 提出的概念和方法反映了其具体的、明确的目标，即将生态系统与生态系统服务相关的价值置于生产、消费和积累（财富）的经济措施背景下。它将生态系统核算放在更广阔的价值背景下，从而以不同的方式理解生态系统价值评估。实物方面，SEEA-EA 展示了实物数据如何应用于宏观经济政策和决策，如生态系统的范围和条件。货币方面，SEEA-EA 记录了基于交换价值的存量和流量。与此同时，SEEA-EA 实物和货币的数据集成使其也能够支持基于其他价值视角的评估手段。

人们认识到，生态系统核算的概念和方法不能包括有关生态系统的所有价值观点，因此，来自生态系统核算的数据不应被认为提供了自然的整体、完整或全面的社会价值。

SEEA-EA通常用两种特殊的连续体来反映价值观点：①从人类中心价值到非人类中心价值的连续体；②从工具价值到内在价值和关系价值的连续体，相关介绍如表1-3所示。

表1-3 SEEA-EA介绍的价值观点

相关概念	定义
人类中心价值观	以人类为中心的价值观
非人类中心价值观	以环境为中心的价值观
工具价值	指某物作为达到特定目的的手段所具有的价值
内在价值	指某物独立于任何人类经验或评价而具有的固有价值，这种价值被视为实体（如有机体）的固有属性，而不是由外部价值代理人（如人类）赋予或产生的
关系价值	关系价值是与关系的意义相关的价值，包括个人或社会与其他动物之间的关系和生活世界的各个方面，以及由正式和非正式机构所阐明的个人之间的关系

不同研究人员将这些价值进行组合形成了不同的价值框架，如总经济价值（TEV）框架、生物多样性和生态系统服务平台（IPBES）价值框架、生活价值观框架等。值得注意的是，这些不同的价值视角在某种程度上并不可相加，换句话说，不能将所有类型加和得到自然的总价值。对于一个给定的生态系统，每个价值视角将提供一个不同的价值，以便在决策中进行对比。

广义而言，SEEA-EA关注的是人类中心起源的价值，即以人类为中心的价值。从政策的角度来看，以人类为中心的工具价值也受到较高的关注，因为它们涉及人类与环境的各种相互作用，而这些相互作用可能对生态系统造成了最大的压力。

生态系统核算数据的货币价值采用交换价值的概念，其中生态系统服务和生态系统资产的价值是根据它们目前或将在市场上交换的价格来计算的，以便与国民核算中记录的货币价值进行比较。然而，以货币形式衡量生态系统核算的范围有限，在这方面，来自生态系统核算的货币数据与SNA中使用的估值基础一致，不能提供福祉的综合货币价值。

SEEA-EA 提到由于生态系统核算包括实物和货币两方面的数据，并提供了空间明确的数据，因此，生态系统核算数据可支持更多元的价值视角讨论。换言之，SEEA-EA 虽然主要侧重于以人类为中心的工具价值，但一套生态系统核算的数据将有助于支持基于其他价值观点的评估。

（三）SEEA-EEA 与 SEEA-EA 的关系

SEEA-EA 与 SEEA-EEA 关系十分密切，是在后者的基础上修订而成的。因此，二者在核算原理方面具有继承与扩展的关系。所谓继承，是指生态系统核算的很多基本概念、基本内容被保留下来；所谓扩展，是指 SEEA-EA 在 SEEA-EEA 的基础上，形成了一些新的概念定义、新的核算内容等，具体包括以下几个方面：

（1）在核算的基本单元方面，SEEA-EA 所做改变如下：

在 SEEA-EEA 中，生态系统核算的基本单元包括基本空间单元（BSU）、土地覆盖 / 生态系统功能单元（LCEU）和生态系统核算单元（EAU）3 个层次；在 SEEA-EA 中，LCEU 作为关键的概念单元被重新定义为生态系统资产。EAU 虽然在生态系统核算中的作用在概念上没有变化，但被重新命名为生态系统核算区域。BSU 被保留在 SEEA-EA 中，但被视为实施核算方法的一种手段，而不是概念上的嵌套。

SEEA-EA 提供了基于世界自然保护联盟的全球生态系统类型学中公认的生态系统类型分类。与 SEEA-EEA 中 LCEU 所提供的广泛分类相比，这是一个重大进步。SEEA-EA 还描述了按生态系统类型划分生态系统资产的原则，用以支持应用来源不同的数据来划分生态系统核算的空间单元。利用这些原则，可以对生态系统范围进行更丰富的描述。

在核算方法方面，SEEA-EA 保留了 SEEA-EEA 中使用基准条件法核算生态系统的方式，并扩展了核算方法。它将生态系统完整性作为核算重点，详细介绍了 SEEA 生态系统状况类型的组织特征、变量和条件指标，并概述了一个三阶段的方法核算生态系统状况，包括变量的选择、指标的参考以及生态条件指标的汇总。SEEA-EA 还叙述了该方法在自然和人为生态系统中的应用情况，并与生物多样性评估和环境压力指标应用联系在一起。

（2）在概念与定义方面，SEEA-EA 在 SEEA-EEA 的基础上所做扩展如下：

SEEA-EA 中生态系统服务的定义与 SEEA-EEA 相同，但 SEEA-EA 在对利益和福祉之间联系的讨论、对非生物流量边界的描述以及在 SEEA-EEA 中未明确界定的中间服务的定义等方面都有所改进。SEEA-EA 编制了一份全面的生态系统服务参考清单，对包括生物量供应服务在内的许多生态系统服务的核算处理也有了重大改进。

SEEA-EEA 引入了生态系统容量的概念，但没有提供单一的定义。SEEA-EA 提供了生态系统容量的定义，并描述了潜在供应（potential supply）等相关概念。

SEEA-EA 保留了 SEEA-EEA 提出的交换价值的概念，并就效益价值等其他估价概念进行了改进。确定可以应用哪些评估方法来衡量交换价值，并对评估方法的应用建立了优先顺序。SEEA-EA 保留了使用净现值法评估生态系统资产价值量的方法，并极大地扩展了对其在生态系统核算环境中的应用讨论。

此外，SEEA-EA 将对生物多样性的核算和对碳储量的核算纳入专题核算的讨论之中，这是在 SEEA-EEA 的基础上新补充的内容。

四、其他国家与国际机构对森林资源核算的研究进展与实践探索

（一）日本

日本是亚洲开展森林资源资产核算较早的国家。19 世纪末，日本从德国引进了森林评价法并于 20 世纪 30 年代开始研究林业收益及盈亏计算理论。第二次世界大战后，日本又广泛引进了经济学，开始进行林业经营学的研究。此时，日本对林地、林木的买卖、交换、补偿、税务等森林资产的评价方式大多采用的是欧美的评价法。20 世纪 70 年代中后期，日本对森林的研究重点从最初的经济效益逐渐转向生态环境与社会效益上来，并提出了净国民福利指标（net national welfare）。随后，为了满足国民对森林多样化的需求，宣传森林的多种功能，日本农林水产省林野厅分别于 1972 年、1991 年和 2000 年对本国森林植被类型的六大类公益机能的价值开展了 3 次评估（李文华，2008）。3 次森林生态系统服务价值评估的结果分别为 12.82 万亿日元 / 年、39.20 万亿日元 / 年和 74.99 万亿日元 / 年。在评估内容方面，主要包括 8 项主要功能，分别为生物多

样性保护功能、地球环境保护功能、减少水土流失（防止泥石流灾害功能 / 土壤保护功能）、净化空气和减少噪音（营造舒适环境功能）、水源涵养功能、保健休闲功能、文化功能和物质生产功能。其中，前 7 项均为生态系统服务功能。基础数据主要包括 3 类：森林资源数据、生态系统服务功能参数、价格成本替代法涉及的相关数据。通过开展森林多功能价值评估，不仅提高了日本民众对林业重要性的认识，而且为政府未来进行林业投资与管理决策发挥了重要作用。

（二）英国

2006 年，英国组织 28 个与政策制定相关的组织和 10 个学术团体的科学家，在咨询 654 位政策制定者的基础上提出了 1003 个与政策制定相关的生态学问题，在此基础上又进一步凝练出 14 个主题的 100 个问题，其中第一个主题就是生态系统服务研究（Sutherland et al.，2006），2009 年 12 月 4 日，由英国国际发展署（DFID）、经济与社会研究理事会（ESRC）和自然环境研究理事会（NERC）资助，开始实施生态系统服务与扶贫（ESPA）计划，为发展具有复原能力的生态系统提供了拓展知识体系和增进了解的独特良机，并为决策者对生态系统的可持续性和扶贫管理提供了相关依据。2011 年，英国 500 多名科学家利用 2 年的时间对 25 项生态系统服务进行了评估，并且编写了《英国第七次全国森林资源评估综合评估报告》。

2012 年 12 月，英国国家统计局（ONS）发布了一份名为"自然资本在英国的价值核算"的路线图，旨在将自然资本纳入英国环境账户。在这份路线图中，ONS 制定了编制林地实物资产账户和货币资产账户、林木实物资产账户和货币资产账户以及林地生态系统账户的时间表。ONS 是在 SEEA-2012 中心框架的基础上编制的林地和林木实物资产账户和货币资产账户。在编制过程中，ONS 对 SEEA 所推荐的指标和表式做了适当的调整，使之更符合英国的国情和林情。此次试编工作作为衡量英国国家福利计划的一部分，属于初始实验性统计，由 ONS 与林业委员会，环境、粮食和农村事务部于 2013 年合作完成。

英国基于 SEEA-2012 相关理论进行了林地实物量、林木实物量和价值量的核算，并探索性地编制了林地实验性生态系统资产账户，还创建了林地生态系统资产账户和林地生态系统服务初始账户。与此同时，英国在开展林木价值量核算时依据本国国情林情采取了 6 个假设值的思考，即：①所有林木资源的立木价格相同；②5年平均单位资源租金在整个账户资产生命周期中不变；③收获木材后，将获得净回报或资源租金；④收获年龄假设为50年，所有林木都可用于木材供应；⑤随着林木生长直至收获，每个龄级的预期立木蓄积量固定为收获年龄；⑥非均匀的社会折现率。可以说，英国森林资源核算是在 SEEA-2012 的基础上开展得较为全面的一次国际实践。

（三）其他国家

德国森林资源核算通过林业当前账户、林业平衡表和林业积累账户反映森林资源资产的状态、使用、负债及净值变化情况；法国森林资源核算主要包括生物多样性、游憩、保育土壤、涵养水源、净化空气、固碳以及森林健康等方面的内容。芬兰将森林资源核算体系分为森林资源实物量指标、森林资源价值量指标以及森林质量指标3部分，并通过环境边际成本估价方法计算了森林生态系统服务的价值。韩国森林资源核算主要以森林资源和森林产品的实物量统计描述为主，并适当采取了一些简单的账户形式。印度开展了8项关于自然资源核算方面的研究，其中直接涉及森林资源核算的3项内容分别是中央邦和喜马偕尔邦的土地与森林自然资源核算、梅加拉亚邦的土地和森林环境核算，以及卡纳塔克邦的土地与林业（不含矿山）的资源核算（张颖，2015）。总而言之，在森林资源核算框架性文件的指导下，各国积极开展了森林资源资产的核算研究与实践，尽管在核算框架的选择上有一定的趋同性，但由于各国所处的资源环境和经济社会背景不同，在具体的核算内容和侧重上存在一定差别。

（四）世界银行

2001 年，世界银行（WB）联合国环境规划署（UNEP）与共同组织来自 95 个国家的 1360 名科学家开展了千年生态系统评估（Millennium Ecosystem Assessment，MA），这是人类首次对全球生态系统的过去、现在及未来状况进行评估，并据此提出相应的管理对策。联合国千年生态系统评估工作极大地推进了生态系统服务研究在世界范围内的开展（MA，2005）。2003 年 7 月 10 日，世界银行、联合国两家机构及世界资源研究所（World Resources Institute，WRI）在发布的一份报告中，呼吁世界各国政府调整对自然资源的管理政策，并呼吁让公众参与对生态系统产生影响的有关问题的决策。2010 年，世界银行开展了一项帮助各国将生态系统服务价值融入其会计系统的项目，以期通过对生态系统的管理，达到经济利益的最大化。

（五）世界自然保护联盟

世界自然保护联盟（International Union for Conservation of Nature and Natural Resources，IUCN）是全世界规模最大、最具影响力的自然保护网络。作为联合国千年生态系统评估（MA）的主要参与者，它提出生态系统服务功能对于经济发展和消除贫困具有至关重要的作用，千年发展目标的各个具体目标之间是彼此联系、缺一不可的，必须将这些目标作为一个整体来努力实现，而没有先后之分。如果在第 7 项目标——确保环境的可持续性方面进行有效投资的话，就能促进其他几个目标的实现；反之只会加速生态系统服务功能的退化，阻碍其他几个目标实现的进程。IUCN 呼吁国际社会应采取更好的措施来保护和恢复脆弱的生态系统，采用更加科学的指标来评估生态系统服务功能的效益及其退化所带来的损失，并进一步加大投资力度，来实现环境可持续性的目标。此外，IUCN 与中国亿利公益基金会携手启动了中国首个生态系统生产总值体系项目，在中国建立并首次发布了一套直接反映自然生态系统状况及保护自然重要性的机制。

五、中国森林资源核算研究进展与实践探索

我国对森林资源核算研究的理论探索始于 20 世纪 80 年代左右。1990 年，孔繁文等学者开始了对中国森林资源价值核算的初步探索，探讨了森林资源的核算对象、核算内容及核算方法，并按照美国世界资源研究所高级经济学家 Robert Repetto 在《自然资源核算》论文中提出的方法，试算出了中国森林资源的价值。1992 年，孔繁文等学者提出进行森林环境资源核算，并将其纳入国民经济核算体系。他认为进行森林环境资源核算是林业持续发展的有效途径，建议未来应开展对森林环境资源核算的理论方法、森林资源环境经济评价指标及指标体系的研究。2002 年以后，国家统计局开始组织翻译 SEEA-2003，以便为国内开展环境经济核算研究提供参考。2003 年，张颖指出森林资源核算是环境资源价值核算的重要组成部分，并对森林资源核算的经济理论、

主要方法、内容划分及基本框架进行了总结。同年，向书坚对 SEEA-2003 进行了梳理，归纳了国际上一些国家和国际组织提出的 SEEA-2003 需要进一步研究的 27 个问题，并将这些问题划分为短期问题和长期问题两大类。高敏雪（2004）在联合国等国际组织发布的环境经济核算体系的基础上，结合其他国家的经验，初步设计了中国环境经济核算体系，提出了中国环境经济核算理论框架的目标、原则以及核算基础。李金华（2008）在比较联合国国民经济核算体系（SNA）、社会和人口统计体系（SSDS）、环境和经济综合核算体系（SEEA）的基础上，提出了中国国民经济核算体系扩展延伸的思路和理论依据，并从理论和实践两个维度论证了对中国国民经济核算进行扩展延伸的现实性和可能性。2009 年，李金华又对 SEEA 的结构、内容、特点进行了详细的分析和解读，提出建立中国环境经济核算体系（CSEEA）的构想，并较为完整地设计了 CSEEA 的范式用以描述中国背景下的环境核算问题。李忠魁（2016）在总结已有研究成果的基础上，指出当前我国森林资源价值核算研究框架已基本成型，但仍存在森林资源核算理论与方法学科定位模糊、指标体系和核算方法不规范导致核算结果不切实际等一系列问题，并提出明确森林资源价值核算的对象和目的，建立通用、科学、简明、可测的评估指标体系等 5 条建议。2019 年，王宏伟等学者系统梳理了国民经济核算和环境经济核算的内涵，界定了森林资源价值核算的相关概念，尝试构建既符合环境经济核算国际统计标准又与国民经济核算相衔接的、具有较强可操作性的森林资源价值核算框架、指标与方法体系，并提出相关政策建议（表 1-4）。

表 1-4 中国森林资源核算理论研究主要观点汇总

作者	时间（年）	主要观点和贡献
孔繁文	1990	探索中国森林资源价值核算的对象、核算内容以及核算方法，初步核算中国森林资源价值
	1992	提出将森林环境资源核算纳入国民经济核算体系，是实现林业持续发展的有效途径
国家统计局	2002	组织翻译 SEEA-2003，为国内开展环境经济核算研究提供参考
张颖	2003	对森林资源核算的经济理论、主要方法、内容划分及基本框架进行总结
高敏雪	2004	结合 SEEA-2003 和其他国家经验，设计了中国环境经济核算体系，提出中国环境经济核算理论框架的目标、原则以及核算基础

（续）

作者	时间（年）	主要观点和贡献
李金华	2009	对 SEEA 的结构、内容、特点进行了详细的分析和解读，提出建立中国环境经济核算体系构想，较为完整地设计了 CSEEA 的范式
王宏伟等	2019	研究提出既符合环境经济核算国际统计标准又与国民经济核算相衔接的、具有较强可操作性的森林资源价值核算框架、指标与方法体系

森林生态系统服务功能评估方法方面，本项目组森林生态系统服务功能评估团队构建了森林生态连清技术体系，其采用长期定位观测技术和分布式测算方法，依托生态系统长期定位观测网络，连续对同一森林生态系统进行全指标体系观测与清查，获取长期定位观测数据。森林生态连清体系包括了观测体系布局、观测标准体系、分布式测算方法、监测评估指标体系、数据来源与集成、核算公式与模型包等 6 部分，为生态产品价值的精准化核算提供了技术手段，保障了核算结果的科学性和准确性。其中，分布式测算方法实现了由点到面、由各省（自治区、直辖市）到全国的森林生态系统服务功能评估，为精确评估不同尺度、不同林龄、不同森林类型的森林生态系统服务功能提供了依据。

森林生态系统服务功能评估标准化方面，本项目组森林生态系统服务功能评估团队在充分借鉴国外已有理论、评估方法、评估指标等基础上，依据可测度、可计量、可描述的"三可"原则，利用专家咨询法、层次分析法和频度分析法等筛选了生态系统服务功能的评价指标，制定了目前世界上唯一一个针对生态系统服务功能而设立的林业行业标准《森林生态系统服务功能评估规范》（LY/T 1721—2008，现已升级为国家标准 GB/T 38582—2020），构建了完善的森林生态系统服务功能评估指标体系，保障了不同学者、团队间森林生态系统服务功能评估结果的可比性。

国家层面积极推动森林资源核算实践，2001 年，国家林业局组织开展了"中国可持续发展林业战略研究"，提出了"生态建设、生态安全、生态文明"的"三生态"思想，为党中央、国务院部署林业工作提供了重要决策支撑。2002 年，国家统计局组织编写了《中国国民经济核算体系》，并设计了自然资源实物量核算表作为该体系的附属账户，尝试编制了全国土地、森林、矿产、水资源的实物量表。2004 年，为落实中央加快资源节约型和环境友好型社会建设，国家林业局和国家统计局联合启动了"绿色国民经济框架下的中国森林资源核算研究"，组建了专业团队，尝试将森林资源核算纳入国民经济核算体系之中。经过 5 年深入而系统的研究，取得了丰富的阶段性成果：一是开展了森林资源核算理论与方法研究，形成了一套较为系统的中国森林资源核算方法，在理论上取得了较大的突破，建立了从森林经济功能到森林生态功能的系统核算体系。二是研究提出了森林资源核算的理论框架和具体方法，为今后全面、科学地开展省级和区域森林资源核算提供了重要的技术规范和使用的操作手册。三是完成了林地林木实物量和价值量的核算。以中国第五次和第六次全国森林资源清查数据为基础，开展了面向全国 31 个省（自治区、直辖市）的林地、林木价格调查工作，统计了全国林地、林木的实物量核算和价值量核算结果；对 2004 年全国范围内包括木质林产品和非木质林产品在内的森林全部实物产品产出进行了实物量核算和价值量核算；提出了开展森林生态系统服务价值核算研究的基本思路，重点从森林涵养水源、维持生物多样性、保育土壤、林木养分固持、固碳释氧、森林防护、净化大气环境和森林康养等 8 个方面，对全国森林生态系统服务价值进行了测算。

针对中国森林资源绿色核算研究成果，国家林业局（现国家林业和草原局）从第七次森林资源清查开始已经连续 15 年开展了"中国森林生态系统服务功能评估与绿色核算项目"的研究以及成果发布。国家林业局联合国家统计局均以新闻发布会的形式向社会公布：

2009 年 1 月 17 日，国务院新闻办公室举行新闻发布会，邀请全国绿化委员会副主任、国家林业局局长贾治邦介绍中国林业科学研究院依据第七次清查结果评估的全国森林生态系统年涵养水源量达到 4947.66 亿立方米 / 年，年固土量达到 70.35 亿吨 / 年，年固碳量（全口径森林碳汇）达到 3.59 亿吨 / 年。仅固碳释氧、涵养水源、保育土壤、净化大气环境、林木养分固持及生物多样性保护等 6 项生态系统服务功能年价值达 10.01 万亿元 / 年。

2014 年 10 月 22 日，国家林业局和国家统计局在北京联合公布了中国森林资源核算新一轮研究成果。此次研究成果是由国家林业局和国家统计局联合组织开展的"中国森林资源核算及绿色经济评价体系研究"中的重要内容，其中最重要的一项就是森林生态系统服务核算。核算结果显示，第八次森林资源清查期间，全国森林生态系统每年提供的主要生态系统服务的总价值为 12.68 万亿元 / 年。与第七次森林资源清查期间相比，全国森林生态系统每年提供的物质量增长明显，其中，年涵养水源量增加了 17.4%，年保育土壤量增加了

16.4%，年碳汇量（全口径森林碳汇）由第七次清查的 3.59 亿吨 / 年增加到第八次清查的 4.03 亿吨 / 年，森林碳汇功能增加了 12.2%，全国森林生态系统服务的年价值量从 10.01 万亿元 / 年增长到 12.68 万亿元 / 年。

　　2013 年，国家林业局和国家统计局联合开展了新一轮"中国森林资源核算及绿色经济评价"体系研究。这次的研究是对 2004 年研究工作的延续和深化，经过几年的发展与完善，此次研究更趋于科学合理，主要体现在以下几个方面：一是研究内容更加全面，包括林地林木资源核算、森林生态系统服务价值核算、森林文化价值评估以及林业绿色经济评价指标体系四个部分；二是核算数据更加准确可靠，核算基础数据主要基于政府部门正式公布的权威数据和科学规范的监测调查资料；三是核算方法更加科学合理，既借鉴了国际最新研究成果，又继承发展了原有的研究成果，还符合我国森林资源核算实际；四是核算过程更加严密有序，核算结果是在科学测算和反复认证的基础上取得。研究结果表明，截至 2013 年，全国林地林木价值为 21.29 万亿元，森林提供的生态系统服务价值为 12.68 万亿元（表 1-5）。

表 1-5　中国森林资源核算实践主要活动

机构	时间（年）	主要内容
国家林业局	2001	开展中国可持续发展林业战略研究，提出生态建设、生态安全、生态文明的"三生态"思想，为党中央、国务院部署林业工作提供了重要决策支撑
国家统计局	2002	组织编写《中国国民经济核算体系》，设计自然资源实物量核算表作为该体系的附属账户，尝试编制了全国土地、森林、矿产、水资源的实物量表
国家林业局、国家统计局	2004	联合启动了"绿色国民经济框架下的中国森林资源核算研究"，尝试将森林资源核算纳入国民经济核算体系之中，取得了阶段性成果。一是研究提出了森林资源核算的理论框架和具体方法；二是完成了林地林木实物量和价值量的核算；三是提出了开展森林生态系统服务价值核算研究的基本思路，重点从森林涵养水源、维持生物多样性、林木养分固持、保育土壤、固碳释氧、森林防护、净化大气环境和森林康养等 8 个方面，对全国森林生态系统服务价值进行测算
国家林业局、国家统计局	2013	联合开展新一轮"中国森林资源核算及绿色经济评价"体系研究，研究内容更加全面，包括林地林木资源核算、森林生态系统服务价值核算、森林文化价值评估以及林业绿色经济评价指标体系四个部分

　　同时，许多学者还从区域层面对森林资源进行了核算。张长江（2006）以江苏省为研究区域，估算了江苏省 2002 年森林资源与生态环境的价值，建立了江苏省森林生态环境经济核算循环账户及相应的循环矩阵。戴广翠（2007）以吉林省吉林市丰满区和蛟河市为例，运用联合国粮农组织《林业环境与经济

核算指南》提供的方法，核算了当地林地和林木资产的实物量和价值量、林产品及森林环境服务价值流量，估算了森林为国民经济其他部门及区域提供的产品和服务价值，较为客观、准确地反映了林业对国民经济和社会发展的贡献。张德全（2020）以第九次山东省森林资源连续清查数据为基础，利用森林资源核算最新研究成果和国家相关标准核算了山东省森林资源经济价值和环境资源价值。

本项目组森林生态系统服务功能评估团队在全国选择60个省级及代表性地市、林区等开展森林生态系统服务评估实践，评估结果以"中国森林生态系统连续观测与清查及绿色核算"系列丛书的形式向社会公布（图1-3）。

"中国森林生态系统连续观测与清查及绿色核算"系列丛书目录

1. 安徽省森林生态连清与生态系统服务研究，出版时间：2016年3月
2. 吉林省森林生态连清与生态系统服务研究，出版时间：2016年7月
3. 黑龙江省森林生态连清与生态系统服务研究，出版时间：2016年12月
4. 上海市森林生态连清体系监测布局与网络建设研究，出版时间：2016年12月
5. 山东省济南市森林与湿地生态系统服务研究，出版时间：2017年3月
6. 吉林省白石山林业局森林生态系统服务功能研究，出版时间：2017年6月
7. 宁夏贺兰山国家级自然保护区森林生态系统服务功能评估，出版时间：2017年7月
8. 陕西省森林与湿地生态系统治污减霾功能研究，出版时间：2018年1月
9. 上海市森林生态连清与生态系统服务研究，出版时间：2018年3月
10. 辽宁省生态公益林资源现状及生态系统功能研究，出版时间：2018年10月
11. 森林生态学方法论，出版时间：2018年12月
12. 内蒙古呼伦贝尔市森林生态系统服务功能研究，出版时间：2019年7月
13. 山西省森林生态连清与生态系统服务功能研究，出版时间：2019年7月
14. 山西省直国有林森林生态系统服务功能研究，出版时间：2019年7月
15. 内蒙古大兴安岭重点国有林管理局森林与湿地生态系统服务功能研究及价值评估，出版时间：2020年4月
16. 山东省淄博市原山林场森林生态系统服务功能及价值研究，出版时间：2020年4月
17. 广东省林业生态连清体系网络布局与监测实践，出版时间：2020年6月
18. 森林氧吧监测与生态服务研究——以黑龙江五大连池景区为例，出版时间：2020年7月
19. 辽宁省森林、湿地、草地生态系统服务功能评估，出版时间：2020年7月
20. 贵州省森林生态连清体系网络构建与生态系统服务功能研究，出版时间：2020年12月
21. 云南省林草资源生态连清体系监测布局与建设规划，出版时间：2021年5月
22. 天然资源保护工程生态测区划和布局研究，出版时间：2021年5月

图1-3 "中国森林生态系统连续观测与清查及绿色核算"系列丛书

该丛书包括了我国省级及以下尺度的森林生态连清及价值评估的重要成果，展示了森林生态连清在我国的发展过程及其应用案例，加快了森林生态连清的推广和普及，使人们更加深入地了解森林生态连清体系在当代生态文明中的重要作用。

针对我国林业生态工程生态效益监测评估，本项目组森林生态系统服务功能评估团队也进行了有益的探索。基于森林生态连清体系，开展我国林业重大生态工程生态效益的监测评估工作，包括退耕还林（草）工程和天然林资源保护工程，以国家报告的形式向社会公布。退耕还林（草）工程共开展5期监测评估工作，分别针对退耕还林6个重点监测省份（国家林业局，2013）、长江和黄河流域中上游退耕还林工程（国家林业局，2014）、北方沙化土地的退耕还林工程（国家林业局，2015）、退耕还林工程全国实施范围（国家林业局，2016）、集中连片特困地区退耕还林工程（国家林业局，2017）开展了工程生态效益、社会效益和经济效益的耦合评估。针对天然林资源保护工程，分别在东北、内蒙古重点国有林区（国家林业局，2016）和黄河流域上中游地区开展了 2 期天然林资源保护工程效益监测评估功能工作。

中国森林资源核算相关理论和实践成果有效推动了森林资源核算在我国的快速发展，为世界开展森林资源核算提供了中国经验。

六、森林资源核算与碳达峰、碳中和战略

气候变化是当前人类面临的最严峻挑战之一。工业革命之后，各国向大气中排放的大量二氧化碳等温室气体是造成气候变化的主要原因，给人类生存发展带来了严重的威胁。在此背景下，世界各国以全球协约的方式减缓温室气体的排放，1997 年，《京都议定书》规定了各国二氧化碳的排放标准，建立了排放贸易、清洁发展机制、联合履约三类减排合作机制以解决二氧化碳等温室气体的排放问题。2015 年，《巴黎协定》确立了 21 世纪下半叶实现温室气体净零排放的目标。我国由此提出"2030 年前实现碳达峰，2060 年前实现碳中和"的战略目标，展现了中国践行《巴黎协定》气候行动承诺的决心。

碳达峰是指全球、国家、城市、企业等主体的碳排放达到历史最高值，然后经过平台期进入持续下降的过程，也是二氧化碳排放量由增转降的历史拐点；碳中和是指企业、团体或个人测算在一定时间内直接或间接产生的二氧化碳排放总量，然后通过植树造林、节能减排等形式，抵消自身产生的二氧化碳排放量，实现源与汇的平衡。

当前，减缓气候变化主要有两大途径：一是减排，即工业和能源领域提高能效、降低能耗以减少二氧化碳的排放；二是固碳，即通过保护修复森林、草原、湿地等生态系统以增加二氧化碳的吸收。森林是陆地生态系统的主体，植物吸收二氧化碳通过光合作用转化为有机物，并释放氧气。作为生态系统中最大的碳库，森林碳汇可谓是应对气候变化最经济高效的方式之一。因此，正确认识森林碳汇价值，全面评估森林碳汇对经济社会发展的贡献，对于完善碳交易市场、实现碳达峰碳中和目标具有重要意义。

国外学者对森林碳汇的研究始于 20 世纪 60 年代末，国际科学理事会（ICUS）开展的国际生物学计划（IBP）率先拉开了全球性陆地森林生态系统碳汇研究的序幕。此后，欧洲各国、加拿大、美国、巴西等国家相继开展了区域森林生态系统的碳平衡及其与全球碳循环关系的研究工作。1997 年《京都议定

书》出台后，森林碳汇的经济和贸易问题逐渐成为国际社会关注的重点。作为环境经济核算领域的重要文件，SEEA 也对碳核算问题进行了探索。SEEA-2003 在有关森林资源核算的内容中提及了碳核算，但仅仅是在补充表式中提供了固碳账户表，对固碳能力具体如何计算未给出详细说明。到了 2012 年，SEEA-2012 单独划出一小节内容，介绍了木材资源中碳的核算方式，作为对木材资源实物型资产账户的拓展。SEEA-2012 指出，参考木材资源的实物型资产账户结构，可以编制出木材资源的碳账户。使用立木期初存量与期末存量以及存量变化的信息可以计算木材资源中的碳含量估值及其在核算期间的变化。SEEA-2012 已经将基本核算模型制定得十分完善，可用于核算木材中的碳储量和其他碳储量，但对于碳核算的完整说明（如土壤中的碳固存）则超出了 SEEA-2012 的研究范围，急需一个以生态为基础的核算方法。2021 年，最新发布 SEEA-EA 对碳储量的核算纳入专题核算的讨论之中，它以碳循环，特别是特定碳储层性质的差异为基础，提供了一个完整的、基于生态基础的碳核算方法。SEEA-EA 指出，碳在生态系统和其他环境过程中具有中心地位，因此，核算碳储量及其转移是环境经济核算的一个重要方面。生态系统核算可以提供数据，以了解生态系统在全球、国家和区域尺度上在支撑大气中的温室气体循环时发挥的关键作用。SEEA-EA 将碳储量分为岩石圈中的碳、生物碳、经济活动中积累的碳、海洋中的碳（仅无机）以及大气中的碳。它所提供的碳储量账户记录了碳在核算期开始和结束时的存量及变动情况，全面覆盖了所有相关的碳储量以及国家或国家级以下所有碳储量的变化，包括管理和未管理的土地。SEEA-EA 账户与 SEEA-2012 和 SNA 的账户相结合，可以支持气候变化政策的各个方面，如碳减缓和适应政策、碳市场和融资机制、碳储量评估和管理，将空气排放与经济活动联系起来，了解碳项目和政策的共同效益以及缓解措施的影响。

　　我国对于森林碳汇的研究起步较晚，理论研究方面，贺庆棠（1993）研究了森林对地球气候系统碳素循环影响的机制和作用。2000 年，方精云从全球生态学的角度对我国森林碳汇进行了研究，又于 2005 年全面、系统地研究了我国国家尺度上陆地生态系统碳循环的主要过程、碳储量、净吸收和净排放变化及其发生机理，讨论了中国 50 年来森林植被二氧化碳源汇功能的动态变化，他提出的"连续生物量转换因子法"已成为我国估算森林碳储量最重要的方法之一。李怒云等（2005）从全球气候变化的监督研究了我国森林碳汇的作用，并对我国在谈判中林业的立场及对策进行了研究。郭兆迪等（2013）利用1977—2008年间6期的森林资源清查数据，通过评估生物量碳库变化来估算中国森林生物量碳汇的大小及变化，结果发现中国森林碳汇潜力巨大。一些学者也尝试对森林碳汇的经济价值进行估算，如肖建武等（2009）采用碳税率法和造林成本法估算了长沙市城市森林碳汇的经济价值；顾丽等（2015）以长白山金沟岭林场为研究区域，研究了主要森林类型碳储量和碳密度的时空变化并对森林碳汇效益进行了计量；张颖（2021）在碳达峰碳中和目标下，利用1973—2018年9次中国森林资源清查数据，采用森林蓄积量法核算了北京市森林资源碳储量和价值量，并预测北京市森林碳储量及碳汇潜力，为北京市林业碳汇减排及碳达峰碳中和目标实现提供参考。综合相关文献，关于森林碳汇经济价值评估的研究归纳起来主要包括两部分：一是对森林碳储量的实物计量；二是森林碳汇价值的经济计量。还有学者尝试将森林碳汇纳入国民经济核算体系中，张颖（2016）基于国民经济核算理论，依据联合国国民账户体系和森林资源清查数据，建立了我国森林碳汇经济核算的实物量、价值量账户，探索性地编制了森林碳汇资产负债表，从而反映碳汇经济活动的有关信息，以对现有的森林资源核算内容进行补充，特别是为现有林业产值计算缺少碳汇价值核算的不足提供参考。

实践探索方面，2005年12月，国家林业局主办的中国碳汇网正式开通，主要目的是向公众介绍气候变化和林业碳汇相关问题，从而增强民众的生态意识和环保意识。2011年，国家发展改革委选择在北京、天津、上海、重庆、湖北、广东及深圳开展试点碳排放交易市场建设，逐渐形成了碳排放配额交易市场和中国核证自愿减排量（China Certified Emission Reductions，CCER）市场，其中森林碳汇作为兼具生态、经济与社会效益的抵消产品被一同纳入碳排放权交易体系。这意味着森林碳汇在碳交易市场中可通过碳信用自由转换为碳排放权，正式构成一项可供交易的商品。2021年7月，全国碳排放权交易市场正式上线，成为全球覆盖规模最大的碳市场。随着全国性碳交易市场的建立和逐步完善，地方性碳交易试点将稳步退出。

国际知名学术期刊《自然》发表的多国科学家最新研究成果显示，2010—2016年，我国陆地生态系统年均吸收约11.1亿吨碳，吸收了同时期人为碳排放量的45%。该数据表明，此前中国陆地生态系统碳汇能力被严重低估。我国森林生态系统碳汇能力之所以被低估，主要原因是碳汇方法学存在缺陷，即推算森林碳汇量采用的材积源生物量法是通过森林蓄积量增量进行计算的，而一些森林碳汇资源并未被统计其中，其一，森林蓄积量没有统计特灌林和竹林，只体现了乔木林的蓄积量，而仅通过乔木林的蓄积量增量来推算森林碳汇量，忽略了特灌林和竹林的碳汇功能；其二，疏林地、未成林造林地、非特灌林灌木林、苗圃地、荒山灌丛、城区和乡村绿化散生林木也没在森林蓄积量的统计范围之内，它们的碳汇能力也被忽略了；其三，森林土壤碳库是全球土壤碳库的重要组成部分，也是森林生态系统中最大的碳库，其碳汇能力同样被忽略了。

基于以上分析和中国森林资源核算项目一期、二期研究成果，本项目组森林生态系统服务功能评估团队提出了森林碳汇资源和森林全口径碳汇新理念，即森林植被全口径碳汇＝森林资源碳汇（乔木林碳汇＋竹林碳汇＋特灌林碳汇）＋疏林地碳汇＋未成林造林地碳汇＋非特灌林灌木林碳汇＋苗圃地碳汇＋荒山灌丛碳汇＋城区和乡村绿化散生林木碳汇，其中，含森林生态系统土壤年碳汇增量。森林全口径碳汇能更全面地评估我国的森林碳汇资源，避免我国森林生态系统碳汇能力被低估，同时还能彰显出我国林业在碳中和中的重要地位。由此可见，森林全口径碳汇将对我国碳达峰、碳中和起到重要作用。

开展森林碳汇价值核算有助于我国正确处理经济发展与环境保护之间的关系，补充当前森林资源核算体系留下的空白，对于推进生态文明建设、维护国家生态安全具有重要意义。可以肯定的是，当前我国对森林碳汇价值的评估仍处于初级阶段，未来还需进一步发展完善。

第二节　森林资源核算理论框架体系

2008 年，国家林业局和国家统计局共同组织完成了"中国森林资源核算及纳入绿色 GDP"研究项目，提出了"基于森林的国民经济核算框架和内容"，为开展中国森林资源核算提供了重要参考。2013 年，国家林业局和国家统计局联合开展了新一轮"中国森林资源核算及绿色经济评价"体系研究，继续深入研究了森林资源核算的相关理论。在此基础上，本研究根据环境经济核算体系的最新发展，在充分吸收 SEEA-2012 相关理论的基础上，结合我国实际进一步完善了中国森林资源核算的理论框架。

一、森林资源核算的主要目标与基本原则

森林作为陆地生态系统的主体，蕴含着巨大的经济效益、社会效益和生态效益，构成了人类生存和社会发展的基本支撑。一方面，森林作为资源资产，为人类社会提供必不可少的木材资源和其他林产品资源；另一方面，森林作为环境资产，发挥着固碳释氧、保持水土、防风固沙、涵养水源、调节气候、维护生态多样性等多种环境服务功能。纵观历史，人类社会的进步与发展无不与森林的消长、林业的兴衰息息相关。生态兴，则文明兴；生态衰，则文明衰。因此，对森林资源进行核算，将其纳入国民经济核算框架具有十分重要的意义。

（一）主要目标

对森林资源进行系统而全面的核算的根本目标在于要充分反映森林对于经济社会发展的贡献以及经济活动对森林所产生的影响。通过核算应该可以回答有关林业可持续管理以下几个方面的问题：森林对经济的总贡献有多大？森林可持续经营的受益有多少？森林受益在社会不同群体中是如何分布的？从森林资源耗减的角度看经济增长是否可持续？如何权衡森林利用者之间的竞争关系？森林利用如何达到最优状态？其他林业政策对森林利用有什么影响（联合国粮农组织，2004）？

为实现上述根本目标，森林资源核算必须完成以下两个方面的工作：第一，从实物和价值两个层面上将森林存量核算与木材、非木质林产品、森林生态系统服务等流量核算结合起来；第二，将上述核算内容与国民经济核算内容衔接起来。对此进行具体拆解，可以将森林资源核算的功能目标概括为以下几点：

（1）将森林功能全面纳入核算范围，建立森林存量和流量核算体系。

（2）在实物量核算的基础上通过估价实现价值量核算，形成包括实物核算账户、价值核算账户两个层面的森林资源核算体系。

（3）在核算内容上，除了传统的林地林木存量核算之外，还要进行全面的森林产出和林业经济活动核算。

（4）将森林资源核算的结果纳入国民经济核算，进行总量指标调整，包括用林地林木价值针对国民资产负债核算进行调整，用森林资源耗减价值、森林环境退化价值、森林保护支出价值、森林生态系统服务价值等针对国内生产总值核算进行调整。

应该说，这些目标体现了森林资源核算最终要达到的理想高度。从实现过程看，需要根据现实可行性和管理需求制定目标的具体实施步骤，短期内应优先考虑那些具有现实紧迫性、操作可行性的部分。

（二）基本原则

森林资源核算是由传统林业统计、国民经济核算扩展而成，其目标是将森林纳入国民经济核算范围之内。森林资源核算作为综合环境经济核算的一个特定专题，目前仍处于探索过程中，这些特点决定了开展森林资源核算必须要在总体上遵循以下几个基本原则：

（1）与国民经济核算体系相衔接。森林资源核算不仅应全面、真实地评价森林对国民经济和社会发展的作用和贡献，还应反映经济发展所消耗的森林资源与付出的生态代价。

（2）与国际相关理论和实践接轨。中国森林资源核算以联合国 SEEA–2012 中心框架相关理论为依托，在结合国际最新研究成果的基础上，最大限度地保障核算内容、核算方法与国际相关研究成果相一致。同时，根据中国实际情况决定核算内容的取舍，最终形成适用于中国的森林资源核算体系。

（3）与中国森林资源和林业统计相衔接。与森林相关的统计数据是森林资源核算的基础，森林资源核算必须立足于中国基本国情和林情，与中国森林资源清查、林业统计以及生态监测等已有的统计调查体系相衔接，从而实现经济统计数据与森林物理量数据的有机结合。

二、森林资源核算的理论框架与组成部分

森林资源核算体系由五大部分组成，分别为森林资源存量核算、森林资源流量核算、森林资源经营管理与生态保护支出核算、林业投入产出核算以及森林综合核算。

（一）森林资源存量核算

森林资源存量核算主要是林地林木核算，反映林地林木在特定时点上的存量。从一个时期看，不仅要核算期初、期末两个时点的资源存量，还要反映资源存量当期发生的变化。核算林地林木资源存量及变化需要在实物核算和价值核算两个层面上进行。首先进行实物量核算，再在实物量核算的基础上，选择合适的估价方法，进行价值量核算。

（二）森林资源流量核算

森林资源流量核算主要是对森林产品和服务进行核算。一是核算直接来自森林的产品和服务，记录当期从森林中获得的产品和服务（包括木质林产品、非木质林产品和各种森林生态系统服务）的产量和使用去向；二是对上述初级产品进行进一步加工，记录林业产业链上全部林产品（初级林产品和加工制成品）的供应和使用。与森林资源存量核算相同，森林产品与服务核算也包括实物量核算和价值量核算两个方面。

（三）森林资源经营管理与生态保护支出核算

森林资源经营管理与生态保护支出核算也属于流量核算，用于反映经济体系一定时期内为森林资源经营管理与生态保护所花费的支出。核算时首先要确定哪些活动的目的是森林资源经营管理与生态保护；其次要记录这些活动所发生的支出（投资性支出和经常性运行支出）。为了提供更详尽的信息，还应该区分不同的支出者，即政府部门、企业与住户或来自国外的出资者，区分支出的用途。

（四）林业投入产出核算

林业作为一类经济产业，其投入产出已经包括在传统国民经济核算中。由于国民经济核算无法独立体现现代林业的全部活动，需要通过森林资源核算的林业核算表，把散见于各个方面的林业活动集中在一起，综合显示其投入产出状况，以全面评价林业发展及其成果。

林业投入产出核算的主体属于第一、二、三产业，对应上述森林产品和服务的区分，具体包括两个层次，一是直接以森林为对象的营林业、采运业；二是以初级林产品为加工对象的加工业，以及以森林旅游、保护、研发等各种活动为主的服务业。核算内容包括投入和产出两个部分，产出用各种产品表示（对应不同森林产品），投入则区分为中间投入和增加值（最初投入）两个部分。无论是投入还是产出都要进行价值量核算。

（五）森林综合核算

森林综合核算的目的是将森林全面纳入国民经济核算体系中。因此，核算结果最终必然反映在对经济总量指标的调整上：一是关于资产的调整。需要将核算得到的森林总价值（主要是林地林木总价值）纳入国民总资产和国民财富价值之中；二是对国民经济核算指标的调整。SEEA-2012 建议要对营业盈余、国民收入和国民储蓄等指标进行调整。通过调整，一方面全面反映森林和林业对国民经济的贡献；另一方面反映经济发展所消耗的森林资源与付出的生态代价。然而，要准确地量化森林资源与经济活动的相互作用并对森林资源的不同功能进行估价十分困难。目前，尚未有一个国家官方机构发布其调整数据。

上述五个部分互相联系，共同组成了中国森林资源核算体系（图1-4）。林地林木存量核算和林产品服务流量核算是森林资源核算的基础，进而扩展到森林管理与生态保护支持核算和林业投入产出核算。

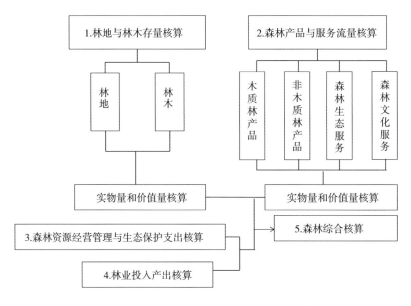

图 1-4　中国森林资源核算体系总体框架

三、森林资源实物量核算

森林资源实物量核算包括三部分：一是林地、林木资产核算；二是林产品生产与服务核算；三是林产品供给和使用核算。

（一）林地、林木资产核算

所有的林地、林木资产核算都包括三个部分：期初存量、核算期间的变化量和期末存量。核算期间的变化量既有由于经济活动引起的，也有由于自然和其他原因引起的。林地、林木存量如表 1-6 和表 1-7 所示，存量变动核算如表 1-8 和表 1-9 所示。

表 1-6　林地实物量核算表

公顷

项目	合计	培育资产	非培育资产
1. 天然林			
（1）乔木林地			
防护林			
特用林			
用材林			
能源林			
经济林			
（2）疏林地			
（3）灌木林地			
（4）竹林			
2. 人工林			
（1）乔木林地			
防护林			
特用林			
用材林			
能源林			

（续）

项目	合计	培育资产	非培育资产
经济林			
（2）疏林地			
（3）灌木林地			
（4）竹林			
3. 未成林造林地			
4. 苗圃地			
5. 迹地			
6. 宜林地			
合计			

注：绿色部分代表核算内容，下同。

表1-7　林木实物量核算表

立方米

项目	合计	培育资产	非培育资产
1. 天然林			
（1）乔木林			
防护林			
特用林			
用材林			
能源林			
经济林			
（2）疏林地			
2. 人工林			
（1）乔木林			
防护林			
特用林			
用材林			
能源林			

（续）

项目	合计	培育资产	非培育资产
经济林			
（2）疏林地			
3. 其他林木			
（1）散生木			
（2）四旁树			
合计			

注：在实物量核算中不包括经济林和竹林，在价值量核算中包括经济林和竹林。

表 1-8 林地实物量变动表

公顷

项目	天然林	人工林	其他林地
期初存量			
本期增加			
经济因素			
自然因素			
本期减少			
经济因素			
自然因素			
其他因素			
本期净增加			
期末存量			

表 1-9 林木实物量变动表

立方米

项目	天然林	人工林	其他林木
期初存量			

（续）

项目	天然林	人工林	其他林木
本期增加			
经济因素			
自然因素			
本期减少			
经济因素			
自然因素			
本期净增加			
期末存量			

（二）林产品生产与服务核算

林产品生产与服务主要包括营林和木材采运产品、非木质林产品、其他林产品和森林经济服务。林产品生产与服务核算属于流量的核算，分商业性生产和自用等，见表1-10。

表1-10　林产品生产与服务实物量核算表

立方米、吨、公顷等

项目	产业				产品		
	营林	木材采运	其他	合计	商品	自用	合计
1. 木质林产品							
（1）林业在产品							
（2）初级林产品或原料							
2. 非木质林产品							
（1）植物产品或原料							
①林木种子类							
②苗木类							
③原料类							

（续）

项目	产业				产品		
	营林	木材采运	其他	合计	商品	自用	合计
④干果类							
⑤水果类							
⑥林产饮料类							
⑦食用菌及笋类							
⑧林产调料类							
⑨花卉类							
⑩中药材							
（2）动物产品或原料							
①狩猎和捕捉动物							
②野生植物饲养繁殖							
3. 其他林产品							
4. 森林服务							
①经济服务							
②生态系统服务							

（1）营林和木材采运业产品。主要包括森林自然生长量、原木和其他林产品，如橡胶、软木等。

（2）非木质林产品。主要包括动物产品（或原料），如狩猎或养殖的动物和家禽的肉、皮毛等产品；植物产品（如原料），包括林中采集的野生或林下种植的浆果、蘑菇、山野菜、中药材、花卉等。

（3）其他林产品。主要指上述没有包括的、由森林直接提供的实物产品。

（4）森林经济服务。包括森林游憩、森林旅游、森林提供的就业机会和林下放牧等服务。

（5）森林生态系统服务。主要包括涵养水源、保育土壤、固碳释氧、林木养分固持、净化大气环境、生物多样性保护、森林防护、林产品供给、森林康养等。

（三）林产品供给和使用核算

林产品供给和使用表主要核算不同产业间林产品的供给、中间消费和最终使用情况。在林产品供给使用表中，林产品核算的内容与表 1–10 中的林产品内容是一致的。

林产品供给表中：总供给量 = 产品总产量 + 进口量。

林产品使用表中：总使用量 = 中间消费量 + 最终使用量。

林产品供给使用核算的内容见表 1–11、表 1–12。

表 1–11　林产品供给实物量表

立方米、吨等

供给	产品								进口	总供给
	木制产品			非木质产品		其他林产品	森林服务	总产量		
	在产品	初级产品或原料	…	植物产品或原料	动物产品或原料	…	…			
营林业										
木材采运业										
木材加工业										
林产化学										
多种经营										
其他										

表 1–12　林产品使用实物量表

立方米、吨等

使用	中间消费							最终使用			总使用
	木制产品			非木质产品		其他林产品	森林服务	总计	消费量	出口量	资本形成	
	在产品	初级产品或原料	…	植物产品或原料	动物产品或原料	…	…					
营林业												
木材采运业												
木材加工业												

（续）

使用	中间消费								最终使用			总使用
	木制产品		非木质产品		其他林产品	森林服务	总计		消费量	出口量	资本形成	
	在产品	初级产品或原料	…	植物产品或原料	动物产品或原料	…	…					
林产化学												
多种经营												
其他												

四、森林资源价值量核算

森林资源的价值量核算与实物量核算相对应，是在实物量核算的基础上，通过一定的估价方法转化而得。森林资源实物量核算是十分必要的，但只核算森林资源的实物量却是远远不够的，因为只有对森林资源进行价值量核算，才能将其与现有的国民经济核算体系结合起来，形成综合环境经济核算体系，表 1-13 为推荐的价值评估方法。

表 1-13　森林资源核算估价方法

核算内容	估价方法
林地	现行市价法、年金资本化法、林地期望价法、林地费用价法
林木	立木法、消费价值法、净现值法
木质林产品	市场价格
原木、商品材、非商品材	市场价格、当地同类产品市场价格、相近替代产品价格
非木质林产品	市场价格、当地同类产品市场价格、相近替代产品价格
森林经济服务	
林中放牧	相近产品替代价格、生产成本
森林游憩	旅行成本法、享乐价格法、条件价值评估法及联合分析法
森林生态系统服务	
涵养水源	市场价格法、污染物治理成本法
保育土壤	替代工程法、市场价格法

（续）

核算内容	估价方法
固碳释氧	碳排放市场交易价格、市场价格法
林木养分固持	市场价格法
净化大气环境	市场价格法、环境保护税税目税额
生物多样性保护	损失成本法、条件价值评估法
森林防护	替代工程法、市场价格法
林产品供给	市场价格法
森林康养	市场价格法、旅行成本法

森林资源的价值量核算是针对存量和流量的核算。存量核算是对林地、林木资产进行核算；流量核算是对林产品和森林服务进行核算。

林地、林木资产存量、流量价值核算的表式与其实物量核算的表式相对应；林产品与服务价值量表式与其实物量核算的表式相对应；林产品供给与使用价值量表式也与其实物量核算的表式相对应，林业总产值、中间消耗和增加值核算见表1-14至表1-21。

表1-14　林地价值量核算表

元

项目	合计	培育资产	非培育资产
1. 天然林			
（1）乔木林地			
防护林			
特用林			
用材林			
能源林			
（2）疏林地			
（3）灌木林地			
（4）竹林			
（5）经济林（包括乔木林、灌木林类型）			
2. 人工林			

（续）

项目	合计	培育资产	非培育资产
（1）乔木林地			
防护林			
特用林			
用材林			
能源林			
（2）疏林地			
（3）灌木林地			
（4）竹林			
（5）经济林（包括乔木林、灌木林类型）			
3. 未成林造林地			
4. 苗圃地			
5. 迹地			
6. 宜林地			
合　计			

表 1-15　林木价值量核算表

元

项目	合计	培育资产	非培育资产
1. 天然林			
（1）乔木林			
防护林			
特用林			
用材林			
能源林			
（2）疏林地			
（3）竹林			
（4）经济林			
2. 人工林			

（续）

项目	合计	培育资产	非培育资产
（1）乔木林			
防护林			
特用林			
用材林			
能源林			
（2）疏林地			
（3）竹林			
（4）经济林			
3.其他林木			
（1）散生木			
（2）四旁树			
合计			

表 1-16　林地价值量变动核算表

元

项目	天然林	人工林	其他林地
期初存量			
本期增加			
经济因素			
自然因素			
本期减少			
经济因素			
自然因素			
重估价			
本期净增加			
期末存量			

表 1-17　林木价值量变动核算表

元

项目	天然林	人工林	其他林木
期初存量			
本期增加			
经济因素			
自然因素			
本期减少			
经济因素			
自然因素			
重估价			
本期净增加			
期末存量			

表 1-18　林产品与服务价值量核算表

元

项目	产业				产品		
	营林	木材采运	其他	合计	商品	自用	合计
1. 木质林产品							
（1）林业在产品							
（2）初级林产品或原料							
2. 非木质林产品							
（1）植物产品或原料							
①林木种子类							
②苗木类							
③原料类							
④干果类							
⑤水果类							
⑥林产饮料类							
⑦食用菌及笋类							

（续）

项目	产业				产品		
	营林	木材采运	其他	合计	商品	自用	合计
⑧林产调料类							
⑨花卉类							
⑩中药材							
（2）动物产品或原料							
①狩猎和捕捉动物							
②野生动物饲养繁殖							
3.其他林产品							
4.森林服务							
①经济服务							
②生态系统服务							

表 1-19　林产品与服务供给价值表

万元

供给	产值								进口	产品税和补贴	贸易运输差价	总供给
	木制产品		非木质产品		其他林产品	森林服务	总产值					
	在产品	初级产品或原料	…	植物产品或原料	动物产品或原料	…	…					
营林业												
木材采运业												
木材加工业												
林产化学												
多种经营												
其他												

表 1-20 林产品价值使用表

万元

使用	中间消费									总附加值	最终使用			总使用
	木制产品			非木质林产品		其他产品	森林服务	总计			消费量	出口量	资本形成	
	在产品	初级产品或原料	…	植物产品或原料	动物产品或原料	…	…							
营林业														
木材采运业														
木材加工业														
林产化学														
多种经营														
其他														

表 1-21 林业总产值、中间消耗和增加值核算表

万元、%

项目	总产值	中间消耗	增加值	占总产值比重	
				中间消耗	增加值
营林业					
木材采运业					
木材加工业					
林产化学					
多种经营					
其他					

五、森林资源经营管理与生态保护支出核算

森林资源经营管理与生态保护支出核算的核算对象主要为森林经营和生态保护活动，核算内容主要包括经常性支出和投资性支出（表 1-22）。

表1-22　森林资源经营管理与生态保护支出核算表

万元

项目	投资主体					森林经营管理与生态保护活动						
	政府	企业	个人	外资	其他	造林	管护	经营	防火	病虫害防治	其他	总计
经常性支出 材料费 人工费 固定资产折旧 税费 … 合计												
投资性支出 基本建设支出 固定资产购置 合计												
其他												
合计												

六、森林资源核算数据来源

森林资源核算数据主要来源于全国森林资源清查、全国森林生态连清、林业统计、国民经济统计核算等，见表1-23。

表1-23　森林资源核算数据来源汇总表

核算内容	数据来源	提供的数据
林地、林木	森林资源资产评估	林地面积、立木蓄积量的实物量数据，包括不同时期的资产评估数据
	全国和地方森林资源调查	不同时期林地面积、立木蓄积量的清查数据
	林业统计年鉴和专项调查	森林病虫害、火灾发生、防治面积及费用，森林生态环境保护费用，森林采伐面积，每年的林地、活立木蓄积量统计数据
	国民经济统计核算材料	森林资源价值核算的资料，尤其是人工林的价值核算，如估价、资产负债表、财富表等
森林产品与服务	林业统计年鉴和专项调查	林业和林产工业产品的实物量统计数据，林副产品实物量、价值量统计数据，非木质林产品统计数据

（续）

核算内容	数据来源		提供的数据
森林产品与服务	全国森林资源清查		水源涵养林、水土保持林、防风固沙林、自然保护区、特用林等面积
	地方森林资源调查和专项调查		水源涵养林、水土保持林、防风固沙林、自然保护区、特用林等面积
	国民经济统计核算资料		营林业、采运业、非木质林产品产出的价值统计数据。包括：产出量、中间消耗量、增加值、固定资产消耗、工资、经营业盈余和存量变化；林业供给和使用表；林业投入—产出和社会核算表
森林服务	涵养水源	全国森林资源清查数据、生态站长期观测数据、辅助监测点及长期样地观测数据	森林面积、降雨量、蒸散量、快速地表径流量
	保育土壤	全国森林资源清查数据、生态站长期观测数据、辅助监测点及长期样地观测数据	森林面积、土壤侵蚀模数、土壤容重、土壤养分（氮磷钾）含量
	固碳释氧	全国森林资源清查数据、生态站长期观测数据、辅助监测点及长期样地观测数据	森林面积、净初级生产力、土壤固碳速率
	林木养分固持	全国森林资源清查数据、生态站长期观测数据、辅助监测点及长期样地观测数据	森林面积、净初级生产力、林木养分（氮磷钾）含量
	净化大气环境	全国森林资源清查数据、生态站长期观测数据、辅助监测点及长期样地观测数据	森林面积、负离子浓度、林分平均高度、吸收污染气体（氟化物、氮氧化物、二氧化硫）能力、滞纳颗粒物（TSP、PM_{10}、$PM_{2.5}$）能力
	生物多样性保护	全国森林资源清查数据、生态站长期观测数据、辅助监测点及长期样地观测数据	森林面积、香农威纳指数、濒危指数、特有种指数、古树年龄指数
	森林防护	全国森林资源清查数据、省域尺度统计年鉴、生态站长期观测数据、辅助监测点及长期样地观测数据	防风固沙林面积、农田防护林面积、风蚀模数、主要农作物产量
	林产品供给	中国林业统计年鉴、省域尺度林业统计数据	木质产品产量、非木质产品产量
	森林康养	中国林业统计年鉴	林业休闲旅游收入
森林资源经营管理的支出	国民经济统计核算资料		包括各种森林资源经营管理活动支出数据，但还需要辅助调查

『两山』理念背景下的
中国森林资源价值核算研究

第二章
林地林木资源核算

第一节　林地林木资源核算方法

一、核算目的

对林地面积、林木蓄积的存量及变动进行核算，是森林资源核算的重要组成部分，也是进行森林资源核算的起点。对于林地、林木的存量及变动量，需要分别对其进行实物量和价值量的核算。

对林地、林木的存量进行核算，一方面可以反映出我国现有森林资源（目前测算的林地和林木）的拥有量。其中，实物量核算反映林地的面积和林木的蓄积量；价值量核算反映林地、林木的经济价值。另一方面，森林资源作为一种可再生资源，由于受自然因素和人类社会经济活动的影响，其存量在一定时期之内又是变动的，可能由于土壤、气候条件适宜，或人工的培育和管理，使得林地面积扩大，林木蓄积量增加，也可能由于火灾、病虫害等自然灾害的影响，或由于人为的采伐引起林地面积和林木蓄积量减少。对林地、林木进行实物量和价值量核算，就是将森林作为一种资源资产，通过一定的方法和手段，对森林这种资产在一个核算期内的存量状况、变动量以及发生变动的原因进行量化分析。

二、核算内容的界定

本研究根据全国森林资源清查资料，对全国范围内的林地、林木进行存量和变动量的实物量和价值量核算。

（一）核算对象及范围

林地，是指县级以上人民政府规划确定的用于发展林业的土地。包括郁闭度 0.2 以上的乔木林地以及竹林地、灌木林地、疏林地、迹地（包括采伐迹地和火烧迹地）、未成林造林地、宜林地、苗圃地等。

林木，包括树木和竹子。

本研究核算的对象和范围是除香港特别行政区、澳门特别行政区和台湾省外，我国主权领土范围内的所有林地及林木中的乔木（不包括灌木和木质藤本）和竹子。

（二）核算分类

在森林资源现行统计和管理中，森林资源（包括林地和林木）按照起源、用途和林龄的不同，可进一步细分为以下类别：

按林木起源，分为天然林和人工林。

按用途，分为防护林、特种用途林、用材林、能源林和经济林。

按林龄，分为幼龄林、中龄林、近熟林、成熟林和过熟林。

在森林资源核算中，按照国民经济核算的定义，根据培育方式或起源，森林可进一步分为培育资产和非培育资产。培育资产是指本身是人工造林生产的结果，或者其生产过程已经被置于人类管理控制之下的森林；非培育资产是指主要依赖自然繁衍、其生长处于一种自然过程之中的森林。大体上，人工林相当于培育性资产，天然林则相当于非培育资产。

（三）核算内容

本研究主要对林地、林木存量及变化的实物量和价值量进行核算。首先，对期初、期末林地和林木实物量及价值量进行核算。其次，对核算期内因经济、自然或其他因素造成的林地和林木存量变动情况进行核算。其中，实物量核算是对林地面积和林木蓄积量及变动的核算；价值量核算是在实物量核算的基础上，根据相应的价格，通过适当的估价方法，将实物量转化为价值量。

三、核算原则

（1）权威性原则。充分利用现有全国森林资源清查统计结果。

（2）符合性原则。森林资源分类既要符合国民经济核算的分类原则，也要结合我国现行森林资源清查统计分类方法。

（3）实际性原则。价值核算以各地林业生产经营的实际调查统计数据为基础。

（4）一致性原则。价值评估方法选择与数据可获得性一致的原则。

四、核算期

在进行林地、林木核算时，鉴于我国森林资源清查是每 5 年进行一次，本研究将 5 年作为一个核算期。与全国森林资源清查的年份相对应，核算期的期初存量为第九次全国森林资源清查的期初存量，期末存量为第九次全国森林资源清查的期末存量，变动量核算期为第九次全国森林资源清查期间（2014—2018 年）。

五、价值量核算估价方法

对林地、林木资源资产进行价值评估，以我国林草行业目前使用的《森林资源资产评估技术规范》（LY/T 2407—2015）中的估价方法为依据，参考 SEEA-2012 提出的林地林木资源资产价值核算推荐方法，结合中国森林资源调查特点，选取了以下适合的林地、林木价值评估方法用于价值量核算。林地、林木资产价值估价方法的基本假设包括：持续经营假设（林地、林木资产类型在经营期内保持不变，持续开展林业经营活动）；不变价格假设（采用现价对将来生产经营期内的林业生产经营活动的收入与支出进行预估，同时折现率、投资收益率也扣除通货膨胀因素）。

（一）林地价值核算的估价方法

当前，用于林地价值评估的方法主要有现行市价法、林地期望价法、林地费用价法以及年金资本化法。上述方法中，前 3 种方法所需参数多，计算较为复杂，适用于小范围内的具体林地价值评估。而年金资本化法仅需要林地年平均纯收入或林地年平均租金一个参数，不仅适用于具体林地的价值评估，也适用于大范围内的林地价值评估。鉴于基础数据的可获得性，本研究最终采用了年金资本化法用于林地价值的评估。在林地价值的评估过程中，还充分参考了林地征占用补偿标准以及林地流转价格统计资料。其中，林地年平均租金采用样本乡镇、林场的调查数据，在全省（自治区、直辖市）内按照面积进行加权平均，求算不同林地类型的年租金。计算公式：

$$V=\sum_{i=1}^{n}\frac{A_i}{P} \tag{2-1}$$

式中：V——林地价值；

　　　i——林地类型的种类；

　　　A_i——第i种林地类型的年平均租金；

　　　P——折现率。

本研究中林地资产的折现率选用 2.5%。折现率一般按照经济利率（纯利率）加风险率的方法确定。由于林地经营周期长、投资回报期长，折现率远低于社会平均收益率，纯利率选择 1.5%，风险率选择 1%，因此林地资产折现率选择 2.5%。

（二）林木价值核算的估价方法

本研究中的林木价值按照乔木林、经济林和竹林 3 种类型分别进行核算。其中，乔木林核算步骤：①对不同优势树种（组）的林分按照不同龄组进行划分；②根据不同龄组采用不同估价方法进行核算；③分类汇总。天然乔木林、人工林林木价值评估数据均以人工用材林数据作为参考。

在全国范围内进行林木价值评估，会存在各种径级或龄级的林木，所以仅用一种评估方法难以客观地评估林木价值。SEEA-2012 推荐的净现值法、立木价格法、消费价值法针对不同林木各有其适用程度。《森林资源资产评估技术规范》（LY/T 2407—2015）也指出林木资产评估要根据不同林种、龄组，选择适用的评估方法和林分质量调整系数进行评定估算。

本研究以《森林资源资产评估技术规范》（LY/T 2407—2015）为依据，结合全国森林资源清查统计结果，考虑到数据的可获得性，确定幼龄林估价采用重置成本法；中龄林估价采用收益现值法；近熟林、成熟林和过熟林采用市场倒算法。其中，中龄林估价的收益现值法基本原理与 SEEA-2012 推荐的净现值法一致，近成过熟林的市场倒算法基本原理则相当于 SEEA-2012 推荐的立木价格法。

资金市场上的商业利率由经济利率（纯利率）、风险率、通货膨胀率三部分构成。在森林资源资产评估中由于其涉及的成本均为重置成本，即现实物价水平的成本，其收入与支出的物价是在同一个时点上，不存在通货膨胀率。因此，在森林资源资产评估中采用的利率仅含经济利率和风险率两部分。目前，世界上许多国家确定经济利率的方法是，用一个稳定的政府发行国债的年利率（风险率为 0）扣除当年的通货膨胀率，剩余部分则为经济利率，大约为 3.5%。根据营林生产的实际，商品林经营的年风险率一般不超过 1%。考虑到森林资源资产经营纯收益率不高，参考国家森工基本建设资金贷款利率水平，本研究林木蓄积量价值评估中投资收益率取 4.5%。

1. 幼龄林价值评估

本研究曾尝试采用市场法评估幼龄林价值，由于我国林木交易市场不完善，幼龄林状态交易林木的情况较为少见，较少交易案例的平均价格不具有代表性。因此，本研究最终选取了重置成本法对幼龄林价值进行评估。重置成本法是按现实的工价及生产水平重新营造一块与被评估森林资源资产相类似的森林资源资产所需的成本费用。计算公式：

$$V_n=K\sum_{i=1}^{n} C_i \left(1+P\right)^{n-i+1} \tag{2-2}$$

式中：V_n——第 n 年林龄的林木价值；

　　　C_i——第 i 年的以现行工价及生产水平为标准的生产成本；

　　　K——林分质量调整系数；

　　　P——投资收益率。

幼龄林价值评估的投资收益率取 4.5%。

2. 中龄林价值评估

中龄林的价值核算采用收益净现值法。即将被评估林木资产在未来经营期内各年的净收益按照一定折现率进行折现后累计求和，得出林木资产评估的价值。其原理与 SEEA-2012 推荐的净现值法相一致。计算公式：

$$V_n=\sum_{t=n}^{u} \frac{A_t-C_t}{\left(1+P\right)^{t-n+1}} \tag{2-3}$$

式中：V_n——林木资产评估值；

　　　A_t——第 t 年收入；

　　　C_t——第 t 年支出；

u——经营期；

P——投资收益率；

n——林分年龄。

中龄林价值评估的投资收益率取 4.5%。

3. 近成过熟林价值评估

近成过熟林价值评估采用市场倒算法，用被评估林木采伐后取得的木材市场销售总收入，扣除木材经营所消耗的成本及木材生产经营段利润后，剩余部分作为林木资产评估林木价值，市场倒算法的基本原理相当于立木价格法。计算公式：

$$V=W-C-F \qquad (2-4)$$

式中：V——近成过熟林林木价值；

W——木材销售总收入，对应木材价格；

C——木材生产经营成本，对应采运成本、销售管理费用等；

F——木材生产经营利润。

4. 经济林价值评估

经济林盛产期核算采用收益净现值法。即经济林未来经营期内的净收益折现累积求和。计算公式：

$$V_n=A\frac{(1+P)^{u-n}-1}{P(1+P)^{u-n}} \qquad (2-5)$$

式中：V_n——经济林评估价值；

A——盛产期内年净收益；

$u-n$——盛产期年限；

P——投资收益率，一般取 6%。

经济林投资收益较高，国内经济林的林木价值评估普遍采用投资收益率 6%，本研究采用 6% 的投资收益率。

5. 竹林价值评估

竹林价值评估一般采用年金资本化法，新造未成熟竹林可采用重置成本法。竹林稳产期核算采用年金资本化法。计算公式：

$$V = \frac{A}{P} \qquad\qquad (2-6)$$

式中：V——竹林价值评估；

　　　A——竹林的年净收益；

　　　P——投资收益率，一般取 6%。

本研究竹林林木价值评估按照毛竹林、杂竹林两大类评估，投资收益率与经济林一致为 6%。

六、核算组织与实施

林地林木资源核算实现从实物量到价值量的转化，除了应用适当的估价方法外，根据价值量账户指标要求，还须调查统计不同林地类型单位林地面积的价值量、不同林地类型单位面积流转价格、不同树种活立木（竹）交易价格、不同树种单位面积营造林成本、不同树种木材综合利用成本收益、不同经济林和竹林成本收益情况等指标，作为对林地、林木资产进行估价的数据基础。本研究通过抽样调查方式采集林地林木资源价值量核算需要的林地、林木生产经营相关成本、价格等技术经济参数。

（一）抽样调查方法

林地林木资源价值核算技术经济指标调查以省级行政单位为总体，通过适当的抽样方法调查样本指标，推算总体林地、林木资源资产状况的指标均值。通过抽样调查保障样本均值对总体均值的代表性，以省级行政单位为总体，以乡镇、国有林场一级的林地、林木资源生产经营单位为调查样本，对样本相关的林业生产经营技术经济指标进行调查，在检查样本数据的基础上，求算加权平均值作为总体的林业生产经营技术经济指标均值。这些均值数据与林地、林木资源实物量（面积、蓄积量等）数据匹配，采用确定的估价方法核算林地、林木资源资产价值量。

根据林地林木资源核算研究工作的实际情况，基于工作任务量、调查人员队伍情况，研究确定全国抽取 500 个样本单位。样本单位确定为基层国有林场、乡镇。为保证样本代表性，一般需要采用大样本随机抽样方法。本研究采用了二阶段不等概率抽样方法，以保证更多的具有典型性的样本单元被抽中。

抽样调查的第一个阶段——抽取样本县级单位。首先确定样本县级单位数量。根据全国总调查样本数量 500 个，按照省级林地面积占全国林地面积的比例，确定省级行政区域应该开展调查的县级样本数，每个县一般确定 3 个国有林场、乡镇样本数。其次，抽取样本县级单位。采用县级林地面积成比例不等概等距抽样方法确定初级单元（区、县、旗级单位），将省级行政区域内的县级单位按照顺序排列，根据各县级单位林地面积累计数和县级样本数量，确定抽样间隔，在抽样间隔内选取一个随机数确定初始入样单元，按照上述抽样间隔，确定其余初级样本单元（区、县、旗级单位）。

抽样调查的第二个阶段——抽取样本乡镇、国有林场。在被抽中的区、县、旗级单位中，按照各个乡镇、国有林场距离县城的远近，将乡镇、国有林场编号，进行等距抽样。根据乡镇和国有林场总数量和样本数，确定抽样间隔，在抽样间隔内选取一个随机整数确定初始入样单元，按照上述间隔，确定其余二级样本单元，即乡镇、国有林场，具体抽样调查方法详细说明见附件 2。

（二）调查组织实施

省级林草主管部门根据抽样调查方法和确定的初级单元数抽取全省范围内的样本区、县、旗，指导全省（自治区、直辖市）范围内样本区、县开展调查工作。对区、县、旗级林草主管部门上报的乡镇、国有林场调查表进行审核和汇总。各区、县、旗级林草主管部门负责林地林木资源价值核算调查方案的实施，区、县、旗级调查部门按照确定的抽样调查方法，抽取调查单元，制定调查方案，选取样本乡镇、国有林场，负责乡镇和国有林场调查表的数据解释、审核和上报。

（三）数据质量控制

调查数据的质量是保障核算结果的关键。专题研究在以往研究的基础上，重点加强了抽样设计和样本调查工作。从以下四个方面加强调查数据的质量管理：

一是抽样调查采用二阶不等概率抽样方法，确保了样本对总体的代表性，全国抽取 500 个样本单元填写林地林木资源价值核算专项调查表，这些大样本数据保证了调查指标数据的信度。

二是林地林木资源价值核算的调查指标与现行的林业统计和森林资源调查相关指标一致，保障了数据的可获得性和测量效度。

三是建立了数据填报培训机制。正式调查前，专门组织专家开展数据调查培训。培训会上对来自全国 31 个省（自治区、直辖市）的林草部门相关工作人员和各大森工集团的相关工作人员进行集中培训，详细解释调查表的填报方法、指标含义和工作开展方案等。

四是建立了调查指标数据分析沟通机制。专题研究组与各省级数据填报工作人员及时沟通数据填报中发现的问题，审核修正数据，保障数据质量，并在北京、宁夏、青海、新疆等地开展实地调研，为数据总体质量提供参考。

对于个别遗漏数据或异常数据，采用区域平均值进行替代，确保数据的完整性和可比性。

（四）评估基准期

本研究评估的基准期为第九次全国森林资源清查期间（2014—2018 年），相关平均数据均为评估基准期内有效数据。

（五）数据资料的说明

森林资源价值量核算以实物量为基础，全国森林资源实物量按行政单位统计。因此，森工集团上报的数据资料作为所在行政区的经济技术指标的参考，不作为核算单元。

根据林地年平均租金的基础数据，采用年金资本化法评估林地价值。在林地价值评估过程中，充分参考了林地征占用补偿标准以及林地流转价格统计资料。

由于当前条件下，天然林和按用途划分的防护林、特用林、能源林的林木价格，很难取得准确有效的数据。因此，本研究没有按照起源和林种划分，而是采用人工用材林的各龄组林价估计其他林分相应龄组林价；采用人工用材林的平均林价估算疏林蓄积量、散生木蓄积量和四旁树蓄积量的价格。

第二节　林地林木资源实物量核算结果分析

一、实物量核算账户

从实物量看，林地存量表现为林地面积；林木存量表现为林木蓄积量。

（一）林地实物量核算账户

林地核算是对林地资源面积存量及其变动进行核算。林地核算所需要的指标包括不同林地类型的林地面积。这些指标基于第九次全国森林资源清查技术体系确定的林地资源分类体系。林地类型包括乔木林地、灌木林地、竹林地、疏林地、未成林造林地、苗圃地、迹地以及宜林地[1]，并将乔木林地按照五大林种即用材林、防护林、特用林、能源林、经济林进一步划分。

（二）林木实物量核算账户

林木核算是对林木蓄积量存量及其变动进行核算。林木核算所需要的指标包括不同立木类型的林木蓄积量，包括乔木林、疏林、其他林木（包括散生木、四旁树），并将乔木林按照五大林种即用材林、防护林、特用林、能源林、经济林进一步划分。

二、数据来源

实物量核算所需要的数据来源于全国森林资源清查结果，包括各类林地面积统计、各类林木蓄积量统计、天然林资源面积蓄积量统计、人工林资源面积蓄积量统计、竹林面积株数统计、经济林面积统计、林木蓄积量统计、林木蓄积量年均各类生长量消耗量统计、乔木林各龄组年均生长量消耗量按起源和林种统计、林地面积核算、森林面积转移动态、天然林面积转移动态、林木年均

1　2020年7月1日开始实施的《中华人民共和国森林法》指出，林地包括乔木林地以及竹林地、灌木林地、疏林地、采伐迹地、火烧迹地、未成林造林地、苗圃地等，由于本次核算期为第九次全国森林资源清查期间（2014—2018年），因此土地分类仍然沿用第九次森林资源清查的地类划分标准，即乔木林地、灌木林地、竹林地、疏林地、未成林造林地、苗圃地、迹地以及宜林地。

采伐消耗量按起源统计、人工林面积转移动态、森林以外的其他林地面积转移动态、地类变化原因分析表、地类变化原因人为因素分析表、地类变化原因他因素分析表、经济林面积按起源和类型统计、乔木林各龄组面积蓄积量按优势树种统计、乔木林各林种面积蓄积量按优势树种统计、天然乔木林各龄组面积蓄积量按优势树种统计、天然乔木林各林种面积蓄积量按优势树种统计、天然乔木林各龄组面积蓄积量按权属和林种统计、人工乔木林各龄组面积蓄积量按优势树种统计、人工乔木林各林种面积蓄积量按优势树种统计、人工乔木林各龄组面积蓄积量按权属和林种统计等数据。

三、林地林木资源实物量存量核算及变动分析

第八次全国森林资源清查与第九次全国森林资源清查的林地林木资源统计分类发生变化。在进行分析时，主要采用第九次清查的统计指标对第八次清查数据进行再分类。

（一）实物存量核算

1. 林地
1）全国森林资源清查林地存量核算

根据第九次全国森林资源清查数据核算，全国现有林地资源资产存量为32368.55万公顷，与第八次全国森林资源清查期末相比，5年间，林地面积增加1322.37万公顷，增长了4.26%（表2-1）。其中，以人工林地为主的培育资产面积增加8.53万公顷，增加了0.09%；以天然林地为主的非培育资产面积增加1313.84万公顷，增加了5.99%。

表2-1 全国林地实物存量核算结果

万公顷

项目	合计	培育资产	非培育资产
第九次清查	32368.55	9152.01	23216.54
第八次清查	31046.18	9143.48	21902.70
变化（%）	4.26	0.09	5.99

（1）第八次清查。根据第八次全国森林资源清查结果核算，林地存量31046.18万公顷，其中，以人工林地为主的培育资产面积为9143.48万公顷，以天然林地为主的非培育资产面积为21902.70万公顷，分别占林地存量总面积的29.45%和70.55%，非培育资产面积是培育资产的2.40倍（表2-2）。

表2-2 第八次全国森林资源清查林地存量核算

万公顷

项目	合计	培育资产	非培育资产
1. 天然林	17647.16		17647.16
（1）乔木林地	11824.45		11824.45
防护林	6770.55		6770.55
特用林	1273.35		1273.35
用材林	3558.75		3558.75
能源林	150.74		150.74
经济林	71.06		71.06
（2）疏林地	286.91		286.91
（3）灌木林地	5176.13		5176.13
（4）竹林	359.67		359.67
2. 人工林	7461.24	7461.24	
（1）乔木林地	6692.42	6692.42	
防护林	1799.33	1799.33	
特用林	147.33	147.33	
用材林	2734.33	2734.33	
能源林	25.97	25.97	
经济林	1985.46	1985.46	
（2）疏林地	113.77	113.77	
（3）灌木林地	414.09	414.09	
（4）竹林	240.96	240.96	
3. 未成林造林地	710.75	606.85	103.9
4. 苗圃地	50.64	50.64	
5. 迹地	1024.75	1024.75	

（续）

项目	合计	培育资产	非培育资产
6. 宜林地	3957.61		3957.61
7. 林业辅助生产用地	194.03		194.03
合计	31046.18	9143.48	21902.7

专栏2-1　第八次全国森林资源清查林地各地类面积构成

　　根据第八次全国森林资源清查结果核算，林地总面积31046.18万公顷。本研究中林地类型包括乔木林地、疏林地、灌木林地、竹林地、未成林造林地、苗圃地、迹地、宜林地以及林业辅助生产用地等。按照林地类型进行分类统计，乔木林地面积为18516.87万公顷，占林地总面积的59.64%；其次为灌木林地，面积为5590.22万公顷，占林地总面积的18.01%；宜林地面积为3957.61万公顷，占林地总面积的12.75%；苗圃地面积为50.64万公顷，所占比重最小，为林地总面积的0.16%（图2-1）。

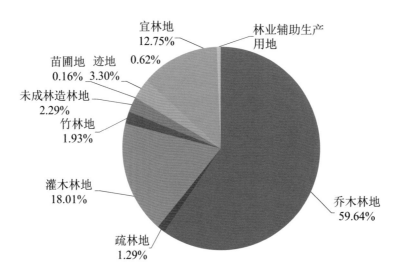

图 2-1　第八次全国森林资源清查林地各地类面积构成

　　（2）第九次清查。根据第九次全国森林资源清查结果核算，林地存量为32368.55万公顷，其中，以人工林地为主的培育资产面积为9152.01万公顷，以天然林地为主的非培育资产面积为23216.54万公顷，分别占林地存量总面积的 28.27% 和 71.73%（表 2-3）。

表 2-3 第九次全国森林资源清查林地存量核算

万公顷

项目	合计	培育资产	非培育资产
1. 天然林	18218.75		18218.75
（1）乔木林地	12276.18		12276.18
防护林	6918.62		6918.62
特用林	1503.65		1503.65
用材林	3719.33		3719.33
能源林	105.07		105.07
经济林	29.51		29.51
（2）疏林地	241.28		241.28
（3）灌木林地	5310.91		5310.91
（4）竹林	390.38		390.38
2. 人工林	8138.4	8138.4	
（1）乔木林地	5712.67	5712.67	
防护林	1961.81	1961.81	
特用林	188.15	188.15	
用材林	3084.03	3084.03	
能源林	18.07	18.07	
经济林	460.61	460.61	
（2）疏林地	100.9	100.9	
（3）灌木林地	2074.05	2074.05	
（4）竹林	250.78	250.78	
3. 未成林造林地	699.14	699.14	
4. 苗圃地	71.98	71.98	
5. 迹地	242.49	242.49	
6. 宜林地	4997.79		4997.79
合计	32368.55	9152.01	23216.54

专栏2-2　第九次全国森林资源清查林地各地类面积构成

　　根据第九次全国森林资源清查结果核算，林地总面积为 32368.55 万公顷。本研究中林地类型包括乔木林地、疏林地、灌木林地、经济林地（包括乔木林、灌木林地）、竹林地、未成林造林地、苗圃地、迹地、宜林地等。其中，乔木林地面积为 17988.85 万公顷，占林地总面积的 55.58%，所占比重最大；其次为灌木林地，面积为 7384.96 万公顷，占林地总面积的 22.82%；宜林地面积为 4997.79 万公顷，占林地总面积的 15.44%；苗圃地面积为 71.98 万公顷，所占比重最小，为 0.22%（图 2-2）。

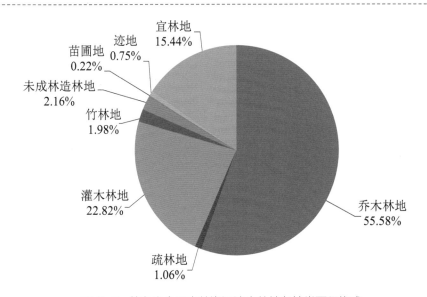

图 2-2　第九次全国森林资源清查林地各地类面积构成

　　2）分经济区森林资源清查林地存量核算

　　（1）东北地区[1]。根据第九次全国森林资源清查结果核算，东北地区林地存量为 4094.48 万公顷，其中，以人工林地为主的培育资产面积为 813.66 万公顷，以天然林为主的非培育资产面积为 3280.82 万公顷，分别占该地区林地存量总面积的 19.87% 和 80.13%。东北地区林地存量以非培育资产为主，是培育资产的 4.03 倍（表 2-4）。

1　国家统计局公布的分区标准；东部地区（北京、天津、河北、上海、江苏、浙江、福建、山东、海南），中部地区（山西、安徽、江西、河南、湖北、湖南），西部地区（内蒙古、广西、重庆、四川、贵州、云南、西藏、陕西、新疆、甘肃、青海、宁夏），东北地区（辽宁、吉林、黑龙江）。

表 2-4 第九次东北地区森林资源清查林地存量核算

万公顷

项目	合计	培育资产	非培育资产
1. 天然林	2679.36		2679.36
（1）乔木林地	2567.01		2567.01
防护林	1436.98		1436.98
特用林	295.67		295.67
用材林	819.58		819.58
能源林	14.78		14.78
经济林	0		0
（2）疏林地	8.31		8.31
（3）灌木林地	104.04		104.04
（4）竹林	0		0
2. 人工林	744.63	744.63	
（1）乔木林地	617.59	617.59	
防护林	358.56	358.56	
特用林	21.54	21.54	
用材林	226.43	226.43	
能源林	7.56	7.56	
经济林	3.5	3.5	
（2）疏林地	5.25	5.25	
（3）灌木林地	121.79	121.79	
（4）竹林	0	0	
3. 未成林造林地	44.8	44.8	
4. 苗圃地	4.34	4.34	
5. 迹地	19.89	19.89	
6. 宜林地	601.46		601.46
合计	4094.48	813.66	3280.82

从林地类型看，东北地区乔木林地面积为 3184.60 万公顷，占林地总面积的 77.78%，所占比重最大；其次为宜林地，面积为 601.46 万公顷，占林地总面积的 14.69%；灌木林地（扣除经济林地）面积为 225.83 万公顷，占林地总面积的 5.52%（图 2-3）。

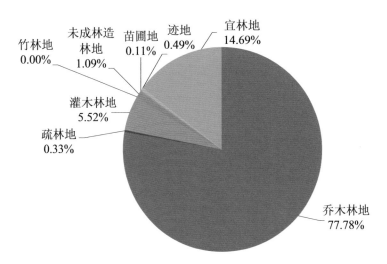

图 2-3 第九次全国森林资源清查东北地区林地各地类面积构成

（2）东部地区。根据第九次全国森林资源清查结果核算，东部地区林地存量为 4319.6 万公顷，其中，以人工林地为主的培育资产面积为 2371.33 万公顷，以天然林为主的非培育资产面积为 1948.27 万公顷，分别占该地区林地存量总面积的 54.90% 和 45.10%。东部地区培育资产面积比非培育资产多 423.06 万公顷（表 2-5）。

表 2-5 第九次东部地区森林资源清查林地存量核算

万公顷

项目	合计	培育资产	非培育资产
1. 天然林	1676.12		1676.12
（1）乔木林地	1213.43		1213.43
防护林	650.85		650.85
特用林	108.11		108.11
用材林	426.89		426.89
能源林	6.17		6.17
经济林	21.41		21.41
（2）疏林地	15.28		15.28
（3）灌木林地	286.89		286.89
（4）竹林	160.52		160.52
2. 人工林	2155.72	2155.72	
（1）乔木林地	1513.64	1513.64	

（续）

项目	合计	培育资产	非培育资产
防护林	404.32	404.32	
特用林	67.23	67.23	
用材林	901.21	901.21	
能源林	5.64	5.64	
经济林	135.24	135.24	
（2）疏林地	24.93	24.93	
（3）灌木林地	523.91	523.91	
（4）竹林	93.24	93.24	
3. 未成林造林地	116.79	116.79	
4. 苗圃地	39.02	39.02	
5. 迹地	59.8	59.8	
6. 宜林地	272.15		272.15
合计	4319.6	2371.33	1948.27

从林地类型看，东部地区乔木林地面积为 2727.07 万公顷，占林地总面积的 63.13%，所占比重最大；其次为灌木林地（扣除经济林地），面积为810.80 万公顷，占林地总面积的 18.77%；宜林地面积为 272.15 万公顷，占林地总面积的 6.30%；苗圃地面积为 39.02 万公顷，所占比重最小，为 0.90%（图 2-4）。

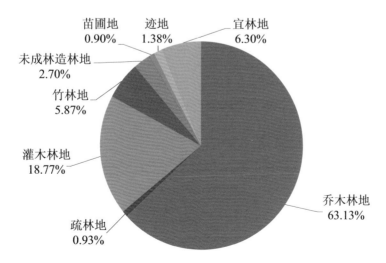

图 2-4　第九次全国森林资源清查东部地区林地各地类面积构成

（3）西部地区。根据第九次全国森林资源清查结果核算，西部地区林地存量为 18983.57 万公顷，其中，以人工林地为主的培育资产面积为 3997.32 万公顷，以天然林为主的非培育资产面积为 14986.25 万公顷，分别占该地区林地存量总面积的 21.06% 和 78.94%（表 2-6）。

表 2-6　第九次西部地区森林资源清查林地存量核算

万公顷

项目	合计	培育资产	非培育资产
1. 天然林	11324.32		11324.32
（1）乔木林地	6616.79		6616.79
防护林	3872.82		3872.82
特用林	969.09		969.09
用材林	1689.13		1689.13
能源林	77.65		77.65
经济林	8.1		8.1
（2）疏林地	200.13		200.13
（3）灌木林地	4469.31		4469.31
（4）竹林	38.09		38.09
2. 人工林	3492.66	3492.66	
（1）乔木林地	2345.01	2345.01	
防护林	769.66	769.66	
特用林	61.66	61.66	
用材林	1222.88	1222.88	
能源林	2.73	2.73	
经济林	288.08	288.08	
（2）疏林地	52.76	52.76	
（3）灌木林地	992.52	992.52	
（4）竹林	102.37	102.37	
3. 未成林造林地	405.64	405.64	
4. 苗圃地	9.77	9.77	
5. 迹地	89.25	89.25	
6. 宜林地	3661.93		3661.93
合计	18983.57	3997.32	14986.25

从林地类型看，西部地区乔木林地面积为8961.8万公顷，占林地总面积的47.21%，所占比重最大；其次为灌木林地（扣除经济林地），面积为5461.83万公顷，占林地总面积的28.77%；宜林地面积为3661.93万公顷，占林地总面积的19.29%；苗圃地面积为9.77万公顷，所占比重最小，为0.05%（图2-5）。

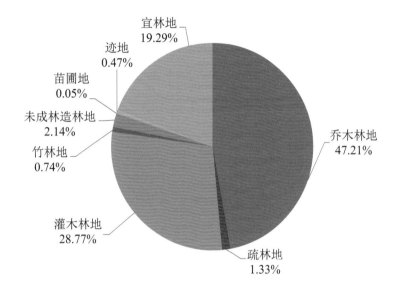

图2-5 第九次全国森林资源清查西部地区林地各地类面积构成

（4）中部地区。根据第九次全国森林资源清查结果核算，中部地区林地存量为4970.90万公顷，其中，以人工林地为主的培育资产面积为1969.70万公顷，以天然林为主的非培育资产面积为3001.20万公顷，分别占该地区林地存量总面积的39.62%和60.38%（表2-7）。

表2-7 第九次中部地区森林资源清查林地存量核算

万公顷

项目	合计	培育资产	非培育资产
1.天然林	2538.95		2538.95
（1）乔木林地	1878.95		1878.95
防护林	957.97		957.97
特用林	130.78		130.78

（续）

项目	合计	培育资产	非培育资产
用材林	783.73		783.73
能源林	6.47		6.47
经济林	0		0
（2）疏林地	17.56		17.56
（3）灌木林地	450.67		450.67
（4）竹林	191.77		191.77
2. 人工林	1745.39	1745.39	
（1）乔木林地	1236.43	1236.43	
防护林	429.27	429.27	
特用林	37.72	37.72	
用材林	733.51	733.51	
能源林	2.14	2.14	
经济林	33.79	33.79	
（2）疏林地	17.96	17.96	
（3）灌木林地	435.83	435.83	
（4）竹林	55.17	55.17	
3. 未成林造林地	131.91	131.91	
4. 苗圃地	18.85	18.85	
5. 迹地	73.55	73.55	
6. 宜林地	462.25		462.25
合计	4970.90	1969.70	3001.20

从林地类型看，中部地区乔木林地面积为3115.38万公顷，占林地总面积的62.67%，所占比重最大；其次为灌木林地（扣除经济林地），面积为886.5万公顷，占林地总面积的17.83%；宜林地面积为462.25万公顷，占林地总面积的9.30%；苗圃地面积为18.85万公顷，所占比重最小，为0.38%（图2-6）。

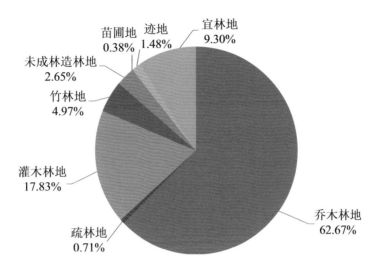

图 2-6 第九次全国森林资源清查中部地区林地各地类面积构成

（5）按经济分区统计。第八次、第九次全国森林资源清查林地存量核算结果见表 2-8。第九次清查核算结果显示，西部地区林地面积占全国林地总面积的 58.65%，东北地区、东部地区、中部地区林地面积占全国林地总面积的比例相近，均在 10% 以上。从不同地区占全国林地总面积的比例来看，两次核算结果相差不大，西部地区林地面积占全国林地面积的比例均在 58% 以上，是我国林地面积最大的经济区。东北地区、东部地区、中部地区林地面积占林地总面积的比例变化较小。从林地培育资产与非培育资产的分布情况看，东北地区、西部地区以及中部地区的林地存量均以非培育资产为主，东部地区培育资产面积比非培育资产多 423.06 万公顷。

表 2-8 第八次、第九次全国森林资源清查林地实物量分经济区统计表

万公顷、%

地区	第八次清查				第九次清查			
	培育资产面积	非培育资产面积	林地总面积	占全国比例	培育资产面积	非培育资产面积	林地总面积	占全国比例
东北地区	858.77	2904.71	3763.48	12.12	813.66	3280.82	4094.48	12.65
东部地区	2336.31	1894.92	4231.23	13.63	2371.33	1948.27	4319.60	13.35
西部地区	4087.35	14078.12	18165.47	58.51	3997.32	14986.25	18983.57	58.65
中部地区	1861.05	3024.95	4886.00	15.74	1969.70	3001.20	4970.90	15.36
合计	9143.48	21902.70	31046.18	100.00	9152.01	23216.54	32368.55	100.00

2. 林木

1）全国森林资源清查林木存量核算

根据第九次全国森林资源清查数据核算，林木资源总蓄积量为 185.05 亿立方米，5 年间，林木资源总蓄积量增加 24.31 亿立方米，增长 15.12%。培育资产蓄积量增加 9.73 亿立方米，增长 33.56%；非培育资产蓄积量增加 14.58 亿立方米，增长 11.07%（表 2-9）。

表 2-9　全国林木实物存量核算结果

万立方米

项目	合计	培育资产	非培育资产
第九次清查	1850509.80	387334.05	1463175.75
第八次清查	1607406.26	290012.25	1317394.01
变化（%）	15.12	33.56	11.07

（1）第八次清查。根据第八次全国森林资源清查结果核算，林木总蓄积量为 160.74 亿立方米，其中，以人工林为主的培育资产蓄积量为 29.00 亿立方米，以天然林为主的非培育资产蓄积量为 131.74 亿立方米，分别占林木资产总蓄积量的 18.04% 和 81.96%，非培育资产蓄积量是培育资产的 4.54 倍（表 2-10）。

表 2-10　第八次全国森林资源清查林木存量核算

万立方米

项目	合计	培育资产	非培育资产
1. 天然林	1238534.94		1238534.94
（1）乔木林	1229583.97		1229583.97
防护林	710778.49		710778.49
特用林	208259.07		208259.07
用材林	305001.50		305001.50
能源林	5544.91		5544.91
（2）疏林	8950.97		8950.97
2. 人工林	249943.91	249943.91	
（1）乔木林	248324.85	248324.85	
防护林	84037.53	84037.53	

（续）

项目	合计	培育资产	非培育资产
特用林	8728.82	8728.82	
用材林	155193.83	155193.83	
能源林	364.67	364.67	
（2）疏林	1619.06	1619.06	
3. 其他林木	118927.37	40068.34	78859.03
（1）散生木	78859.03		78859.03
（2）四旁树	40068.34	40068.34	
合计	1607406.26	290012.25	1317394.01

专栏2-3　第八次全国森林资源清查各类林木蓄积量构成

根据第八次森林资源清查结果核算，林木总蓄积量为 160.74 亿立方米，其中，天然林蓄积量为 123.85 亿立方米，占林木总蓄积量的 77.05%；人工林蓄积量为 24.99 亿立方米，占林木总蓄积量的 15.55%；其他林木蓄积量为 11.89 亿立方米，占林木总蓄积量的 7.40%。

（2）第九次清查。根据第九次全国森林资源清查结果核算，林木总蓄积量为 185.05 亿立方米，其中，以人工林为主的培育资产蓄积量为 38.73 亿立方米，以天然林为主的非培育资产蓄积量为 146.32 亿立方米，分别占林木资产总蓄积量的 20.93% 和 79.07%，非培育资产蓄积量是培育资产的 3.78 倍（表 2-11）。

表 2-11　第九次全国森林资源清查林木存量核算

万立方米

项目	合计	培育资产	非培育资产
1. 天然林	1375372.34		1375372.34
（1）乔木林	1367059.63		1367059.63
防护林	765487.64		765487.64
特用林	248493.87		248493.87
用材林	347456.59		347456.59
能源林	5304.49		5304.49
经济林	317.04		317.04
（2）疏林	8312.71		8312.71

（续）

项目	合计	培育资产	非培育资产
2. 人工林	340474.25	340474.25	
（1）乔木林	338759.96	338759.96	
防护林	116319.26	116319.26	
特用林	13349.18	13349.18	
用材林	194075.95	194075.95	
能源林	361.19	361.19	
经济林	14654.38	14654.38	
（2）疏林	1714.29	1714.29	
3. 其他林木	134663.21	46859.80	87803.41
（1）散生木	87803.41		87803.41
（2）四旁树	46859.80	46859.80	
合计	1850509.80	387334.05	1463175.75

专栏2-4　第九次全国森林资源清查各类林木蓄积构成

根据第九次森林资源清查结果核算，林木总蓄积量为 185.05 亿立方米，其中，人工林蓄积量为 34.05 亿立方米，占林木总蓄积量的 18.40%；天然林蓄积量为 137.54 亿立方米，占林木总蓄积量的 74.32%；其他林木价值为 13.47 亿立方米，占林木总蓄积量的 7.28%。

2）分经济区森林资源清查林木存量核算

（1）东北地区。根据第九次全国森林资源清查结果核算，东北地区林木总蓄积量为 336256.39 万立方米，其中，以人工林为主的培育资产蓄积量为 45446.58 万立方米，以天然林为主的非培育资产蓄积量为 290809.81 万立方米，分别占该地区林木总蓄积量的 13.52% 和 86.48%，非培育资产的蓄积量是培育资产的 6.40 倍；人工林蓄积量为 43646.50 万立方米，天然林蓄积量为 272487.94 万立方米，其他林木蓄积量为 20121.95 万立方米，分别占林木总蓄积量的 12.98%、81.04% 和 5.98%（表 2-12 ）。

表 2-12 第九次东北地区森林资源清查林木存量核算

万立方米

项目	合计	培育资产	非培育资产
1. 天然林	272487.94		272487.94
（1）乔木林	272175.05		272175.05
防护林	150374.71		150374.71
特用林	33558.06		33558.06
用材林	87767.95		87767.95
能源林	474.33		474.33
经济林	0		0
（2）疏林地	312.89		312.89
2. 人工林	43646.5	43646.5	
（1）乔木林	43573.99	43573.99	
防护林	25096.46	25096.46	
特用林	1719.51	1719.51	
用材林	16614.78	16614.78	
能源林	136.03	136.03	
经济林	7.21	7.21	
（2）疏林地	72.51	72.51	
3. 其他林木	20121.95	1800.08	18321.87
（1）散生木	18321.87		18321.87
（2）四旁树	1800.08	1800.08	
合计	336256.39	45446.58	290809.81

（2）东部地区。根据第九次全国森林资源清查结果核算，东部地区林木总蓄积量为 220362.92 万立方米，其中，以人工林为主的培育资产蓄积量为 103702.31 万立方米，以天然林为主的非培育资产蓄积量为 116660.61 万立方米，分别占该地区林木总蓄积量的 47.06% 和 52.94%；人工林蓄积量为 93259.43 万立方米，天然林资源蓄积量为 103991.07 万立方米，其他林木蓄积量为 23112.42 万立方米，分别占林木总蓄积量的 42.32%、47.19% 和 10.49%（表 2-13）。

表 2-13 第九次东部地区森林资源清查林木存量核算

万立方米

项目	合计	培育资产	非培育资产
1. 天然林	103991.07		103991.07
（1）乔木林	103715.94		103715.94
防护林	50415.98		50415.98
特用林	14898.79		14898.79
用材林	38022.31		38022.31
能源林	269.2		269.2
经济林	109.66		109.66
（2）疏林地	275.13		275.13
2. 人工林	93259.43	93259.43	
（1）乔木林	92722.77	92722.77	
防护林	25731.47	25731.47	
特用林	4488.69	4488.69	
用材林	57185.07	57185.07	
能源林	112.73	112.73	
经济林	5204.81	5204.81	
（2）疏林地	536.66	536.66	
3. 其他林木	23112.42	10442.88	12669.54
（1）散生木	12669.54		12669.54
（2）四旁树	10442.88	10442.88	
合计	220362.92	103702.31	116660.61

（3）西部地区。根据第九次全国森林资源清查结果核算，西部地区林木总蓄积量为 1083117.12 万立方米，其中，以人工林为主的培育资产蓄积量为 157693.62 万立方米，以天然林为主的非培育资产蓄积量为 925423.55 万立方米，分别占林地存量总面积的 14.56% 和 85.44%；人工林蓄积量为 136399.65 万立方米，天然林资源蓄积量为 881894.88 万立方米，其他林木蓄积量为 64822.59 万立方米，分别占林木总蓄积量的 12.59%、81.42% 和 5.98%（表 2-14）。

表 2-14 第九次西部地区森林资源清查林木存量核算

万立方米

项目	合计	培育资产	非培育资产
1. 天然林	881894.88		881894.88
（1）乔木林	874399.71		874399.71
防护林	506020.02		506020.02
特用林	188324.91		188324.91
用材林	175531.56		175531.56
能源林	4315.84		4315.84
经济林	207.38		207.38
（2）疏林地	7495.17		7495.17
2. 人工林	136399.65	136399.7	
（1）乔木林	135513.62	135513.62	
防护林	43415.63	43415.63	
特用林	4414.6	4414.6	
用材林	78862.75	78862.75	
能源林	67.16	67.16	
经济林	8753.48	8753.48	
（2）疏林地	886.03	886.03	
3. 其他林木	64822.59	21293.92	43528.67
（1）散生木	43528.67		43528.67
（2）四旁树	21293.92	21293.92	
合计	1083117.12	157693.62	925423.50

（4）中部地区。根据第九次全国森林资源清查结果核算，中部地区林木总蓄积量为 210773.37 万立方米，其中，以人工林为主的培育资产蓄积量为 80491.59 万立方米，以天然林为主的非培育资产蓄积量为 130281.78 万立方米，分别占该地区林木总蓄积量的 38.19% 和 61.81%；人工林蓄积量为 67168.67 万立方米，天然林资源蓄积量为 116998.45 万立方米，其他林木蓄积量为 26606.25 万立方米，分别占林木总蓄积量的 31.87%、55.51% 和 12.62%（表 2-15）。

表 2-15 第九次中部地区森林资源清查林木存量核算

万立方米

项目	合计	培育资产	非培育资产
1. 天然林	116998.45		116998.45
（1）乔木林	116768.93		116768.93
防护林	58676.93		58676.93
特用林	11712.11		11712.11
用材林	46134.77		46134.77
能源林	245.12		245.12
经济林	0		0
（2）疏林地	229.52		229.52
2. 人工林	67168.67	67168.67	
（1）乔木林	66949.58	66949.58	
防护林	22075.7	22075.7	
特用林	2726.38	2726.38	
用材林	41413.35	41413.35	
能源林	45.27	45.27	
经济林	688.88	688.88	
（2）疏林地	219.09	219.09	
3. 其他林木	26606.25	13322.92	13283.33
（1）散生木	13283.33		13283.33
（2）四旁树	13322.92	13322.92	
合计	210773.37	80491.59	130281.78

（5）按经济分区统计。第八次、第九次全国森林资源清查林木存量核算结果见表 2-16。第九次清查核算结果显示，西部地区是我国林木蓄积量最大的经济区，林木总蓄积量为 1083117.12 万立方米，与第八次清查结果相比增加122252.93 万立方米，增加了 12.72%，该地区林木总蓄积量占全国林木总蓄积量的 58.53%，与第八次清查结果相比，减少 1.25 个百分点。东北地区林木总蓄积量为 336256.39 万立方米，与第八次清查结果相比增加 36028.42 万立方米，增加12.00%。该地区林木蓄积量占全国林木总蓄积量的 18.17%，排名第二，占全国

的比例与上期核算结果相比略有减少，减少 0.51 个百分点。东部地区和中部地区林木总蓄积量及占全国的比例较第八次均有所上升。从林木培育资产与非培育资产的分布情况看，东北地区、东部地区、西部地区以及中部地区的林木实物量均以非培育资产为主。

表 2-16　第八次、第九次全国森林资源清查林木实物量分经济区统计表

万立方米、%

地区	第八次清查				第九次清查			
	培育资产	非培育资产	林木 总蓄积量	占全国 比例	培育资产	非培育 资产	林木 总蓄积量	占全国比例
东北地区	38049.00	262178.98	300227.98	18.68	45446.58	290809.81	336256.39	18.17
东部地区	80704.94	94310.36	175015.30	10.89	103702.31	116660.61	220362.92	11.91
西部地区	104695.98	856168.22	960864.20	59.78	157693.62	925423.50	1083117.12	58.53
中部地区	66562.33	104736.45	171298.78	10.66	80491.59	130281.78	210773.37	11.39
合计	290012.25	1317394.01	1607406.26	100.00	387334.1	1463175.7	1850509.80	100.00

（二）实物存量变动分析

1. 林地存量变动

总体上看，第九次全国森林资源清查期间，林地存量呈增长态势，5 年间增长 4.26%。与期初相比，天然林地面积净减少 1730.24 万公顷，人工林面积净增加 673.12 万公顷，其他林地面积净增加 2379.49 万公顷。天然林面积净减少的主要原因是核算期间国家规定的特殊灌木林面积减少 2212.68 万公顷，占期初面积的 14.19%。天然林面积增长结构分析表明，42.72% 的增长是由于经济因素带来的结果，包括造林更新、种植结构调整、规划调整等；57.28% 的增长是由于自然因素带来的结果。人工林面积增长结构表明，74.65% 的增长是由于经济因素带来的结果，包括造林更新、种植结构调整、规划调整及其他人为原因；25.35% 增长是由于自然因素带来的结果。天然林和人工林面积减少主要也是由经济因素造成的，分别占 77.32% 和 85.50 %，包括采伐、造林更新、种植结构调整、规划调整、征占用林地、毁林开荒等人为原因（表 2-17）。

表 2-17 第九次全国森林资源清查期间林地存量变动

万公顷

项目	天然林	人工林	其他林地	合计
期初存量（2014）	15598.01	7281.16	8167.01	31046.18
本期增加	1660.01	1658.89		3318.90
经济因素	709.21	1238.32		1947.53
自然因素	950.80	420.07		1370.87
本期减少	1066.59	986.86		2053.45
经济因素	824.71	843.74		1668.45
自然因素	241.88	143.12		385.00
其他因素	−2323.66	1.09		−2322.57
本期净增加	−1730.24	673.12	2379.49	3052.61
期末存量（2018）	13867.77	7954.28	10546.50	32368.55

注：表中天然林、人工林分别指天然和人工起源的乔木林、竹林和国家规定的特殊灌木林的林地面积。其他因素是指由于调查因素引起的林地资源的增减。核算表中的天然林面积净减少的主要原因是与第八次清查结果相比，第九次森林资源清查结果显示国家规定的特殊灌木林面积减少 2212.68 万公顷。

2. 林木存量变动

总体上看，第九次全国森林资源量清查期间，林木资产实现净增长，5 年间林木蓄积量增长 15.12%。其中，天然林蓄积量增长主要是由于自然因素，占 57.27%，包括天然更新、自然变化等。人工林蓄积量增长主要由于经济因素，占 74.65%，包括造林更新、种植结构调整、规划调整及其他人为原因。天然林蓄积量和人工林蓄积量减少主要是由经济因素造成的，包括采伐、造林更新、种植结构调整、规划调整、征占用林地、毁林开荒等人为原因（表 2-18）。

表 2-18 第九次全国森林资源清查期间林木存量变动

万立方米

项目	天然林	人工林	其他林木	合计
期初存量（2014）	1229583.97	248324.85	129497.4	1607406.22
本期增加	265999.96	191232.31		457232.27
经济因素	113643.79	142750.15		256393.94

（续）

项目	天然林	人工林	其他林木	合计
自然因素	152356.17	48424.52		200780.69
本期减少	128524.30	100797.20		229321.5
经济因素	99377.71	86179.02		185556.73
自然因素	29146.59	14618.18		43764.77
本期净增加	137475.66	90435.11	15192.81	243103.58
期末存量（2018）	1367059.63	338759.96	144690.21	1850509.8

注：疏林蓄积量划转到其他林木。

第三节　林地林木资源价值量核算结果分析

一、价值量核算账户

（一）林地价值量核算账户

林地价值量核算是对林地资源价值存量及其变动进行核算。林地价值量存量核算所需要的指标包括不同林地类型的林地价值量。林地价值量核算账户指标是林地实物量核算账户匹配单位面积林地价值，得到的价值量核算结果。林地价值量变动核算，同样是根据林地实物量存量变动表匹配林地单位面积价值，求算统计得出。

（二）林木价值量核算账户

林木价值量核算是对林木资源价值存量及其变动进行核算。林木价值量存量核算所需要的指标包括乔木林、疏林、其他林木、经济林、竹林的林木价值量。林木价值量核算账户指标是林木实物量核算账户匹配单位林木价值，得到价值量核算结果。林木价值量变动核算，同样是根据林木实物量存量变动表匹配林木单位价值，求算统计得出。

二、数据来源

价值量核算所需要的有关成本价格参数由各省（自治区、直辖市）林草主管部门、森工（林业）集团和新疆生产建设兵团根据统一下发的调查统计表进行调查填报。调查内容包括本地区用材林、经济林和竹林的经营成本与收益、林地交易、林地租金、活立木交易等成本价格数据和林木采伐相关的技术参数（具体内容见附件2）。第九次全国森林资源清查的林地林木价值核算采用成本和价格数据为2017年价格水平。

三、林地林木资源价值量存量及变动分析

（一）价值量核算

1. 林地

1）全国森林资源清查林地价值量核算

在全国林地资源实物量核算的基础上，选取适当的估价方法开展价值量核算。根据第九次全国森林资源清查数据，全国林地资产总价值为95359.08亿元。与第八次全国森林资源清查期末相比，5年期间，林地价值增加18924.78亿元，增长24.76%，其中，由林地面积增长引起的价值增长占4.26%，由供需关系，物价变化因素等导致的价格变化引起的价值增长占20.50%。以人工林林地为主的培育资产总价值为43541.01亿元，增加14404.34亿元，增长49.44%，以天然林林地为主的非培育资产总价值51818.07亿元，增加4520.44亿元，增长9.56%（表2-19）。培育资产价值增速明显高于非培育资产。

表2-19　全国林地价值量核算结果

亿元、%

项目	合计	培育资产	非培育资产
第八次清查	76434.30	29136.67	47297.63
第九次清查	95359.08	43541.01	51818.07
变化	24.76	49.44	9.56

（1）第八次清查。根据第八次全国森林资源清查结果核算，林地资产价值为76434.30亿元（专栏2-5）。其中，人工林地为主的培育资产和天然林地

为主的非培育资产分别为 29136.67 亿元和 47297.63 亿元，分别占林地资产的 38.12% 和 61.88%（表 2-20）。

表 2-20 第八次全国森林资源清查林地价值量核算

亿元

项目	合计	培育资产	非培育资产
1. 天然林	40376.31		40376.31
（1）乔木林地	33170.48		33170.48
防护林	18403.58		18403.58
特用林	3539.93		3539.93
用材林	10641.24		10641.24
能源林	265.67		265.67
经济林	320.06		320.06
（2）疏林地	434.74		434.74
（3）灌木林地	5222.29		5222.29
（4）竹林	1548.80		1548.80
2. 人工林	25701.47	25701.47	
（1）乔木林地	23965.28	23965.28	
防护林	4768.33	4768.33	
特用林	417.45	417.45	
用材林	8856.20	8856.20	
能源林	54.93	54.93	
经济林	9868.37	9868.37	
（2）疏林地	186.69	186.69	
（3）灌木林地	500.03	500.03	
（4）竹林	1049.47	1049.47	
3. 未成林造林地	1200.98	1006.88	194.09
4. 苗圃地	857.61	857.61	
5. 迹地	1570.71	1570.71	
6. 宜林地	6727.23		6727.23
合计	76434.30	29136.67	47297.63

根据第八次全国森林资源清查结果核算，林地总价值76434.30亿元。本研究中林地类型包括乔木林地、疏林地、灌木林地、竹林地、未成林造林地、苗圃地、迹地以及宜林地等。按照林地类型进行分类统计，乔木林地价值57135.76亿元，占林地总价值的74.75%；其次为宜林地，价值6727.23亿元，占林地总价值的8.80%；灌木林地价值5722.32亿元，占林地总价值的7.49%；疏林地价值621.43亿元，所占比重最小，为林地总价值的0.81%（图2-7）。

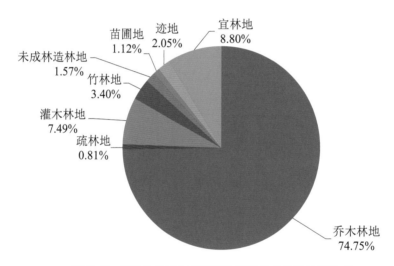

图2-7　第八次全国森林资源清查林地各地类价值构成

（2）第九次清查。根据第九次全国森林资源清查结果核算，林地资产价值为95359.08亿元（专栏2-6），其中，以人工林地为主的培育资产和以天然林地为主的非培育资产分别为43541.01亿元和51818.07亿元，分别占林地资产的45.66%和54.34%，非培育资产较培育资产多8277.06亿元（表2-21）。

表2-21　第九次全国森林资源清查林地价值量核算

亿元

项目	合计	培育资产	非培育资产
1. 天然林	44540.88		44540.88

（续）

项目	合计	培育资产	非培育资产
（1）乔木林地	31400.01		31400.01
防护林	15957.27		15957.27
特用林	4517.55		4517.55
用材林	10443.52		10443.52
能源林	481.67		481.67
（2）疏林地	525.55		525.55
（3）灌木林地	10222.68		10222.68
（4）经济林（包括乔木林、灌木林类型）	327.49		327.49
（5）竹林	2065.14		2065.14
2. 人工林	40085.98	40085.98	
（1）乔木林地	18131.57	18131.57	
防护林	5936.34	5936.34	
特用林	1226.50	1226.50	
用材林	10931.00	10931.00	
能源林	37.75	37.75	
（2）疏林地	177.35	177.35	
（3）灌木林地	603.28	603.28	
（4）经济林（包括乔木林、灌木林类型）	17882.93	17882.93	
（5）竹林	3290.83	3290.83	
3. 未成林造林地	1659.57	1659.57	
4. 苗圃地	1039.63	1039.63	
5. 迹地	755.84	755.84	
6. 宜林地	7277.20		7277.20
合计	95359.08	43541.01	51818.07

专栏2-6　第九次全国森林资源清查林地各地类价值构成

　　根据第九次全国森林资源清查结果核算，林地总价值为95359.08亿元。本研究中林地类型包括乔木林地、疏林地、灌木林地、经济林地（包括乔木林、灌木林类型）、竹林地、未成造林地、苗圃地、迹地、宜林地等。其中，乔木林地价值49531.58亿元，占林地总价值的51.94%，所占比重最大；其次为经济林地（包括乔木林、灌木林类型），价值18210.42亿元，占林地总价值的19.10%；灌木林地价值10825.96亿元，占林地总价值的11.35%；疏林地价值702.90亿元，所占比重最小，为0.74%（图2-8）。

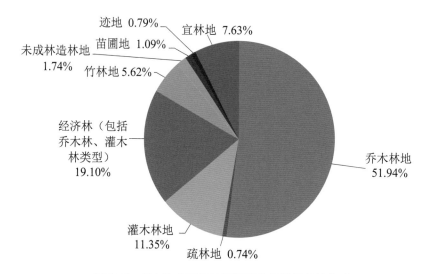

图 2-8　第九次全国森林资源清查各地类价值构成

2）分经济区森林资源清查林地价值量核算

（1）东北地区。根据第九次全国森林资源清查结果核算，东北地区林地资产价值为8449.54亿元，其中，以人工林地为主的培育资产价值为2012.56亿元，以天然林为主的非培育资产价值为6436.98亿元，分别占该地区林地资产的的23.82%和76.18%，非培育资产价值是培育资产价值的3.20倍（表2-22）。

表 2-22　第九次东北地区森林资源清查林地价值量核算

亿元

项目	合计	培育资产	非培育资产
1. 天然林	5125.03		5125.03

（续）

项目	合计	培育资产	非培育资产
（1）乔木林地	4944.12		4944.12
防护林	2268.58		2268.58
特用林	424.98		424.98
用材林	2222.47		2222.47
能源林	28.10		28.10
（2）疏林地	29.58		29.58
（3）灌木林地	101.85		101.85
（4）经济林（包括乔木林、灌木林类型）	49.47		49.47
（5）竹林	0		0
2. 人工林	1856.80	1856.80	
（1）乔木林地	1206.32	1206.32	
防护林	591.92	591.92	
特用林	36.45	36.45	
用材林	564.30	564.30	
能源林	13.64	13.64	
（2）疏林地	11.86	11.86	
（3）灌木林地	12.79	12.79	
（4）经济林（包括乔木林、灌木林类型）	625.83	625.83	
（5）竹林	0	0	
3. 未成林造林地	62.04	62.04	
4. 苗圃地	53.47	53.47	
5. 迹地	40.25	40.25	
6. 宜林地	1311.95		1311.95
合计	8449.54	2012.56	6436.98

　　东北地区乔木林地价值6150.44亿元，占林地总价值的72.79%，所占比重最大；其次为宜林地，价值1311.95亿元，占林地总价值的15.53%；经济林地（包括乔木林、灌木林类型）价值675.30亿元，占林地总价值的7.99%（图2–9）。

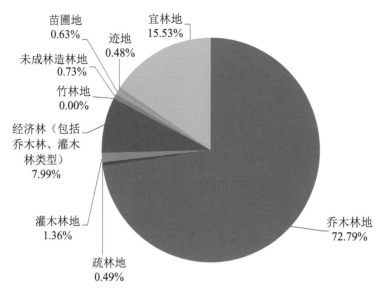

图 2-9 第九次全国森林资源清查东北地区各林地类型价值构成

（2）东部地区。根据第九次全国森林资源清查结果核算，东部地区林地资产价值为 22163.29 亿元，其中，以人工林地为主的培育资产价值为 16611.37 亿元，以天然林为主的非培育资产价值为 5551.92 亿元，分别占该地区林地总资产的 74.95% 和 25.05%，培育资产价值是非培育资产价值的 2.99 倍（表 2-23）。

表 2-23 第九次东部地区森林资源清查林地价值量核算

亿元

项目	合计	培育资产	非培育资产
1. 天然林	4990.13		4990.13
（1）乔木林地	3685.05		3685.05
防护林	1691.57		1691.57
特用林	502.58		502.58
用材林	1479.50		1479.50
能源林	11.41		11.41
（2）疏林地	20.24		20.24
（3）灌木林地	302.89		302.89
（4）经济林（包括乔木林、灌木林类型）	80.42		80.42
（5）竹林	901.53		901.53
2. 人工林	15162.31	15162.31	

（续）

项目	合计	培育资产	非培育资产
（1）乔木林地	6289.80	6289.80	
防护林	1950.78	1950.78	
特用林	584.58	584.58	
用材林	3745.06	3745.06	
能源林	9.37	9.37	
（2）疏林地	60.55	60.55	
（3）灌木林地	210.27	210.27	
（4）经济林（包括乔木林、灌木林类型）	7657.54	7657.54	
（5）竹林	944.15	944.15	
3. 未成林造林地	430.65	430.65	
4. 苗圃地	743.26	743.26	
5. 迹地	275.14	275.14	
6. 宜林地	561.79		561.79
合计	22163.29	16611.37	5551.92

东部地区乔木林地价值为 9974.85 亿元，占林地总价值的 45.01%，所占比重最大；其次为经济林地（包括乔木林、灌木林类型）价值 7737.96 亿元，占林地总价值的 34.91%；竹林地价值为 1845.68 亿元，占林地总价值的 8.33%；疏林地价值 80.79 亿元，所占比重最小，为 0.36%（图 2-10）。

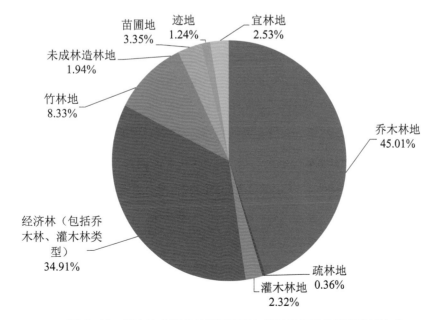

图 2-10　第九次全国森林资源清查东部地区各林地类型价值构成

（3）西部地区。根据第九次全国森林资源清查结果核算，西部林地资产价值为 49190.70 亿元，其中，以人工林地为主的培育资产价值为 17230.82 亿元，以天然林为主的非培育资产价值为 31959.88 亿元，分别占林地资产的 35.03% 和 64.97%，非培育资产价值约为培育资产的 1.85 倍（表 2-24）。

表 2-24　第九次西部地区森林资源清查林地价值量核算

亿元

项目	合计	培育资产	非培育资产
1. 天然林	27167.55		27167.55
（1）乔木林地	16979.08		16979.08
防护林	9411.93		9411.93
特用林	2757.38		2757.38
用材林	4390.34		4390.34
能源林	419.43		419.43
（2）疏林地	455.91		455.91
（3）灌木林地	8994.26		8994.26
（4）经济林（包括乔木林、灌木林类型）	132.42		132.42
（5）竹林	605.87		605.87
2. 人工林	16028.15	16028.15	
（1）乔木林地	6814.60	6814.60	
防护林	2001.56	2001.56	
特用林	314.39	314.39	
用材林	4492.26	4492.26	
能源林	6.40	6.40	
（2）疏林地	85.84	85.84	
（3）灌木林地	364.51	364.51	
（4）经济林（包括乔木林、灌木林类型）	7661.04	7661.04	
（5）竹林	1102.17	1102.17	
3. 未成林造林地	884.03	884.03	
4. 苗圃地	51.09	51.09	
5. 迹地	267.55	267.55	
6. 宜林地	4792.33		4792.33
合计	49190.70	17230.82	31959.88

西部地区乔木林地价值为 23793.68 亿元，占林地总价值的 48.37%，所占比重最大；其次为灌木林地，价值为 9358.77 亿元，占林地总价值的 19.03%；经济林地（包括乔木林、灌木林类型）价值为 7793.46 亿元，占林地总价值的 15.84%；苗圃地价值为 51.09 亿元，所占比重最小，为 0.10%（图 2-11）。

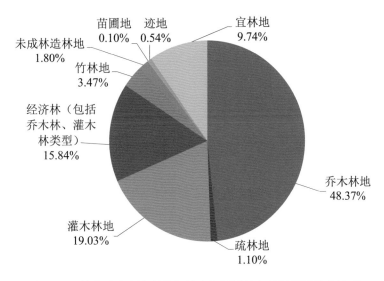

图 2-11　第九次全国森林资源清查西部地区各林地类型价值构成

（4）中部地区。根据第九次全国森林资源清查结果核算，中部林地资产价值为 15555.55 亿元，其中，以人工林地为主的培育资产价值为 7686.25 亿元，以天然林为主的非培育资产价值为 7869.30 亿元，分别占林地资产的 49.41% 和 50.59%，非培育资产价值略高于培育资产价值（表 2-25）。

表 2-25　第九次中部地区森林资源清查林地价值量核算

亿元

项目	合计	培育资产	非培育资产
1. 天然林	7258.18		7258.18
（1）乔木林地	5791.75		5791.75
防护林	2585.19		2585.19
特用林	832.61		832.61
用材林	2351.22		2351.22
能源林	22.73		22.73

（续）

项目	合计	培育资产	非培育资产
（2）疏林地	19.81		19.81
（3）灌木林地	823.68		823.68
（4）经济林（包括乔木林、灌木林类型）	65.18		65.18
（5）竹林	557.74		557.74
2. 人工林	7038.70	7038.70	
（1）乔木林地	3820.86	3820.86	
防护林	1392.08	1392.08	
特用林	291.08	291.08	
用材林	2129.38	2129.38	
能源林	8.33	8.33	
（2）疏林地	19.11	19.11	
（3）灌木林地	15.71	15.71	
（4）经济林（包括乔木林、灌木林类型）	1938.51	1938.51	
（5）竹林	1244.52	1244.52	
3. 未成林造林地	282.85	282.85	
4. 苗圃地	191.81	191.81	
5. 迹地	172.89	172.89	
6. 宜林地	611.12		611.12
合计	15555.55	7686.25	7869.30

中部地区乔木林地价值为 9612.61 亿元，占林地总价值的 61.80%，所占比重最大；其次为经济林地（包括乔木林、灌木林类型）价值为 2003.69 亿元，占林地总价值的 12.88%；竹林地价值为 1802.26 亿元，占林地总价值的 11.59%；疏林地价值为 38.92 亿元，所占比重最小，为 0.25%（图 2–12）。

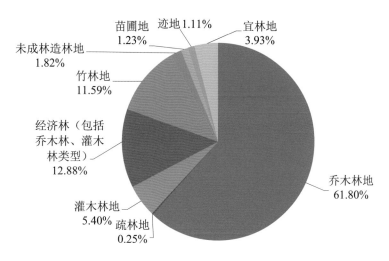

图 2-12　第九次全国森林资源清查中部地区各林地类型价值构成

（5）按经济区统计。按照经济区统计，第八次、第九次全国森林资源清查林地价值核算结果见表 2-26。第九次清查的核算结果显示，西部地区林地价值为 49190.70 亿元，与第八次结果相比，增加 10909.57 亿元，增加 28.50%，占全国林地总价值的 51.58%。东部地区和西部地区林地总价值之和占全国林地总价值的比例接近 75%，较第八次清查核算结果有明显上升，东北地区和中部地区林地价值占全国林地价值的比例略有下降。

表 2-26　第八次、第九次全国森林资源清查林地价值分经济区统计表

亿元、%

地区	第八次清查				第九次清查			
	培育资产价值	非培育资产价值	林地总价值	占全国比例	培育资产价值	非培育资产价值	林地总价值	占全国比例
东北地区	2188.22	6423.70	8611.92	11.27	2012.56	6436.98	8449.54	8.86
东部地区	10171.18	5587.22	15758.40	20.62	16611.37	5551.92	22163.29	23.24
西部地区	10470.58	27810.55	38281.13	50.08	17230.82	31959.88	49190.70	51.58
中部地区	6306.69	7476.16	13782.85	18.03	7686.25	7869.30	15555.55	16.31
合计	29136.67	47297.63	76434.30	100.00	43541.01	51818.07	95359.08	100.00

2. 林木

1）全国森林资源清查林木价值量核算

根据第九次全国森林资源清查结果核算，全国林木总价值为 155161.52 亿

元。5年间，林木资产价值增加18644.73亿元，增长13.66%。以人工林为主的培育资产价值增加35858.74亿元，增长62.08%；以天然林为主的非培育资产价值减少17214.01亿元，减少21.86%。这是由于5年间，木材价格大幅下降导致的。培育资产占林木总价值的比重增加18.03个百分点（表2-27）。

表2-27 全国林木价值量核算结果

亿元、%

项目	合计	培育资产	非培育资产
第八次清查	136516.79	57755.31	78761.48
第九次清查	155161.52	93614.05	61547.47
变化	13.66	62.09	−21.86

（1）第八次清查。根据第八次全国森林资源清查结果核算，林木总价值为136516.79亿元（专栏2-7），其中，以人工林为主的培育资产和以天然林为主的非培育资产分别为57755.31亿元和78761.48亿元，分别占林木总价值的42.31%和57.69%（表2-28）。

表2-28 第八次全国森林资源清查林木价值量核算

亿元

项目	合计	培育资产	非培育资产
一、林木	130076.94	55480.42	74596.52
1.天然林	74596.52		74596.52
（1）有林地	74140.78		74140.78
用材林	16622.66		16622.66
能源林	436.21		436.21
防护林	40545.29		40545.29
特用林	10095.61		10095.61
经济林	1291.46		1291.46
竹林	5149.56		5149.56
（2）疏林地	455.75		455.75
2.人工林	55480.42	55480.42	
（1）有林地	55384.14	55384.14	

（续）

项目	合计	培育资产	非培育资产
用材林	8200.69	8200.69	
能源林	82.87	82.87	
防护林	5600.03	5600.03	
特用林	484.04	484.04	
经济林	38353.84	38353.84	
竹林	2662.67	2662.67	
（2）疏林地	96.28	96.28	
二、其他林木	6439.84	2274.88	4164.96
1. 散生木	4164.96		4164.96
2. 四旁树	2274.88	2274.88	
合计	136516.79	57755.31	78761.48

专栏2-7　第八次全国森林资源清查各类林木价值构成

根据第八次森林资源清查结果核算，林木资产总价值 136516.79 亿元，其中天然林价值为 74596.52 亿元，占林木总价值的 54.64%；人工林价值为 55480.42 亿元，占林木总价值的 40.64%；其他林木价值为 6439.84 亿元，占林木总价值的 4.72%。

（2）第九次清查。根据第九次全国森林资源清查结果核算，林木总价值为 155161.52 亿元（专栏 2-8），其中，以人工林为主的培育资产价值为 93614.05 亿元，以天然林为主的非培育资产价值为 61547.47 亿元，分别占林木总价值的 60.33% 和 39.67%（表 2-29）。

表 2-29　第九次全国森林资源清查林木价值量核算

亿元

项目	合计	培育资产	非培育资产
1. 天然林	56802.53		56802.53
（1）乔木林	52917.98		52917.98
防护林	30704.35		30704.35

（续）

项目	合计	培育资产	非培育资产
特用林	9409.29		9409.29
用材林	12526.48		12526.48
能源林	277.86		277.86
（2）疏林地	406.00		406.00
（3）经济林	1217.87		1217.87
（4）竹林	2260.67		2260.67
2. 人工林	89448.62	89448.62	
（1）乔木林	16707.76	16707.76	
防护林	6365.17	6365.17	
特用林	850.84	850.84	
用材林	9454.45	9454.45	
能源林	37.30	37.30	
（2）疏林地	198.46	198.46	
（3）经济林	70533.51	70533.51	
（4）竹林	2008.89	2008.89	
3. 其他林木	8910.37	4165.43	4744.94
（1）散生木	4744.94		4744.94
（2）四旁树	4165.43	4165.43	
合计	155161.52	93614.05	61547.47

专栏2-8 第九次全国森林资源清查各类林木价值构成

根据第九次森林资源清查结果核算，林木资产总价值为155161.52亿元，其中天然林价值为56802.53亿元，占林木总价值的36.61%；人工林价值为89448.62亿元，占林木总价值的57.65%；其他林木价值为8910.37亿元，占林木总价值的5.74%。

2）分经济区森林资源清查林木价值量核算

（1）东北地区。根据第九次全国森林资源清查结果核算，东北地区林木总价值为14890.54亿元，其中，以人工林为主的培育资产为5164.97亿元，以天然林为主的非培育资产为9725.57亿元，分别占该地区林木总价值的34.69%和

65.31%；人工林价值为 4757.4 亿元，天然林价值为 8885.91 亿元，其他林木价值为 1247.23 亿元，分别占林木总价值的 31.95%、59.67 和 8.38%（表 2-30）。

表 2-30　第九次森林资源清查东北地区林木价值量核算

亿元

项目	合计	培育资产	非培育资产
1. 天然林	8885.91		8885.91
（1）乔木林	8758.95		8758.95
防护林	5196.09		5196.09
特用林	1255.20		1255.20
用材林	2283.55		2283.55
能源林	24.11		24.11
（2）疏林地	14.78		14.78
（3）经济林	112.19		112.19
（4）竹林	0.00		0.00
2. 人工林	4757.40	4757.40	
（1）乔木林	1950.36	1950.36	
防护林	1095.20	1095.20	
特用林	86.90	86.90	
用材林	756.19	756.19	
能源林	12.06	12.06	
（2）疏林地	2.23	2.23	
（3）经济林	2804.81	2804.81	
（4）竹林	0.00	0.00	
3. 其他林木	1247.23	407.57	839.66
（1）散生木	839.66		839.66
（2）四旁树	407.57	407.57	
合计	14890.54	5164.97	9725.57

（2）东部地区。根据第九次全国森林资源清查结果核算，东部地区林木总价值为 38041.08 亿元，其中，以人工林为主的培育资产价值为 31468.94 亿元，以天然林为主的非培育资产价值为 6572.16 亿元，分别占该地区林木总价值的 82.72% 和 17.28%，培育资产价值是非培育资产价值的 4.79 倍；人工林价值为 30706.24 亿元，天然林价值为 5998.00 亿元，其他林木价值为 1336.85 亿元，分别占林木总价值的 80.72%、15.77% 和 3.51%（表 2-31）。

表 2-31　第九次森林资源清查东部地区林木价值量核算

亿元

项目	合计	培育资产	非培育资产
1.天然林	5998.00		5998.00
（1）乔木林	4470.95		4470.95
防护林	2636.58		2636.58
特用林	438.74		438.74
用材林	1377.54		1377.54
能源林	18.09		18.09
（2）疏林地	10.25		10.25
（3）经济林	341.88		341.88
（4）竹林	1174.92		1174.92
2.人工林	30706.24	30706.24	
（1）乔木林	4994.81	4994.81	
防护林	1660.49	1660.49	
特用林	430.41	430.41	
用材林	2889.69	2889.69	
能源林	14.21	14.21	
（2）疏林地	25.73	25.73	
（3）经济林	24706.24	24706.24	
（4）竹林	979.45	979.45	
3.其他林木	1336.85	762.7	574.16
（1）散生木	574.16		574.16
（2）四旁树	762.70	762.7	
合计	38041.08	31468.94	6572.16

（3）西部地区。根据第九次全国森林资源清查结果核算，西部林木总价值为 67090.29 亿元，其中，以人工林为主的培育资产价值为 29124.58 亿元，以天然林为主的非培育资产价值为 37965.71 亿元，分别占林木总价值的 43.41% 和 56.59%，非培育资产价值比培育资产多 8841.13 亿元；人工林价值为 26624.21 亿元，天然林价值为 35394.47 亿元，其他林木价值为 5071.61 亿元，分别占林木总价值的 39.68%、52.76% 和 7.56%（表 2-32）。

表 2-32　第九次森林资源清查西部地区林木价值量核算

亿元

项目	合计	培育资产	非培育资产
1.天然林	35394.47		35394.47
（1）乔木林	34378.93		34378.93
防护林	20209.27		20209.27
特用林	7328.78		7328.78
用材林	6624.70		6624.70
能源林	216.18		216.18
（2）疏林地	371.73		371.73
（3）经济林	332.53		332.53
（4）竹林	311.28		311.28
2.人工林	26624.21	26624.21	
（1）乔木林	6512.26	6512.26	
防护林	2519.45	2519.45	
特用林	224.85	224.85	
用材林	3761.20	3761.20	
能源林	6.76	6.76	
（2）疏林地	161.35	161.35	
（3）经济林	19040.14	19040.14	
（4）竹林	910.47	910.47	
3.其他林木	5071.61	2500.37	2571.24
（1）散生木	2571.24		2571.24
（2）四旁树	2500.37	2500.37	
合计	67090.29	29124.58	37965.71

（4）中部地区。根据第九次全国森林资源清查结果核算，中部地区林木总价值为 35139.59 亿元，其中，以人工林为主的培育资产价值为 27855.56 亿元，以天然林为主的非培育资产价值为 7284.03 亿元，分别占林木总价值的 79.27% 和 20.73%，培育资产价值为非培育资产价值的 3.82 倍；人工林价值为 27360.77 亿元，天然林价值为 6524.15 亿元，其他林木价值为 1254.67 亿元，分别占林木总价值的 77.86%、18.57% 和 3.57%（表 2-33）。

表 2-33 第九次森林资源清查中部地区林木价值量核算

亿元

项目	合计	培育资产	非培育资产
1. 天然林	6524.15		6524.15
（1）乔木林	5309.16		5309.16
防护林	2662.41		2662.41
特用林	386.56		386.56
用材林	2240.69		2240.69
能源林	19.49		19.49
（2）疏林地	9.25		9.25
（3）经济林	431.27		431.27
（4）竹林	774.48		774.48
2. 人工林	27360.77	27360.77	
（1）乔木林	3250.33	3250.33	
防护林	1090.02	1090.02	
特用林	108.68	108.68	
用材林	2047.36	2047.36	
能源林	4.27	4.27	
（2）疏林地	9.15	9.15	
（3）经济林	23982.32	23982.32	
（4）竹林	118.97	118.97	
3. 其他林木	1254.67	494.79	759.88
（1）散生木	759.88		759.88
（2）四旁树	494.79	494.79	
合计	35139.59	27855.56	7284.03

（5）按经济区统计。第八次、第九次全国森林资源清查林木价值按照经济区统计结果见表 2-34。西部地区林木价值为 67090.29 亿元，较第八次核算结果增加 1958.43 亿元，增加 3.01%，占全国林木总价值为 43.24%，位列第一；东部地区和中部地区林木价值所占比重在两次清查期间略有升高。东北地区非培育资产以及林木总价值均有所下降，分别下降 5066.95 万亿元和 4663.99 亿元。

表 2-34　第八次、第九次全国森林资源清查林木价值分经济区统计

亿元、%

地区	第八次清查				第九次清查			
	培育资产价值	非培育资产价值	林木总价值	占全国比例	培育资产价值	非培育资产价值	林木总价值	占全国比例
东北地区	4762.01	14792.52	19554.53	14.32	5164.97	9725.57	14890.54	9.60
东部地区	21554.93	8211.93	29766.86	21.80	31468.94	6572.16	38041.08	24.52
西部地区	17474.99	47656.87	65131.86	47.71	29124.58	37965.71	67090.29	43.24
中部地区	13963.38	8100.16	22063.54	16.16	27855.56	7284.03	35139.59	22.65
合计	57755.31	78761.48	136516.79	100.00	93614.05	61547.47	155161.52	100.00

3. 林地林木总价值

第八次、第九次全国森林资源清查林地、林木总价值按分区统计结果见表 2-35。西部地区林地林木总价值为 116280.99 亿元，较第八次结果增加了 12868.00 亿元，增加了 12.44%，是我国林地林木总价值最高的经济区。中部地区林地林木总价值为 50695.14 亿元，较第八次结果增加 14848.75 亿元，增长 41.42%，是我国林地林木资源总价值增速最快的经济区。东北地区林地林木总价值为 23340.08 亿元，占全国林地林木资源总价值的 9.32%，总价值较第八次结果相比下降 4826.37 亿元，下降 17.14%（表 2-35）。

表 2-35　第八次、第九次全国森林资源清查林地林木总价值分经济区统计

亿元、%

地区	第八次清查		第九次清查		总价值增长量	总价值增长率
	林地林木总价值	占全国比例	林地林木总价值	占全国比例		
东北地区	28166.45	13.23	23340.08	9.32	−4826.37	−17.14
东部地区	45525.26	21.38	60204.37	24.03	14679.11	32.24
西部地区	103412.99	48.56	116280.99	46.42	12868.00	12.44
中部地区	35846.39	16.83	50695.14	20.24	14848.75	41.42
合计	212951.09	100.00	250520.60	100.00	37569.51	17.64

（二）价值存量变动分析

1. 林地存量变动

第九次全国森林资源清查期间，林地价值期初存量为 76434.35 亿元，期末存量为 95359.07 亿元。本期内，总增加量为 2.14 万亿元，减少量 7037.64 亿元，重估计增加 4549.77 亿元，净增加 18924.72 亿元。天然林林地价值净减少 926.66 亿元，主要原因是与第八次森林资源清查结果相比，天然起源国家规定的特殊灌木林面积减少，造成天然林林地面积减少，价值减少；二是人工林林地价值净增加 14290.57 亿元，比期初增长 57.13%，其中价格影响因素占 39.68 个百分点。人工林林地价值净增量占林地总价值净增量的 75.51%（表 2-36）。

表 2-36 第九次全国森林资源清查期间林地价值量变动

亿元

项目	天然林	人工林	其他林地	合计
期初存量	34719.3	25014.76	16700.29	76434.35
本期增加	7269.34	8582.45	5560.81	21412.60
本期减少	2819.17	4218.47		7037.64
重估计	-5376.82	9926.59		4549.77
本期净增加	-926.66	14290.57	5560.81	18924.72
期末存量	33792.64	39305.33	22261.1	95359.07

2. 林木存量变动

林木价值量变动核算结果显示，林木期初价值存量为 136516.78 亿元，期末价值存量为 155161.51 亿元，期间价值存量增长 13.66%。本期内，林木价值量增加 6.32 万亿元，减少 31087.80 亿元，重估计减少 13451.69 亿元，净增加 18644.73 亿元。森林资源清查期内价值增长主要是因为人工林价值和其他林木价值增加。人工林的林木价值量净增加 33769.74 亿元，与期初相比增长 60.87%，其中价格影响因素占 21.19%（表 2-37）。

表 2-37　第九次全国森林资源清查期间林木价值量变动

亿元

项目	天然林	人工林	其他林木	合计
期初存量	74596.52	55480.42	6439.84	136516.78
本期增加	13555.62	46553.60	3074.99	63184.21
本期减少	6549.73	24538.07		31087.80
重估计	−25205.90	11754.21		−13451.69
本期净增加	−18200.00	33769.74	3074.99	18644.73
期末存量	56396.52	89250.16	9514.83	155161.51

第四节　主要结论

本研究采纳并吸收了国际前沿的环境经济核算理论方法，同时结合我国森林资源调查、统计工作实际和森林资源资产评估理论实践，开展全国林地、林木资源实物量和价值量核算。林地林木资源核算账户与 SEEA-2012 国际标准接轨；估价方法采用了国内应用较多的森林资源资产评估方法，并与 SEEA-2012 推荐的方法保持原理一致；林地林木资源核算的实物量所需数据全部来自全国森林资源清查结果，数据具有较高信度；价值量核算所需的调查数据来自林地林木价值核算专项调查，调查方法可靠，样本量大，保证了数据的有效性，核算结果基本反映了核算期内林地、林木资源的存量和变动情况。

根据第九次全国森林资源清查结果开展林地林木资源核算，全国现有林地面积 3.24 亿公顷，活立木蓄积量 185.05 亿立方米；现有林地资产价值 9.54 万亿元，林木资产价值 15.52 万亿元；林地林木资产总价值 25.05 万亿元，较第八次森林资源清查期末总价值 21.29 万亿元，净增加 3.76 万亿元，增长 17.66%。

（1）林地林木资源小幅增长，人均森林财富持续增长。第九次全国森林资源清查期间，全国森林面积增加 1322.37 万公顷，森林蓄积量增加 24.31 亿立方米，森林覆盖率从 21.63% 提高到 22.96%。核算结果显示全国林地林木总价值净增加 3.76 万亿元，增长率达到 17.66%。其中，林地资产价值增加 1.89 万亿，增长率达到 24.76%，林地面积增长因素占 4.26 个百分点。林地林木资产价值总量可观，如果从财富角度衡量，按照 2017 年全国人口 13.90 亿计算，相当于我国人均拥有森林财富 1.80 万元，比第八次全国森林资源清查期末的人均森林财富 1.57 万元增加 0.23 万元，增长 14.65%。

（2）天然林资源逐步恢复，天然林保护工程效益显著。核算结果显示，到第九次森林资源清查期末，天然林总面积和蓄积量分别达到 1.39 亿公顷和 136.71 亿立方米。5 年间，天然乔木林面积和蓄积量分别增加 451.73 万公顷和 13.75 亿立方米。随着天然林资源保护工程实施和禁止天然林商业性采伐政策实施，天然林得到进一步休养生息。

（3）人工林资产快速增长，"两山"转化的根基更加稳固。核算结果显示，到第九次森林资源清查期末，人工林总价值 12.86 万亿元，其中人工林林地价值 39305.33 亿元，人工林林木价值 89250.16 亿元。5 年间，人工林面积和蓄积量分别增加 673.12 万公顷和 9.04 亿立方米，人工林林地林木资产价值增加 4.81 万亿元，比期初增加 59.71%。随着林业重点生态工程稳步推进，国家储备林等重大工程实施，营造林面积不断增长，在森林抚育补贴，造林补贴等财政政策支持下，社会造林积极性进一步提高，经济林、竹林生产规模扩大，夯实了两山转化的物质根基。

（4）中东部地区林地林木资产价值增速高于全国平均水平，地方绿色发展的生态资本更加扎实。核算结果显示，第九次森林资源清查期末，全国林地林木资产总价值与第八次森林资源清查期末相比，净增 3.76 万亿元，增长 17.66%。第九次森林资源清查期末，东部 10 省（自治区、直辖市）林地林木资产总价值占全国总价值的 24.03%，较上期末增长 32.24%；中部 6 省（自治区、直辖市）林地林木资产总价值占全国总价值的 20.24%，较上期末增长 41.42%；中东部地区占全国 28.71% 的林地面积和 23.30% 的林木蓄积量，形成的林地林木总资产占全国林地林木总价值的 44.27%。中东部地区的林地林木资产单位价值更高，拥有较高的生态资本强度，对于绿色发展的支撑作用更强。

（5）西部地区林地林木资产实物量、价值量最多，生态潜力巨大。西部地区林地面积占全国林地总面积的 58.65%，林木蓄积量占全国林木总蓄积量的 58.53%；形成的林地资产占全国林地总价值的 51.58%，林木资产占全国林木总价值的 43.24%，林地林木总资产占全国林地林木总价值的 46.42%，较上期增长 12.44%。西部地区是我国林地、林木实物量和价值量最高的经济区，可释放巨大的生态潜力。

『两山』理念背景下的
中国森林资源价值核算研究

第三章
森林生态系统服务评估

生态系统服务是生态系统形成和所维持的人类赖以生存和发展的环境条件和效用。生态系统服务维持地球上生命物质和生物地球化学循环与水文循环，维持生物物种的多样性、净化大气环境，是人类赖以生存和发展的基础。生态系统服务也称生态产品，也是人类生存和发展的基础，更是生态文明的基础。党的十八大报告明确指出要增强生态产品的生产能力，要把资源消耗、环境损害、生态效益纳入经济社会发展评价体系。

习近平总书记在《关于〈中共中央关于全面深化改革若干重大问题的决定〉的说明》中提到，山水林田湖是一个生命共同体，人的命脉在田，田的命脉在水，水的命脉在山，山的命脉在土，土的命脉在树。由此可以看出，森林高居山水林田湖生命共同体的顶端。在2500年前的《贝叶经》中也把森林放在了人类生存环境的最高位置，即：有林才有水，有水才有田，有田才有粮，有粮才有人。森林生态系统是维护地球生态平衡最主要的一个生态系统，在物质循环、能量流动和信息传递方面起到了至关重要的作用，特别是森林生态系统服务发挥的"绿色水库""绿色碳库""净化环境氧吧库"和"生物多样性基因库"四个生态库功能，为经济社会的健康发展尤其是人类福祉的普惠提升提供了生态产品保障。

第一节　森林生态系统服务评估方法

全国森林资源清查从1973年开始，到目前已经历了9次，其成果反映了全国和各省（自治区、直辖市）森林资源状况，是我国制定和调整林业方针政策及森林资源经营管理的重要依据。但与国外先进国家相比，较少考虑反映森林生态状况的监测，限制了政府制定合理的长远林业发展决策和规划的能力。同时，把森林生态状况作为生态文明建设的成果进行评价，需要一整套连续观测与清查技术体系（王兵，2015）。森林生态连清技术体系采用长期定位观测技术和分布式测算方法，依托中国森林生态系统长期定位观测网络，连续对同一生态系统进行全指标体系观测与清查，确保了森林生态系统服务功能的科学、合理、精准的评估。

森林生态系统服务连续观测与清查技术（简称"森林生态连清"）是以生态地理区划为单位，以国家现有森林生态站为依托，采用长期定位观测技术和分布式测算方法，定期对同一森林生态系统进行重复观测与清查的技术。它可以配合国家森林资源连续清查，形成国家森林资源清查综合查新体系，用以评价一定时期内森林生态系统的质量状况，进一步了解森林生态系统的动态变化。

中国森林生态系统服务功能评估基于中国森林生态系统服务功能连续观测与清查体系（简称"森林生态连清体系"）（图 3-1），指以生态地理区划为单位，依托我国现有生态系统定位观测研究站，采用长期定位观测技术和分布式测算方法，与国家森林资源连清数据相耦合，对我国森林生态系统进行全指标、全周期、全口径观测与评估。

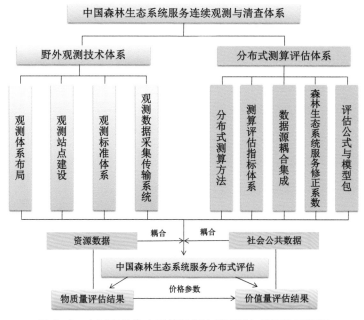

图 3-1　中国森林生态系统服务连续观测与清查体系框架

森林连清技术体系由野外观测连清体系和分布式测算评估体系两部分组成，森林生态连清技术体系的内涵主要反映在这两大体系中。野外观测连清体系包括观测体系布局、观测站点建设、观测标准体系和观测数据采集传输系统，是数据保证体系，其基本要求是统一测度、统一计量、统一描述。分布式测算评估体系包括分布式测算方法、测算评估指标体系、数据源耦合集成和评估公式与模型包，是精度保证体系，可以解决中国森林生态系统服务功能异质性交错、生态功能结构复杂、服务功能类型多样、生态状况变化多端导致的测算精度难以准确到全指标、全周期、全口径的问题。

一、野外观测技术体系

（一）中国森林生态系统定位观测研究网络（CFERN）布局与建设

野外观测技术体系是构建森林生态连清体系的重要基础，为了做好这一基础工作，需要考虑如何构架观测体系布局。森林生态站与各类林业监测点作为中国森林生态系统服务监测的两大平台，在建设时坚持"统一规划、统一布局、统一建设、统一规范、统一标准、资源整合、数据共享"原则。

森林生态系统服务监测站的建设首先要考虑其在区域上的代表性，选择能代表该区域主要林分类型，且能表征土壤、水文及生境等特征，交通、水电等条件相对便利的典型植被区域。为此，本研究团队和我国林业相关部门进行了大量的前期工作，包括科学规划、站点设置、合理性评估等。

森林生态站是通过在典型森林地段建立长期观测点与观测样地，对森林生态系统的组成、结构、生物生产力、养分循环、水循环和能量利用等在自然状态下或某些人为活动干扰下的动态变化格局与过程进行长期观测，阐明生态系统发生、发展、演替的内在机制和自身的动态平衡，以及参与生物地球化学循环过程等的长期定位观测。它能够长期、系统、全面地观测森林生态系统的水、土、气、生因子的动态变化规律。最早的长期定位观测始于 1843 年的英国洛桑试验站（Rothamsted）。随着全球生态环境问题的日益严重，为解决人类所面临的资源、环境和生态系统方面的问题，国际上相继建立了一系列国家、区域和全球性的长期监测研究网络，主要集中在欧洲、苏联、美国、日本、印度等国家，其中最著名的有国际长期生态研究网络（ILTER）、美国的长期生态学研究网络（USLTER）、英国的环境变化研究网络（ECN）、东南亚农业生态系统网络（SUAN）等。在长期定位观测研究中，也包括了许多生态系统服务指标的观测，为建立森林生态系统服务功能评估方法体系打下了坚实的基础。

在国家尺度上的森林生态站布局建设方面，中国拥有了世界上数量相对较多、空间布局完善、标准化程度高的观测网络。2008 年正式发布了《国家林业局陆地生态系统定位研究网络中长期发展规划（2008—2020 年）》。目前，国家林业和草原局已批准建设森林生态站达 100 余个，基本形成了由南向北以热量驱动、由东向西以水分驱动的森林生态系统监测网络（图 3-2）。

图 3-2　中国森林生态系统定位观测研究网络布局

全国范围内开展森林生态系统长期定位观测是以国家标准《森林生态系统长期定位观测方法》（GB/T 33027—2016）、《森林生态系统长期定位观测指标体系》（GB/T 35377—2017）、《森林生态系统服务功能评估规范》（GB/T 38582—2020）、《森林生态系统长期定位观测研究站建设规范》（GB/T 40053—2021）为基础，对全国森林生态系统服务进行评估。为了更好地反映中国不同温度带、水分区划下各种森林生态系统的特点，需要在国家尺度上对森林生态系统长期定位观测网络进行布局。以典型抽样的思想为指导，将全国划分为相对均质的区域，结合已建设森林生态站，综合考虑生态功能区划，完成中国森林生态系统长期定位观测网络布局。通过森林生态系统长期定位观测网络获取森林生态系统长期定位观测数据，能够反映气候和人为活动条件下的环境变化及响应机制，可以用于对森林生态效益进行评估。通过对比分析已有中国典型生态地理区划，选择中国生态地理区域系统的气候指标、中国森林分区 (1998) 作为植被指标和生态功能区划指标，采用分层抽样、空间叠置分析方法结合标准化合并指数等方法对上述指标进行处理，完成全国森林生态系统的相对均质区域，同时结合生态功能区构建中国森林生态系统长期定位观测网络。

（二）森林生态系统服务功能观测评估标准体系

由于森林生态系统长期定位观测涉及不同气候带、不同区域，范围广、类型多、领域多、影响因素复杂，这就要求在构建森林生态系统长期定位观测标准体系时，应综合考虑各方面因素，紧扣林业生产的最新需求和科研进展，既要符合当前森林生态系统长期定位观测研究的需求，又要具有良好的扩充和发展的弹性。通过长期定位观测研究经验的积累和借鉴国内外先进的野外观测理念，构建了包括 4 项国家标准（GB/T 33027—2016、GB/T 35377—2017、GB/T 38582—2020 和 GB/T 40053—2021）在内的森林生态系统长期定位观测标准体系（图 3-3），涵盖观测站建设、观测指标、观测方法、数据管理、数据应用等方面，确保了各生态站所提供生态观测数据的准确性和可比性，提升了生态观测网络标准化建设和联网观测研究能力。森林生态系统服务监测站点建设、观测指标、观测方法、数据管理及数据应用的标准化保证了不同监测站点所提供的森林生态连清数据的准确性和可比性，为我国森林生态系统服务评估的顺利进行提供了保障（王兵，2012）。

二、分布式测算评估体系

（一）分布式测算方法

森林生态系统服务评估是一项非常庞大、复杂的系统工程，很适合划分成多个均质化的生态测算单元开展评估。因此，分布式测算方法是目前评估森林生态系统服务所采用的一种较为科学有效的方法，通过诸多森林生态系统服务功能评估案例也证实了分布式测算方法能够保证结果的准确性及可靠性。

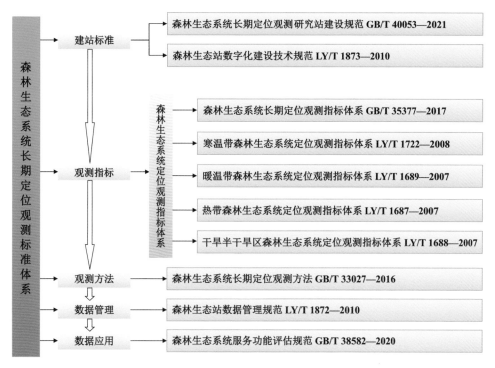

图 3-3 森林生态系统长期定位观测标准体系

分布式测算方法已经被用于使用世界各地成千上万位志愿者的计算机的闲置计算能力，来解决复杂的数学问题（如 GIMPS 搜索梅森素数的分布式网络计算）和研究寻找最为安全的密码系统（如 RC4）等，这些项目都很庞大，需要惊人的计算量，而分布式测算研究如何把一个需要非常巨大计算能力才能解决的问题分成许多小块，然后将这些小块分配给许多计算机处理，最后把这些计算结果综合起来得到最终的结果。随着科学的发展，分布式测算是一种廉价的、高效的、维护方便的计算方法。

本研究所采用的分布式测算方法的具体步骤为：将森林生态功能评估分为四级测算单元。其步骤：①将我国的 31 个省（自治区、直辖市）划分为一级测算单元；②将 49 个林分类型划分为二级测算单元；③按林分起源（人工林和天然林）划分为三级测算单元；④将幼龄林、中龄林、近熟林、成熟林和过熟林 5 个林龄级划分为四级测算单元。最后，确定了相对均质化的生态效益评估单元 6660 个（图 3-4）。

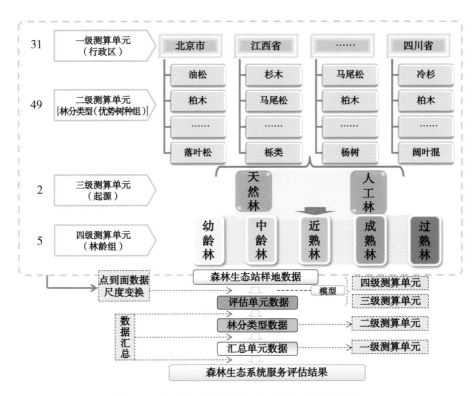

图 3-4　森林生态系统服务评估分布式测算方法

基于生态系统尺度的定位实测数据，运用遥感反演、模型模拟等技术手段，进行由点到面的数据尺度转换，将点上实测数据转换至面上测算数据，得到各生态系统服务评估单元的测算数据；以上均质化的单元数据累加的结果即为中国森林生态系统服务功能评估结果（王兵，2004）。

（二）评估指标体系

森林作为陆地生态系统的主体，其生态系统服务体现于生态系统和生态过程所形成的有利于人类生存与发展的生态环境条件与效用（Angelis PD，2000）。如何真实地反映森林生态系统服务功能的效果，观测评估指标体系的建立非常重要。在满足代表性、全面性、简明性、可操作性以及适应性等原则的基础上，本研究核算选取的指标体系如图 3-5 所示。与第一期和第二期全国森林资源绿色核算相比，本期核算完善了森林生态系统服务的部分核算方法和指标体系。

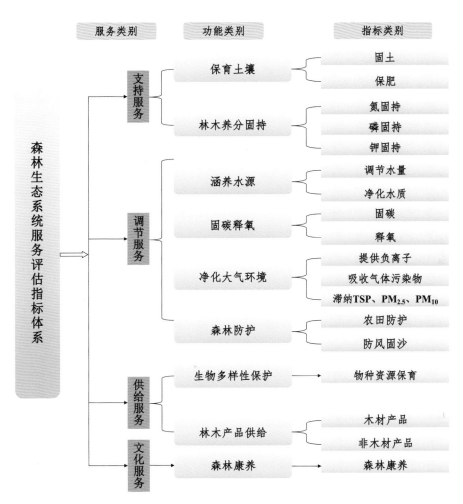

图 3-5　森林生态系统服务评估指标体系

（三）数据源耦合集成

本研究采用的数据主要有三个来源（图 3-6）：

1. 资源连清数据集

森林资源数据集来源于国家林业和草原局发布的第九次森林资源连续清查的数据。同时，森林类型划分的依据为国家标准《森林资源连续清查技术规程》（GB/T 38590）。

2. 生态连清数据集

森林生态连清数据来源于森林生态站，以及辅助观测点和长期固定样地的观测数据，全部依据《森林生态系统长期定位观测方法》（GB/T 33027—

2016)、《森林生态系统长期定位观测指标体系》(GB/T 35377—2017)的相关规定获取。目前的森林生态观测涉及全国110个森林生态站，600个辅助观测点，有10000多块长期固定样地，还有用于林地土壤侵蚀指标的观测、不同侵蚀强度的林地土壤侵蚀模数观测等样地。

3. 社会公共数据集

社会公共数据来源于我国权威机构所公布的社会公共数据，包括《中国水利年鉴》《中华人民共和国水利部水利建筑工程预算定额》、中国农业信息网（http：//www. agri. gov. cn/）、中华人民共和国国家卫生健康委员会（http：//wsb. moh. gov. cn/）、《中华人民共和国环境保护税法》中的"环境保护税税目税额表"等。

图 3-6　中国森林生态系统服务功能评估数据来源

将上述 3 类数据源有机地耦合集成，应用于一系列的评估公式中，最终获得中国森林生态系统服务功能评估结果。

（四）森林生态系统服务修正系数

在野外数据观测中，研究人员仅能够得到观测站点附近的实测生态数据，对于无法实地观测到的数据，则需要一种方法对已经获得的参数进行修正，因此，引入了森林生态系统服务修正系数。

森林生态系统服务修正系数（Forest Ecological Service Correction Coefficient）指评估林分生物量和实测林分生物量的比值，它反映森林生态服务评估区域森林的生态质量状况，还可以通过森林生态功能的变化修正森林生态服务的变化。

森林生态系统服务价值的合理测算对绿色国民经济核算具有重要意义，社会进步程度、经济发展水平、森林资源质量等对森林生态系统服务均会产生一定影响，而森林自身结构和功能状况则是体现森林生态系统服务可持续发展的基本前提。"修正"作为一种状态，表明系统各要素之间具有相对"融洽"的关系。当用现有的野外实测值不能代表同一生态单元同一目标林分类型的结构或功能时，就需要采用森林生态功能修正系数客观地从生态学精度的角度反映同一林分类型在同一区域的真实差异。这是森林生态系统服务功能得以准确评估的关键。生态系统服务功能大小与该生态系统的生物量有密切关系，一般来说，生物量越大，生态系统服务功能越强。计算公式：

$$\text{FEF-CC} = \frac{B_e}{B_o} = \frac{\text{BEF} \cdot V}{B_o} \tag{3-1}$$

式中：FEF-CC——森林生态系统服务修正系数（以下简称 F）；

$\quad\quad B_e$——评估林分生物量（千克 / 立方米）；

$\quad\quad B_o$——实测林分生物量（千克 / 立方米）；

$\quad\quad$BEF——蓄积量与生物量的转换因子；

$\quad\quad V$——评估林分的蓄积量（立方米）。

实测林分的生物量可以通过中国森林生态连清的实测手段来获取，而评估林分的生物量在本次中国森林资源连续清查中还没有完全统计，但其蓄积量可以获得。因此，通过评估林分蓄积量和生物量转换因子，测算评估林分的生物量。

（五）贴现率

> 贴现率是指将未来现金收益折合成现在收益的比率。贴现率是一种存贷均衡利率。利率的大小，主要根据金融市场利率来决定。

森林生态系统服务价值量评估中，由物质量转价值量时，部分价格参数并非评估年价格参数。因此，需要使用贴现率（discount rate）将非评估年份价格参数换算为评估年份价格参数以计算各项功能价值量的现价。计算公式：

$$t=（D_r+L_r）/2 \tag{3-2}$$

式中：t——存贷款均衡利率（%）；

　　　D_r——银行的平均存款利率（%）；

　　　L_r——银行的平均贷款利率（%）。

贴现率利用存贷款均衡利率，将非评估年份价格参数，逐年贴现至评估年的价格参数。计算公式：

$$d=（1+t_n）（1+t_{n+1}）\cdots（1+t_m） \tag{3-3}$$

式中：d——贴现率；

　　　t——存贷款均衡利率（%）；

　　　n——价格参数可获得年份（年）；

　　　m——评估年份（年）。

（六）评估公式与模型包

1. 保育土壤功能

森林凭借庞大的树冠、深厚的枯枝落叶层及强壮且成网络的根系截留大气降水，减少或免遭雨滴对土壤表层的直接冲击，有效地固持土体，降低了地表径流对土壤的冲蚀，使土壤流失量大大降低。而且森林的生长发育及其代谢产物不断对土壤产生物理及化学影响，参与土体内部的能量转换与物质循环，使土壤肥力提高，森林凋落物是土壤养分的主要来源之一（图3-7）。为此，本研究选用2个指标，即固土指标和保肥指标，以反映森林保育土壤功能。

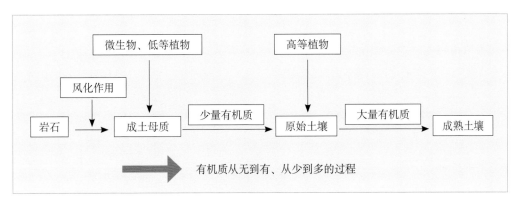

图 3-7　植被对土壤形成的作用

（1）固土指标。因为森林的固土功能是从地表土壤侵蚀程度表现出来的，所以可通过无林地土壤侵蚀程度和有林地土壤侵蚀程度之差来估算森林的固土量。该评估方法是目前国内外多数人使用并认可的。例如，日本在 1972 年、1978 年和 1991 年评估森林防止土壤泥沙侵蚀效能时，都采用了有林地与无林地之间侵蚀对比方法来计算。

①年固土量。计算公式：

$$G_{固土}=A \cdot (X_2-X_1) \cdot F \tag{3-4}$$

式中：$G_{固土}$——评估林分年固土量（吨 / 年）；

　　　X_1——有林地土壤侵蚀模数 [吨 /（公顷·年）]；

　　　X_2——无林地土壤侵蚀模数 [吨 /（公顷·年）]；

　　　A——林分面积（公顷）；

　　　F——森林生态系统服务修正系数。

②年固土价值。由于土壤侵蚀流失的泥沙淤积于水库中，减少了水库蓄积水的体积，因此，本研究根据蓄水成本（替代工程法）计算林分年固土价值。计算公式：

$$U_{固土}=A \cdot C_{土} (X_2-X_1) \cdot F \cdot d/\rho \tag{3-5}$$

式中：$U_{固土}$——评估林分年固土价值（元 / 年）；

　　　X_1——有林地土壤侵蚀模数 [吨 /（公顷·年）]；

　　　X_2——无林地土壤侵蚀模数 [吨 /（公顷·年）]；

$C_土$——挖取和运输单位体积土方所需费用（元/立方米）；

ρ——土壤容重（克/立方厘米）；

A——林分面积（公顷）；

F——森林生态系统服务修正系数；

d——贴现率。

（2）保肥指标。林木的根系可以改善土壤结构、孔隙度和通透性等物理性状，有助于土壤形成团粒结构。在养分循环过程中，枯枝落叶层不仅减小了降水的冲刷和径流，而且还是森林生态系统归还的主要途径，可以增加土壤有机质、营养物质（氮、磷、钾等）和土壤碳库的积累，提高土壤肥力，起到保肥的作用。土壤侵蚀带走大量的土壤营养物质，根据氮、磷、钾等养分含量和森林减少的土壤损失量，可以估算出森林每年减少的养分流失量。因土壤侵蚀造成了氮、磷、钾大量流失，使土壤肥力下降，通过计算年固土量中氮、磷、钾的数量，再换算为化肥价格即为森林年保肥价值。

①年保肥量。计算公式：

$$G_氮 = A \cdot N \cdot (X_2 - X_1) \cdot F \tag{3-6}$$

$$G_磷 = A \cdot P \cdot (X_2 - X_1) \cdot F \tag{3-7}$$

$$G_钾 = A \cdot K \cdot (X_2 - X_1) \cdot F \tag{3-8}$$

$$G_{有机质} = A \cdot M \cdot (X_2 - X_1) \cdot F \tag{3-9}$$

式中：$G_氮$——评估林分固持土壤而减少的氮流失量（吨/年）；

$G_磷$——评估林分固持土壤而减少的磷流失量（吨/年）；

$G_钾$——评估林分固持土壤而减少的钾流失量（吨/年）；

$G_{有机质}$——评估林分固持土壤而减少的有机质流失量（吨/年）；

X_1——有林地土壤侵蚀模数[吨/（公顷·年）]；

X_2——无林地土壤侵蚀模数[吨/（公顷·年）]；

N——林分土壤平均含氮量（%）；

P——林分土壤平均含磷量（%）；

K——林分土壤平均含钾量（%）；

M——林分土壤平均有机质含量（%）；

A——林分面积（公顷）；

　　　　　F——森林生态系统服务修正系数。

　　②年保肥价值。年固土量中氮、磷、钾和有机质的数量换算成化肥即为林分年保肥价值。本研究的林分年保肥价值以固土量中的氮、磷、钾和有机质数量折合成磷酸二铵化肥、氯化钾化肥和有机肥的价值来体现。计算公式：

$$U_{肥} = A \cdot (X_2 - X_1) \cdot \left(\frac{N \cdot C_1}{R_1} + \frac{P \cdot C_1}{R_2} + \frac{K \cdot C_2}{R_3} + MC_3 \right) \cdot F \cdot d \qquad （3-10）$$

式中：$U_{肥}$——评估林分年保肥价值（元 / 年）；

　　　　X_1——有林地土壤侵蚀模数 [吨 / （公顷·年）]；

　　　　X_2——无林地土壤侵蚀模数 [吨 / （公顷·年）]；

　　　　N——林分土壤平均含氮量（％）；

　　　　P——林分土壤平均含磷量（％）；

　　　　K——林分土壤平均含钾量（％）；

　　　　M——林分土壤平均有机质含量（％）；

　　　　R_1——磷酸二铵化肥含氮量（％）；

　　　　R_2——磷酸二铵化肥含磷量（％）；

　　　　R_3——氯化铵化肥含钾量（％）；

　　　　C_1——磷酸二铵化肥价格（元 / 吨）；

　　　　C_2——氯化钾化肥价格（元 / 吨）；

　　　　C_3——有机质价格（元 / 吨）；

　　　　A——林分面积（公顷）；

　　　　F——森林生态系统服务修正系数；

　　　　d——贴现率。

　　2. 林木养分固持功能

　　生态系统的所有生物体内贮存着各种营养元素，并通过元素循环，促使生物与非生物环境之间的元素变换，维持生态过程。有关学者指出，"森林生态系统在其生长过程中不断从周围环境吸收营养元素，固定在植物体中"。本研究综合了在以上两个定义的基础上，认为"林木养分固持指森林植物通过生化反应，在土壤、大气、降水中吸收氮、磷、钾等营养物质并贮存在体内各营养器官的功能"。

　　这里所要测算的营养物质氮、磷、钾含量与前面述及的森林生态系统保育土壤功能中保肥的氮、磷、钾有所不同，前者是被森林植被吸收进植物体内的营养物质，后者是森林生态系统中林下土壤里所含的营养物质。因此，在测算过程中将二者区分开来分别计量。

森林植被在生长过程中每年从土壤或空气中要吸收大量营养物质，如氮、磷、钾等，并贮存在植物体中。考虑到指标操作的可行性，本研究主要考虑主要营养元素氮、磷、钾 3 种元素物质的含量。在计算森林营养物质积累量时，以氮、磷、钾在植物体中的百分含量为依据，再结合中国森林森林资源清查数据及森林净生产力数据计算出中国森林生态系统年固定营养物质氮、磷、钾的总量。国内很多研究均采用了这种方法。

（1）林木养分固持量。计算公式：

$$G_{氮} = A \cdot N_{营养} \cdot B_{年} \cdot F \tag{3-11}$$

$$G_{磷} = A \cdot P_{营养} \cdot B_{年} \cdot F \tag{3-12}$$

$$G_{钾} = A \cdot K_{营养} \cdot B_{年} \cdot F \tag{3-13}$$

式中：$G_{氮}$——评估林分氮固持量（吨／年）；

$G_{磷}$——评估林分磷固持量（吨／年）；

$G_{钾}$——评估林分钾固持量（吨／年）；

$N_{营养}$——实测林木氮元素含量（％）；

$P_{营养}$——实测林木磷元素含量（％）；

$K_{营养}$——实测林木钾元素含量（％）；

$B_{年}$——实测林分年净生产力 [吨／（公顷·年）]；

A——林分面积（公顷）；

F——森林生态系统服务修正系数。

（2）林木年养分固持价值。采取把营养物质折合成磷酸二铵化肥和氯化钾化肥方法计算林木养分固持价值。计算公式：

$$U_{营养} = A \cdot B \cdot \left(\frac{N_{营养} \cdot C_1}{R_1} + \frac{P_{营养} \cdot C_1}{R_2} + \frac{K_{营养} \cdot C_2}{R_3} \right) \cdot F \cdot d \tag{3-14}$$

式中：$U_{营养}$——评估林分氮、磷、钾增加价值（元／年）；

$N_{营养}$——实测林木氮元素含量（％）；

$P_{营养}$——实测林木磷元素含量（％）；

$K_{营养}$——实测林木钾元素含量（%）；

R_1——磷酸二铵含氮量（%）；

R_2——磷酸二铵含磷量（%）；

R_3——氯化钾含钾量（%）；

C_1——磷酸二铵化肥价格（元/吨）；

C_2——氯化钾化肥价格（元/吨）；

B——实测林分年净生产力[吨/（公顷·年）]；

A——林分面积（公顷）；

F——森林生态系统服务修正系数；

d——贴现率。

3. 涵养水源功能

森林涵养水源功能主要是指森林对降水的截留、吸收和贮存，将地表水转为地表径流或地下水的作用（图 3-8）。本研究选定调节水量指标和净化水质2 个指标，以反映森林的涵养水源功能。

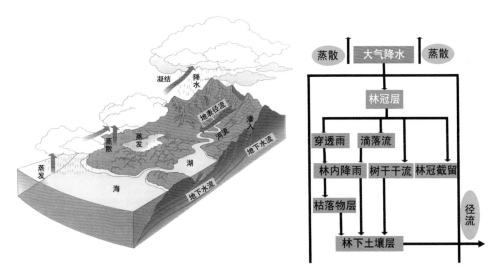

图 3-8 全球水循环及森林对降水的再分配示意

（1）年调节水量指标。

①年调节水量。计算公式：

$$G_{调}=10A \cdot (P-E-C) \cdot F \qquad (3-15)$$

式中：$G_调$——评估林分年调节水量（立方米 / 年）；

　　　P——实测林外降水量（毫米 / 年）；

　　　E——实测林分蒸散量（毫米 / 年）；

　　　C——实测地表快速径流量（毫米 / 年）；

　　　A——林分面积（公顷）；

　　　F——森林生态系统服务修正系数。

②年调节水量价值。由于森林对水量主要起调节作用，与水库的功能相似。因此，本研究中森林生态系统调节水量价值依据水库工程的蓄水成本（替代工程法）来确定。计算公式：

$$U_调=10C_库 \cdot A \cdot (P–E–C) \cdot F \cdot d \qquad (3-16)$$

式中：$U_调$——评估林分年调节水量价值（元 / 年）；

　　　$C_库$——水资源市场交易价格（元 / 立方米）；

　　　P——实测林外降水量（毫米 / 年）；

　　　E——实测林分蒸散量（毫米 / 年）；

　　　C——实测地表快速径流量（毫米 / 年）；

　　　A——林分面积（公顷）；

　　　F——森林生态系统服务修正系数；

　　　d——贴现率。

（2）净化水质指标。

①年净化水量。净化水质包括净化水量和净化水质价值两个方面。计算公式：

$$G_净=10A \cdot (P–E–C) \cdot F \qquad (3-17)$$

式中：$G_净$——评估林分年净化水量（立方米 / 年）；

　　　P——实测林外降水量（毫米 / 年）；

　　　E——实测林分蒸散量（毫米 / 年）；

　　　C——实测地表快速径流量（毫米 / 年）；

　　　A——林分面积（公顷）；

　　　F——森林生态系统服务修正系数。

②净化水质价值。计算公式：

$$U_{水质}=10K_{水}\cdot A\cdot(P\!-\!E\!-\!C)\cdot F\cdot d \qquad（3\text{--}18）$$

式中：$U_{水质}$——评估林分净化水质价值（元／年）；

$\quad\quad K_{水}$——水的净化费用（元／立方米）；

$\quad\quad P$——实测林外降水量（毫米／年）；

$\quad\quad E$——实测林分蒸散量（毫米／年）；

$\quad\quad C$——实测地表快速径流量（毫米／年）；

$\quad\quad A$——林分面积（公顷）；

$\quad\quad F$——森林生态系统服务修正系数；

$\quad\quad d$——贴现率。

4. 固碳释氧功能

> 森林碳汇为能够提供碳汇功能的森林资源，包括乔木林、竹林、特灌林、疏林、未成林造林、非特灌林灌木林、苗圃地、荒山灌丛、城区和乡村绿化散生林木等。
>
> 森林全口径碳汇＝森林资源碳汇（乔木林碳汇＋竹林碳汇＋特灌林碳汇）＋疏林地碳汇＋未成林造林地碳汇＋非特灌林灌木林碳汇＋苗圃地碳汇＋荒山灌丛碳汇＋城区和乡村绿化散生林木碳汇。

由于碳汇方法学上的缺陷，我国森林生态系统碳汇能力被低估。为准确核算我国森林资源碳汇能力，王兵等提出森林碳汇和森林全口径碳汇新理念（王兵等，2021）。为此，本研究选用固碳、释氧2个指标反映森林全口径碳汇和森林释氧功能（图3-9）。

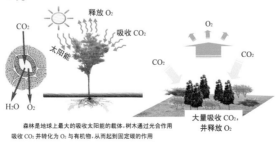

图 3-9　森林生态系统固碳释氧作用

（1）固碳指标。根据光合作用和呼吸作用方程式确定森林每年生产1吨干物质固定吸收二氧化碳的量，再根据树种的年净初级生产力计算出森林每年固定二氧化碳的总量。

①植被和土壤年固碳量。计算公式：

$$G_{碳}=A \cdot (1.63R_{碳} \cdot B_{年} + F_{土壤碳}) \cdot F \qquad (3-19)$$

式中：$G_{碳}$——实测年固碳量（吨/年）；

$B_{年}$——实测林分年净生产力[吨/（公顷·年）]；

$F_{土壤碳}$——单位面积林分土壤年固碳量[吨/（公顷·年）]；

$R_{碳}$——二氧化碳中碳的含量，为27.27%；

A——林分面积（公顷）；

F——森林生态系统服务修正系数。

公式计算得出森林的潜在年固碳量，再从其中减去由于森林年采伐造成的生物量移出从而损失的碳量，即为森林的实际年固碳量。

②年固碳价值。计算公式：

$$U_{碳}=A \cdot C_{碳} \cdot (1.63R_{碳} \cdot B_{年} + F_{土壤碳}) F \cdot d \qquad (3-20)$$

式中：$U_{碳}$——评估林分年固碳价值（元/年）；

$B_{年}$——实测林分年净生产力[吨/（公顷·年）]；

$F_{土壤碳}$——单位面积林分土壤年固碳量[吨/（公顷·年）]；

$C_{碳}$——固碳价格（元/吨）；

$R_{碳}$——二氧化碳中碳的含量，为27.27%；

A——林分面积（公顷）；

F——森林生态系统服务修正系数；

d——贴现率。

公式得出森林的潜在年固碳价值，再从其中减去由于森林年采伐消耗量造成的碳损失，即为森林的实际年固碳价值。

（2）释氧指标。

①年释氧量。计算公式：

$$G_{氧气}=1.19A \cdot B_{年} \cdot F \qquad (3-21)$$

式中：$G_{氧气}$——评估林分年释氧量（吨／年）；

　　　$B_{年}$——实测林分年净生产力 [吨／（公顷·年）]；

　　　A——林分面积（公顷）；

　　　F——森林生态系统服务修正系数。

②年释氧价值。计算公式：

$$U_{氧}=1.19C_{氧} \cdot A \cdot B_{年} \cdot F \cdot d \qquad (3-22)$$

式中：$U_{氧}$——评估林分年释氧价值（元／年）；

　　　$B_{年}$——实测林分年净生产力 [吨／（公顷·年）]；

　　　$C_{氧}$——制造氧气的价格（元／吨）；

　　　A——林分面积（公顷）；

　　　F——森林生态系统服务修正系数；

　　　d——贴现率。

5. 净化大气环境功能

> 森林提供负离子是指森林的树冠、枝叶的尖端放电以及光合作用过程的光电效应促使空气电解，产生空气负离子，同时森林植被释放的挥发性物质如植物精气（又叫芬多精）等也能促使空气电离，增加空气负离子浓度。

> 森林滞纳空气颗粒物是指由于森林增加地表粗糙度，降低风速从而提高空气颗粒物的沉降概率，同时，植物叶片结构特征的理化特性为颗粒物的附着提供了有利的条件；此外，枝、叶、茎还能够通过气孔和皮孔滞纳空气颗粒物。

近年雾霾天气频繁、大范围的出现，使空气质量状况成为民众和政府部门的关注焦点，大气颗粒物（如 PM_{10}、$PM_{2.5}$）被认为是造成雾霾天气的罪魁出现在人们的视野中。如何控制大气污染、改善空气质量成为科学研究的热点。

森林能有效吸收有害气体、吸滞粉尘、降低噪音、提供负离子等，从而起到净化大气作用（图3-10）。为此，本研究选取提供负离子、吸收气体污染物（二氧化硫、氟化物和氮氧化物）、滞尘、滞纳 PM_{10} 和 $PM_{2.5}$ 等5个指标反映森林净化大气环境能力。

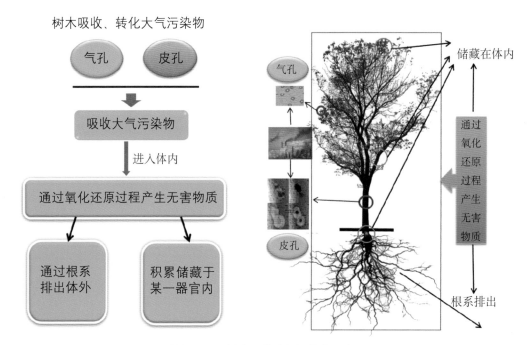

图 3-10 树木吸收空气污染物示意

（1）提供负离子指标。

①年提供负离子量。计算公式：

$$G_{负离子}=5.256\times10^{15}\cdot Q_{负离子}\cdot A\cdot H\cdot F/L \qquad (3-23)$$

式中：$G_{负离子}$——评估林分年提供负离子个数（个/年）；

　　　$Q_{负离子}$——实测林分负离子浓度（个/立方厘米）；

　　　H——林分高度（米）；

　　　L——负离子寿命（分钟）；

　　　A——林分面积（公顷）；

　　　F——森林生态系统服务修正系数。

②年提供负离子价值。国内外研究证明，当空气中负离子达到600个/立

方厘米以上时，才能有益人体健康，所以林分年提供负离子价值采用如下公式
计算：

$$U_{负离子}=5.256\times10^{15}\cdot A\cdot H\cdot K_{负离子}（Q_{负离子}-600）\cdot F\cdot d/L \qquad （3-24）$$

式中：$U_{负离子}$——评估林分年提供负离子价值（元 / 年）；

$K_{负离子}$——负离子生产费用（元 /10^{18} 个）；

$Q_{负离子}$——实测林分负离子浓度（个 / 立方厘米）；

L——负离子寿命（分钟）；

H——林分高度（米）；

A——林分面积（公顷）；

F——森林生态系统服务修正系数；

d——贴现率。

（2）吸收气体污染物指标。二氧化硫、氟化物和氮氧化物是大气污染物的
主要物质（图 3-11）。因此，本研究选取森林吸收二氧化硫、氟化物和氮氧化
物 3 个指标核算森林吸收气体污染物的能力。森林对二氧化硫、氟化物和氮氧
化物的吸收，可使用面积—吸收能力法、阈值法、叶干质量估算法等。本研究
采用面积—吸收能力法核算森林吸收气体污染物的总量，采用应税污染物法核
算价值量。

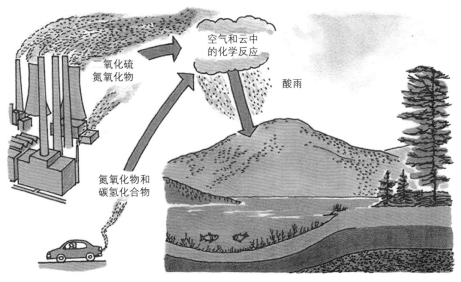

图 3-11 污染气体的来源及危害

①吸收二氧化硫。

林分年吸收二氧化硫量计算公式：

$$G_{二氧化硫}=Q_{二氧化硫} \cdot A \cdot F/1000 \qquad （3-25）$$

式中：$G_{二氧化硫}$——评估林分年吸收二氧化硫量（吨/年）；

$Q_{二氧化硫}$——单位面积实测林分年吸收二氧化硫量[千克/（公顷·年）]；

A——林分面积（公顷）；

F——森林生态系统服务修正系数。

林分年吸收二氧化硫价值计算公式：

$$U_{二氧化硫}=Q_{二氧化硫}/N_{二氧化硫} \cdot K \cdot A \cdot F \cdot d \qquad （3-26）$$

式中：$U_{二氧化硫}$——评估林分年吸收二氧化硫价值（元/年）；

$Q_{二氧化硫}$——单位面积实测林分年吸收二氧化硫量[千克/（公顷·年）]；

$N_{二氧化硫}$——二氧化硫污染当量值（千克）；

K——税额（元）；

A——林分面积（公顷）；

F——森林生态系统服务修正系数；

d——贴现率。

②吸收氟化物。

林分吸收氟化物年量计算公式：

$$G_{氟化物}=Q_{氟化物} \cdot A \cdot F/1000 \qquad （3-27）$$

式中：$G_{氟化物}$——评估林分年吸收氟化物量（吨/年）；

$Q_{氟化物}$——单位面积实测林分年吸收氟化物量[千克/（公顷·年）]；

A——林分面积（公顷）；

F——森林生态系统服务修正系数。

林分年吸收氟化物价值计算公式：

$$U_{氟化物} = Q_{氟化物} / N_{氟化物} \cdot K \cdot A \cdot F \cdot d \tag{3-28}$$

式中：$U_{氟化物}$——评估林分年吸收氟化物价值（元/年）；

$Q_{氟化物}$——单位面积实测林分年吸收氟化物量[千克/（公顷·年）]；

$N_{氟化物}$——氟化物污染当量值（千克）；

K——税额（元）；

A——林分面积（公顷）；

F——森林生态系统服务修正系数；

d——贴现率。

③吸收氮氧化物。

林分年吸收氮氧化物量计算公式：

$$G_{氮氧化物} = Q_{氮氧化物} \cdot A \cdot F / 1000 \tag{3-29}$$

式中：$G_{氮氧化物}$——评估林分年吸收氮氧化物量（吨/年）；

$Q_{氮氧化物}$——单位面积实测林分年吸收氮氧化物量[千克/（公顷·年）]；

A——林分面积（公顷）；

F——森林生态系统服务修正系数。

林分年吸收氮氧化物量价值计算公式：

$$U_{氮氧化物} = Q_{氮氧化物} / N_{氮氧化物} \cdot K \cdot A \cdot F \cdot d \tag{3-30}$$

式中：$U_{氮氧化物}$——评估林分年吸收氮氧化物价值（元/年）；

$Q_{氮氧化物}$——单位面积实测林分年吸收氮氧化物量[千克/（公顷·年）]；

$N_{氮氧化物}$——氮氧化物污染当量值（千克）；

K——税额（元）；

A——林分面积（公顷）；

F——森林生态系统服务修正系数；

d——贴现率。

（3）滞尘指标。森林有阻挡、过滤和吸附粉尘的作用，可提高空气质量。因此，滞尘功能是森林生态系统重要的服务功能之一。鉴于近年来人们对 PM_{10} 和 $PM_{2.5}$ 的关注，本研究在评估总滞尘量及其价值的基础上，将 PM_{10} 和 $PM_{2.5}$ 从总滞尘量中分离出来进行了单独的物质量和价值量评估。

①年总滞尘量。计算公式：

$$G_{滞尘}=Q_{滞尘} \cdot A \cdot F/1000 \qquad (3-31)$$

式中：$G_{滞尘}$——评估林分年滞尘量（吨/年）；

$Q_{滞尘}$——单位面积实测林分年滞尘量 [千克 /（公顷・年）]；

A——林分面积（公顷）；

F——森林生态系统服务修正系数。

②年滞尘价值。本研究中，用应税污染物法计算林分滞纳 PM_{10} 和 $PM_{2.5}$ 的价值。其中，PM_{10} 和 $PM_{2.5}$ 采用炭黑尘（粒径 0.4~1 微米）污染当量值结合应税额度进行核算。林分滞纳其余颗粒物的价值一般性粉尘（粒径 < 75 微米）污染当量值结合应税额度进行核算。计算公式：

$$U_{滞尘}=（Q_{滞尘}-Q_{PM_{10}}-Q_{PM_{2.5}}）/N_{一般性粉尘} \cdot K \cdot A \cdot F \cdot d+U_{PM_{10}}+U_{PM_{2.5}} \qquad (3-32)$$

式中：$U_{滞尘}$——评估林分年滞尘价值（元/年）；

$Q_{滞尘}$——单位面积实测林分年滞尘量 [千克 /（公顷・年）]；

$Q_{PM_{10}}$——单位面积实测林分年滞纳 PM_{10} 量 [千克 /（公顷・年）]；

$Q_{PM_{2.5}}$——单位面积实测林分年滞纳 $PM_{2.5}$ 量 [千克 /（公顷・年）]；

$N_{一般性粉尘}$——一般性粉尘污染当量值（千克）；

K——税额（元）；

A——林分面积（公顷）；

F——森林生态系统服务修正系数；

$U_{PM_{10}}$——林分年滞纳 PM_{10} 价值 [元 / 千克]；

$U_{PM_{2.5}}$——林分年滞纳 $PM_{2.5}$ 价值 [元 / 千克]；

d——贴现率。

（4）滞纳 $PM_{2.5}$。

①年滞纳 $PM_{2.5}$ 量。计算公式：

$$G_{PM_{2.5}} = Q_{PM_{2.5}} \cdot A \cdot n \cdot F \cdot LAI \tag{3-33}$$

式中：$G_{PM_{2.5}}$——评估林分年滞纳 $PM_{2.5}$ 量（千克／年）；

$Q_{PM_{2.5}}$——实测林分单位叶面积滞纳 $PM_{2.5}$ 量（克／平方米）；

A——林分面积（公顷）；

F——森林生态系统服务修正系数；

n——年洗脱次数；

LAI——叶面积指数。

②年滞纳 $PM_{2.5}$ 价值。计算公式：

$$U_{PM_{2.5}} = 10Q_{PM_{2.5}}/N_{炭黑尘} \cdot K \cdot A \cdot n \cdot F \cdot LAI \cdot d \tag{3-34}$$

式中：$U_{PM_{2.5}}$——评估林分年滞纳 $PM_{2.5}$ 价值（元／年）；

$Q_{PM_{2.5}}$——实测林分单位叶面积滞纳 $PM_{2.5}$ 量（克／平方米）；

$N_{炭黑尘}$——炭黑尘污染当量值（千克）；

K——税额（元）；

A——林分面积（公顷）；

F——森林生态系统服务修正系数；

n——年洗脱次数；

LAI——叶面积指数；

d——贴现率。

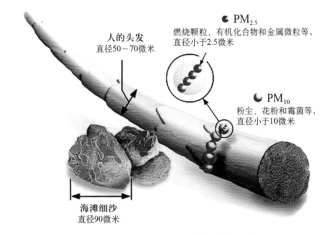

图 3-12 $PM_{2.5}$颗粒直径示意

（5）滞纳 PM_{10}。

①年滞纳 PM_{10} 量。计算公式：

$$G_{PM_{10}}=Q_{PM_{10}} \cdot A \cdot n \cdot F \cdot LAI \tag{3-35}$$

式中： $G_{PM_{10}}$——评估林分年滞纳 PM_{10} 量（千克/年）；

$Q_{PM_{10}}$——实测林分单位叶面积滞纳 PM_{10} 量（克/平方米）；

A——林分面积（公顷）；

F——森林生态系统服务修正系数；

n——年洗脱次数；

LAI——叶面积指数。

②年滞纳 PM_{10} 价值。计算公式：

$$U_{PM_{10}}=10Q_{PM_{10}}/N_{炭黑尘} \cdot K \cdot A \cdot n \cdot F \cdot LAI \cdot d \tag{3-36}$$

式中： $U_{PM_{10}}$——评估林分年滞纳 PM_{10} 价值（元/年）；

$Q_{PM_{10}}$——实测林分单位叶面积滞纳 PM_{10} 量（克/平方米）；

$N_{炭黑尘}$——炭黑尘污染当量值（千克）；

K——税额（元）；

A——林分面积（公顷）；

F——森林生态系统服务修正系数；

n——年洗脱次数；

LAI——叶面积指数；

d——贴现率。

6. 森林防护功能

植被根系能够固定土壤，改善土壤结构，降低土壤的裸露程度；植被地上部分能够增加地表粗糙程度，降低风速，阻截风沙。地上地下的共同作用能够减弱风的强度和携沙能力，减少因风蚀导致的土壤流失和风沙危害。

（1）防风固沙量。计算公式：

$$G_{防风固沙}=A_{防风固沙} \cdot (Y_2-Y_1) \cdot F \tag{3-37}$$

式中： $G_{防风固沙}$——森林防风固沙物质量（吨/年）；

Y_1——有林地风蚀模数[吨/（公顷·年）]；

Y_2——无林地风蚀模数[吨/（公顷·年）]；

$A_{防风固沙}$——防风固沙林面积（公顷）；

F——森林生态系统服务修正系数。

（2）防风固沙价值。计算公式：

$$U_{防风固沙}=K_{防风固沙}\cdot A_{防风固沙}\cdot(Y_2-Y_1)\cdot F\cdot d \qquad (3-38)$$

式中：$U_{防风固沙}$——森林防风固沙价值量（元）；

$K_{防风固沙}$——草方格固沙成本（元/吨）；

Y_1——有林地风蚀模数[吨/（公顷·年）]；

Y_2——无林地风蚀模数[吨/（公顷·年）]；

$A_{防风固沙}$——防风固沙林面积（公顷）；

F——森林生态系统服务修正系数；

d——贴现率。

（3）农田防护价值。计算公式：

$$U_a=V\cdot M\cdot K \qquad (3-39)$$

式中：U_a——实测林分农田防护功能的价值量（元/年）；

V——稻谷价格（元/千克）；

M——农作物、牧草平均增产量（千克/年）；

K——平均1公顷农田防护林能够实现农田防护面积为19公顷。

7. 生物多样性保护功能

生物多样性维护了自然界的生态平衡，并为人类的生存提供了良好的环境条件。生物多样性是生态系统不可缺少的组成部分，对生态系统服务的发挥具有十分重要的作用。Shannon-Wiener指数是反映森林中物种的丰富度和分布均匀程度的经典指标。传统Shannon-Wiener指数对生物多样性保护等级的界定不够全面。本研究采用特有种指数、濒危指数及古树年龄指数进行生物多样性保护功能评估（表3-1至表3-3），以利于生物资源的合理利用和相关部门保护工作的合理分配。

生物多样性保护功能评估公式：

$$U_{生}=(1+0.1\sum_{m=1}^{x}E_m+0.1\sum_{n=1}^{y}B_n+0.1\sum_{r=1}^{z}O_r)\cdot S_{生}\cdot A \quad\quad (3-40)$$

式中：$U_{生}$——评估林分年生物多样性保护价值（元/年）；

E_m——实测林分或区域内物种 m 的濒危指数（表3-1）；

B_n——实测林分或区域内物种 n 的特有种指数（表3-2）；

O_r——实测林分或区域内物种 r 的古树年龄指数（表3-3）；

x——计算濒危指数物种数量；

y——计算特有种指数物种数量；

z——计算古树年龄指数物种数量；

$S_{生}$——单位面积物种多样性保护价值量[元/（公顷·年）]；

A——林分面积（公顷）。

本研究根据 Shannon-Wiener 指数计算生物多样性保护价值，共划分 7 个等级：

当指数＜1时，$S_{生}$为3000[元/（公顷·年）]；

当1≤指数＜2时，$S_{生}$为5000[元/（公顷·年）]；

当2≤指数＜3时，$S_{生}$为10000[元/（公顷·年）]；

当3≤指数＜4时，$S_{生}$为20000[元/（公顷·年）]；

当4≤指数＜5时，$S_{生}$为30000[元/（公顷·年）]；

当5≤指数＜6时，$S_{生}$为40000[元/（公顷·年）]；

当指数≥6时，$S_{生}$为50000[元/（公顷·年）]。

表3-1 物种濒危指数体系

濒危指数	濒危等级	物种种类
4	极危	参见《中国物种红色名录》第一卷：红色名录
3	濒危	
2	易危	
1	近危	

表3-2 特有种指数体系

特有种指数	分布范围
4	仅限于范围不大的山峰或特殊的自然地理环境下分布

（续）

特有种指数	分布范围
3	仅限于某些较大的自然地理环境下分布的类群，如仅分布于较大的海岛（岛屿）、高原、若干个山脉等
2	仅限于某个大陆分布的分类群
1	至少在 2 个大陆都有分布的分类群
0	世界广布的分类群

注：参见《植物特有现象的量化》（苏志尧，1999）。

表 3-3　古树年龄指数体系

古树年龄	指数等级	来源及依据
100~299 年	1	参见 2011 年，全国绿化委员会、国家林业局《关于开展古树名木普查建档工作的通知》（全绿字〔200〕15 号）
300~499 年	2	
≥ 500 年	3	

8. 森林康养功能

森林康养是指森林生态系统为人类提供休闲和娱乐场所所产生的价值，包括直接产值和带动的其他产业产值，直接产值采用林业旅游与休闲产值替代法进行核算。计算公式：

$$U_{康养} = (U_{直接} + U_{带动}) \times 0.8 \tag{3-41}$$

式中：$U_{康养}$——森林康养价值量（元 / 年）；

$U_{直接}$——林业旅游与休闲产值，按照直接产值对待（元 / 年）；

$U_{带动}$——林业旅游与休闲带动的其他产业产值（元 / 年）；

0.8——森林公园接待游客量和创造的旅游产值约占森林旅游总规模的百分比。

9. 森林生态系统服务功能总价值评估

森林生态系统服务功能总价值为上述分项价值量之和。计算公式：

$$U_I = \sum_{i=1}^{24} U_i \tag{3-42}$$

式中：U_I——森林生态系统服务功能总价值（元 / 年）；

U_i——森林生态系统服务功能各分项价值量（元 / 年）。

第二节 森林生态系统服务物质量评估

中国森林生态系统服务物质量评估主要是从物质量的角度对生态系统提供的各项服务进行定量核算，其特点是能够比较客观地反映生态系统的生态过程，进而反映生态系统的可持续性。

> 物质量评估主要是对生态系统提供服务的物质数量进行评估，即根据不同区域、不同生态系统的结构、功能和过程，从生态系统服务功能机制出发，利用适宜的定量方法确定生态系统服务功能的质量和数量。物质量评估的特点是评价结果比较直观，能够比较客观地反映生态系统的生态过程，进而反映生态系统的可持续性。

一、森林生态系统服务功能总物质量

基于国家标准《森林生态系统服务功能评估规范》（GB/T 38582—2020）和 SEEA 核算框架对全国森林生态系统进行物质量核算，总物质量如表 3-4 所示。

表 3-4 中国森林生态系统服务功能物质量评估结果

服务类别	功能类别	指标	物质量
支持服务	保育土壤	固土（亿吨／年）	87.48
		减少氮流失（万吨／年）	1641.24
		减少磷流失（万吨／年）	886.23
		减少钾流失（万吨／年）	13927.99
		减少有机质流失（万吨／年）	29773.34
	林木养分固持	固持氮（万吨／年）	1372.84
		固持磷（万吨／年）	198.74
		固持钾（万吨／年）	790.25

（续）

服务类别	功能类别	指标		物质量
调节服务	涵养水源	调节水量（亿立方米／年）		6289.50
	固碳释氧	固碳	植被固碳（亿吨／年）	3.83
			土壤固碳（亿吨／年）	0.51
		释氧（亿吨／年）		10.29
	净化大气环境	提供负离子（×10²² 个／年）		220478.81
		吸收气体污染物（万千克／年）	吸收二氧化硫	3652970.79
			吸收氟化物	138713.57
			吸收氮氧化物	192084.84
		滞尘	TSP（亿千克／年）	61546.56
			PM_{10}（亿千克／年）	25.80
			$PM_{2.5}$（亿千克／年）	11.55

（一）保育土壤

土壤是地表的覆盖物，充当着大气圈和岩石圈的交界面，是地球的最外层。土壤具有生物活性，并且是由有机和无机化合物、生物、空气和水形成的复杂混合物，是陆地生态系统中生命的基础（UK National Ecosystem Assessment，2011）；土壤养分增加可能会影响土壤碳储量，对土壤化学过程的影响较为复杂（UK National Ecosystem Assessment，2011）。我国是世界上水土流失问题十分严重的国家，《2018 年中国水土保持公报》显示全国共有水土流失面积 273.69 万平方千米。其中，水利侵蚀面积 115.09 万平方千米，风力侵蚀面积 158.60 万平方千米，轻度、中度、强烈、极强烈和剧烈侵蚀面积分别占水土流失总面积的 61.48%、17.17%、7.68%、6.11% 和 7.56%（中华人民共和国水利部，2019）。森林生态系统固土总物质量是 2018 年全国主要河流输沙量（4.96 亿吨）的 17.64 倍（图 3-13）。森林生态系统保肥量是全国 2018 年化肥施用量 5653.40 万吨的 8.18 倍（图 3-14）。可见，森林生态系统保育土壤功能作用显著，对维持全国社会、经济、生态环境的可持续发展具有重要作用。

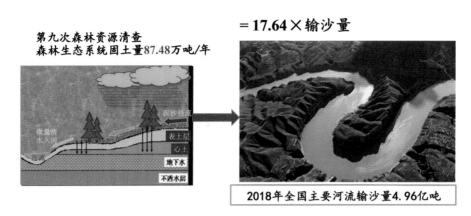

图 3-13　森林生态系统固土量

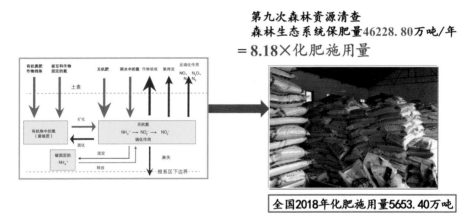

图 3-14　森林生态系统保肥量

（二）林木养分固持

林木在生长过程中不断从周围环境吸收营养物质，固定在植物体中，成为全球生物化学循环不可缺少的环节。地下动植物（包括菌根关系）促进了基本的生物地球化学过程，促进了土壤、植物养分和肥力的更新（UK National Ecosystem Assessment，2011）。森林生态系统林木养分固持总量相当于全国2018年化肥施用总量的41.48%（国家统计局，2019），如图3-15。

（三）涵养水源

水作为一种基础性自然资源，是人类赖以生存的生命之源。而当前，随着人口的增长和对自然资源需求量的增加以及工业化的发展和环境状况的恶化，水资源需求量不断增加的同时，水环境也不断恶化，水资源短缺已成为世人共同关注的全球性问题。林地的水源管理功能需要得到足够的认识，它是人们安全生存以及可持续发展的基础（UK National Ecosystem Assessment，2011）。随着中国社会经济发展，需水量将逐步增加，城市供水的供需矛盾日益突出，必须将水资源的永续利用与保护作为实施可持续发展的战略重点，以促进"生态—经济—社会"的健康运行与协调发展。如何破解这一难题，应对水资源不足与社会、经济可持续发展之间的矛盾，只有从增加贮备和合理用水这两方面着手。建设水利设施拦截水流是增加贮备的工程方法，同时运用生物工程的方法，特别是发挥森林生态系统的涵养水源功能，也应该引起人们的高度关注。从表3-4中所示，森林资源清查期间，我国森林生态系统调节水量为6289.50亿立方米/年，其涵养水源总物质量相当于2018年全国水资源总量27462.50亿立方米/年的22.90%（中华人民共和国水利部，2019），也是三峡水库库容总量393亿立方米的16倍（图3-16）。

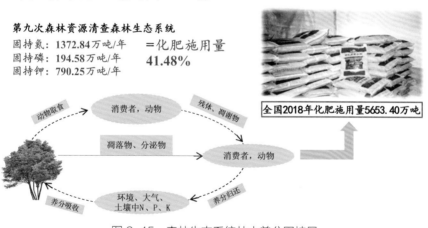

图 3-15　森林生态系统林木养分固持量

图 3-16　森林生态系统涵养水源量

（四）固碳释氧

英国提出并实施了"林地碳准则"，这是一个自愿碳封存项目的试点标准，该准则旨在通过鼓励对林地碳项目采取一致的做法，为以固碳为目的种植树木的企业和个人提供保障（UK National Ecosystem Assessment，2011）。森林是陆地生态系统最大的碳储库，在全球碳循环过程中起着重要作用。就森林对储存碳的贡献而言，森林面积占全球陆地面积的 27.6%，森林植被的碳贮量约占全球植被的 77%，森林土壤的碳贮量约占全球土壤的 39%。森林固碳机制是通过森林自身的光合作用过程吸收二氧化碳，并蓄积在树干、根部及枝叶等部分，从而抑制大气中二氧化碳浓度的上升，有效地起到了绿色减排的作用，提高森林碳汇功能是降低碳总量非常有效的途径。中国作为快速发展中的国家，随着城市化进程加快，近年来经济和工业发展迅速，对能源的需求大幅度增加。本次核算结果显示，我国森林全口径碳汇量达 4.34 亿吨 / 年，折合成二氧化碳量为 15.91 亿吨，根据中国碳排放网报道，我国 2018 年二氧化碳排放量为 100 亿吨，那么同期全国森林吸收了全国二氧化碳排放量的 15.91%，起到了显著的碳中和作用（图 3-17）。

图 3-17　森林生态系统固碳量

（五）净化大气环境

空气负离子是一种重要的无形旅游资源，具有杀菌、降尘、清洁空气的功效，被誉为"空气维生素与生长素"，对人体健康十分有益；还能改善肺器官功能，增加肺部吸氧量，促进人体新陈代谢，激活肌体多种酶和改善睡眠，提高人体免疫力、抗病能力（牛香等，2017）。植物吸收大气污染物是指植物吸收二氧化硫、氮氧化物和氟化物，植物叶片具有吸附、吸收污染物或阻碍污染物扩散的作用。大气中含有大量颗粒物，根据中国环境状况公告，颗粒物已成为中国大中城市的主要污染物。$PM_{2.5}$浓度较高会直接危害人类健康，给社会带来极大的负担和经济损失。森林植被等绿色植物是$PM_{2.5}$等细颗粒物的克星，发挥着巨大的吸尘功能。习近平总书记在党的十九大报告中指出：坚持全民共治、源头防治，持续实施大气污染防治行动，打赢蓝天保卫战。森林在净化大气方面的功能无可替代，森林生态系统年提供负离子220478.81×10^{22}个；年吸收二氧化硫总物质量是全国2018年大气二氧化硫总排放量875.40万吨的4.17倍（国家统计局，2019）（图3-18），即森林年吸收二氧化硫量超过全国排放量的4.17倍。同时，森林生态系统年吸收氮氧化物总物质量仅相当于全国2018年大气氮氧化物排放量1258.83万吨的15.26%（图3-19）。

图3-18 第九次森林生态系统吸收二氧化硫量

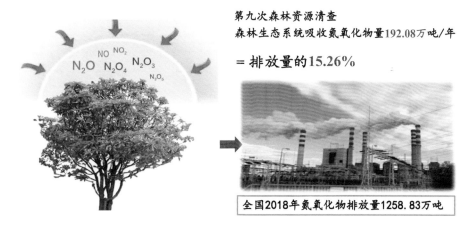

图3-19 森林生态系统吸收氮氧化物量

二、森林生态系统服务功能物质量时空动态分析

SEEA 生态系统实验账户阐述了一种可用于探索和支撑生态系统核算的框架体系，以促进各方生态系统核算试验经验交流。经过多年的研究，实验账户框架得到了大量的例证支持，越来越多的事实证明国家尺度上的生态系统核算是可以实现的。生态系统核算体现了以下主要原则：第一，是生态系统服务的核心原则，即自然资源管理应该体现在生态系统层面，而不是物种层面。第二，是生态经济的核心原则，即生态经济作为生态系统的一个子系统，其经济产出也依赖生态系统的保护。第三，是自然资源核算的核心原则，即在国家经济系统层面，记录经济活动和经济存量评估中相应的存量及其变化。以上原则之间相互联系，通过生态系统服务、生态经济、自然资源核算，可以反映出生态系统意义和各部分之间的相互关联。依据国家标准《森林生态系统服务功能评估规范》（GB/T 38582—2020）、《环境经济核算体系》（SEEA）和千年生态系统评估（MA）对森林生态系统服务功能物质量进行评估。

（一）全国尺度总物质量对比分析

从第五次森林清查与第九次森林清查期间比较，全国森林资源数量和质量在不断地提升，森林生态系统服务功能日趋增强，各项生态系统服务功能物质量增长幅度如图 3-20，25 年来我国森林生态功能增强趋势非常显著。

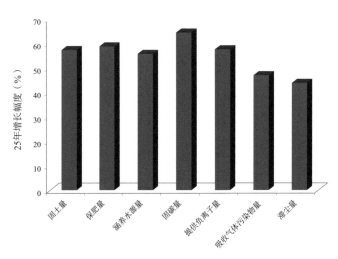

图 3-20　第五次与第九次清查期全国森林生态系统服务功能物质量增长情况

评估结果显示：相比于第五次森林资源清查期间，基于第九次森林资源清查数据的森林生态系统固土量、保肥量、调节水量、固碳量、提供负离子量、吸收气体污染物量、滞尘量显著提升，增长幅度介于 50%~60% 之间，这些变化均得益于促进我国森林资源保护和发展的林业政策以及林业生态工程的顺利实施。以上评估结果表明，25 年来我国森林生态功能增加十分显著，为保障我国生态安全和社会经济的可持续发展起到了非常重要的作用。

新中国成立前，由于多种历史原因和自然灾害的影响，我国森林资源破坏非常严重，其总体呈现总量不足，且质量低下的局面，由此带来了全国生态状况的不断恶化。新中国成立后，党和政府高度重视林业建设，制定了诸多的林业政策，实施了林业生态工程，对于保护和发展森林资源起到了积极的促进作用，森林资源数量和质量不断提升。由此，我国森林资源进入了数量增长、质量提升的稳步发展时期。森林资源的变化，一定会对森林生态功能产生影响。随着我国国民经济的不断发展，保护和发展森林资源也随着国家经济建设的需要发生了改变。在林业可持续发展战略的指导下，我国林业经营的目的已从木材利用为主，转变为木材利用的同时要兼顾生态效益的发挥。我国自第五次清查期之后，逐渐启动了退耕还林、天然林资源保护等林业重大生态工程，森林资源开始稳步提升，进而带来了我国森林生态系统服务功能的增强。

截至 2014 年，长江、黄河流域退耕还林工程森林生态系统所产生的涵养水源、固土、固碳、提供负离子和滞尘等功能物质量分别占第八次森林清查期全国森林生态系统服务功能的 4.46%、4.75%、7.29%、2.82% 和 4.82%。可以看出，长江与黄河中上游退耕还林工程的固碳量占全国森林固碳量的比例显著高于其他几项生态功能，这是因为退耕还林工程造林大部分为人工林，且退耕地由于之前农业输入的养分较多，使得森林蓄积量快速积累。从以上分析数据中可以看出，退耕还林工程对于我国森林生态系统服务功能增强，尤其是关键生态功能区的作用十分明显。

截至 2015 年，天然林资源保护工程，东北、内蒙古重点国有林区森林生态系统涵养水源、固土、固碳、提供负离子和滞尘等功能物质量分别占第九次森林资源清查期全国森林生态系统服务功能的 2.51%、2.72%、3.68%、3.04%、0.24%。从以上数据可以看出，东北、内蒙古重点国有林区的固土、固碳和提供负离子功能较强，固碳功能较强主要是因为工程区内都是天然林，其质量较高，则其固碳功能最强；天然林资源保护工程的实施，增加了地表覆盖度，很大程度地限制了东北漫岗区的水土流失，同时维护了良好的森林结构，因而也发挥出较强提供负离子功能。

（二）省域尺度物质量对比分析

1. 保育土壤功能

为保护土壤免受侵蚀和其他物理变化（硬化、板结等）而采取的活动和措施，包括旨在恢复土壤的保护性植被的方案（SEEA，2012）。基于第九次森林资源清查数据的评估结果显示：云南省、内蒙古自治区和四川省森林生态系统固土物质量最大，占总固土物质量的比重均在10%以上；其次为西藏自治区和黑龙江省、广西壮族自治区和广东省，占总固土物质量的比重介于5%~10%之间；贵州省、吉林省、河南省、陕西省、辽宁省、甘肃省、浙江省、湖南省、山西省、江西省和福建省，森林生态系统固土物质量占比介于2.00%~3.50%；其他省域森林生态系统固土物质量占比均小于1.95%，排后三位的为北京市、天津市和上海市。

基于第九次森林资源清查数据的森林生态系统固土量评估结果较第五次森林资源清查期间的变化情况如图3-21：固土量增幅大于100%的有上海市、

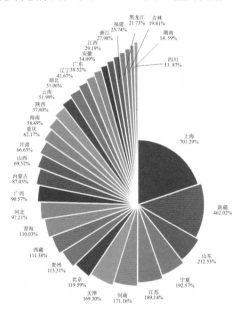

图 3-21 第五次与第九次森林资源清查期间省域尺度固土量变化

新疆维吾尔自治区、山东省、宁夏回族自治区、江苏省、河南省、天津市、北京市、贵州省、西藏自治区和青海省；固土量增幅 50%~100% 的有河北省、广西壮族自治区、内蒙古自治区、山西省、甘肃省、重庆市、海南省、陕西省、云南省和湖北省；辽宁省、广东省、安徽省、江西省、浙江省、福建省、黑龙江省、吉林省、湖南省和四川省固土量增幅介于 13.0%~45.0%。

　　土壤具有支持植物最佳生长所需的数量、形态和提供营养元素的潜力（UK National Ecosystem Assessment，2011）。基于第九次森林资源清查数据的评估结果显示：黑龙江省、内蒙古自治区和四川省森林生态系统保肥物质量最大，占总保肥物质量的比重均在 9% 以上；其次为云南省、西藏自治区、广西壮族自治区和甘肃省，占总保肥物质量的比重均在 4%；吉林省、辽宁省、广东省、浙江省、贵州省、陕西省、福建省、山西省、河南省和重庆市森林生态系统保肥物质量占比介于 2.00%~4.00%；其他省域森林生态系统保肥物质量占比均小于 1.90%，排后三位的是北京市、天津市和上海市。

　　基于第九次森林资源清查数据的森林生态系统保肥量评估结果较第五次森林资源清查期间的变化情况如图 3-22：增幅大于 100% 的有上海市、新疆维吾尔自治区、山东省、河南省、天津市、宁夏回族自治区、江苏省、北京市、广西壮族自治区和青海省；保肥量增幅 50%~100% 的有西藏自治区、河北省、

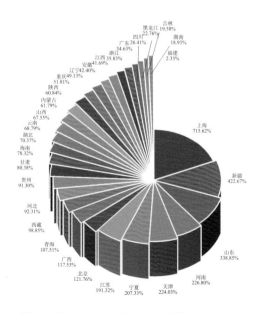

图 3-22　第五次与第九次森林资源清查期间省域尺度保肥量变化

贵州省、甘肃省、海南省、湖北省、云南省、山西省、内蒙古自治区、陕西省和重庆市；辽宁省、安徽省、江西省、浙江省、广东省、四川省、黑龙江省、吉林省、湖南省和福建省保肥量增幅介于 2.00%~49.5%。

2. 林木养分固持功能

基于第九次森林资源清查数据的评估结果显示：内蒙古自治区、黑龙江省的森林生态系统年林木养分固持量最大，占总林木养分固持的比重均在 18.52% 和 11% 以上；江西省、云南省、广西壮族自治区、浙江省、广东省、安徽省和四川省森林生态系统年林木养分固持量占比介于 4.00%~7.50%；新疆维吾尔自治区、河北省、吉林省、江苏省、西藏自治区、河南省、辽宁省、山东省、贵州省、湖北省、福建省、陕西省、湖南省和山西省森林生态系统年林木养分固持量占比介于 1.10%~3.50%；海南省、甘肃省、重庆市、北京市、青海省、上海市、天津市和宁夏回族自治区森林生态系统年林木养分固持量占比均小于 1.00%，其中上海市、天津市和宁夏回族自治区最小。

基于第九次森林资源清查数据的森林生态系统林木养分固持量评估结果较第五次森林资源清查期间的变化情况如图 3-23：增幅大于 100% 的有上海市、河南省、山东省、江苏省、新疆维吾尔自治区、宁夏回族自治区、贵州省、天

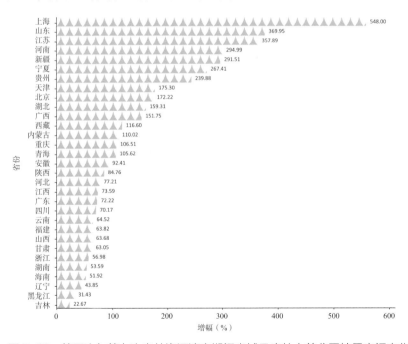

图 3-23　第五次与第九次森林资源清查期间省域尺度林木养分固持量空间变化

津市、北京市、湖北省、广西壮族自治区、西藏自治区、内蒙古自治区、重庆市和青海省；增幅介于50%~100%的有安徽省、陕西省、河北省、江西省、广东省、四川省、云南省、福建省、山西省、甘肃省、浙江省、湖南省和海南省；辽宁省、黑龙江省和吉林省增幅介于20.00%~45.0%。

3.涵养水源功能

森林生境对水质、水量的调节作用很大（UK National Ecosystem Assessment，2011）。基于第九次森林资源清查数据的评估结果显示：四川省和云南省的年调节水量远高于其他省域，占涵养水源总量的比重均在10%以上；广西壮族自治区、江西省、黑龙江省、内蒙古自治区、湖南省、广东省、湖北省、福建省、西藏自治区和河南省森林生态系统年调节水量占比介于3.0%~8.0%；浙江省、陕西省、吉林省、海南省、河北省、甘肃省、贵州省、辽宁省、山东省、新疆维吾尔自治区、安徽省和重庆市森林生态系统年调节水量占比介于1.0%~2.60%；山西省、青海省、江苏省、宁夏回族自治区、北京市、天津市和上海市森林生态系统年调节水量占比均小于1%。

基于第九次森林资源清查数据的森林生态系统涵养水源量评估结果较第五次森林资源清查期间的变化情况如图3-24：增幅大于100%的有上海市、河

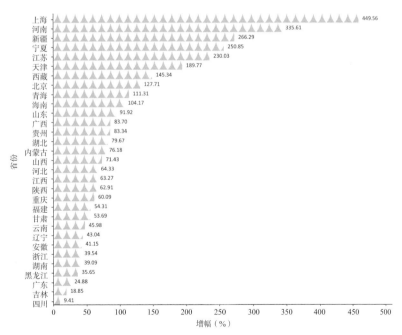

图 3-24　第五次与第九次森林资源清查期间省域尺度涵养水源量空间变化

南省、新疆维吾尔自治区、宁夏回族自治区、江苏省、天津市、西藏自治区、北京市、青海省和海南省；增幅介于 50%~100% 的有山东省、广西壮族自治区、贵州省、湖北省、内蒙古自治区、山西省、河北省、江西省、陕西省、重庆市、福建省和甘肃省；云南省、辽宁省、安徽省、浙江省、湖南省、黑龙江省、广东省、吉林省和四川省增幅介于 9.00%~46.0%。

4. 固碳释氧功能

森林的植被层和土壤层是很重要的碳库，随着林木的生长会变得更加重要。英国科学家研究发现，1990 年北爱尔兰 55% 的植被固碳是由仅占国土面积 5% 的森林生态系统提供的（不列颠是 80%）；相比之下，占国土面积 56% 的改良草地只提供了固碳总量的 17%（UK National Ecosystem Assessment，2011）。基于第九次森林资源清查数据的评估结果显示：森林生态系统固碳量最大的是黑龙江省，占总固碳量的 10.09%；其次是云南省、广西壮族自治区、四川省和内蒙古自治区，固碳总量占比介于 7.50%~10.0%；广东省、西藏自治区、江西省、湖南省、吉林省、辽宁省、贵州省、陕西省、浙江省、河北省、湖北省和福建省森林生态系统年固碳量居中，其固碳占比介于 2.0%~6.0%；新疆维吾尔自治区、甘肃省、重庆市、安徽省、河南省、山西省、山东省、青海省、海南省、北京市、江苏省、宁夏回族自治区、天津市和上海市森林生态系统年固碳量占比均小于 1.95%。

基于第九次森林资源清查数据的森林生态系统固碳量评估结果较第五次森林资源清查期间的变化情况如图 3-25：增幅大于 100% 的有河南省、上海

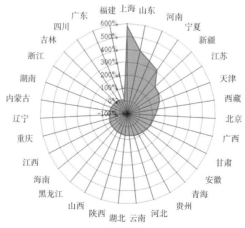

图 3-25　第五次与第九次森林资源清查期间省域尺度固碳量空间变化

市、山东省、宁夏回族自治区、新疆维吾尔自治区、江苏省、天津市、西藏自治区、北京市、广西壮族自治区和甘肃省；增幅介于 50%~100% 的有安徽省、青海省、贵州省、河北省、云南省、湖北省、陕西省、山西省、黑龙江省、海南省和江西省；重庆市、辽宁省、内蒙古自治区、湖南省、浙江省、吉林省、四川省、广东省和福建省增幅介于 12.00%~45.0%。

5. 净化大气环境功能

（1）提供负离子。空气负离子能改善肺器官功能，增加肺部吸氧量，促进人体新陈代谢，激活肌体多种酶和改善睡眠，提高人体免疫力、抗病能力。随着生态旅游的兴起及人们保健意识的增强，空气负离子作为一种重要的旅游资源已越来越受到人们的重视。基于第九次森林资源清查数据的评估结果显示：内蒙古自治区、黑龙江省、云南省、四川省、西藏自治区和广西壮族自治区的森林生态系统年提供负离子量，占总负离子量的比重均在 5% 以上；江西省、湖南省、福建省、广东省、湖北省、吉林省、陕西省、浙江省、贵州省、新疆维吾尔自治区、山东省、河南省和辽宁省森林生态系统年提供负离子量占比介于 2%~5%；安徽省、河北省、甘肃省、海南省、重庆市、山西省、江苏省、青海省、北京市、宁夏回族自治区、天津市和上海市森林生态系统年提供负离子量占比均小于 2.0%。

基于第九次森林资源清查数据的森林生态系统提供负离子量评估结果较第五次森林资源清查期间的变化情况如图 3-26：增幅大于 100% 的有上海市、山东省、江苏省、天津市、宁夏回族自治区、海南省、北京市、河南省、新疆维吾尔自治区、贵州省和西藏自治区；增幅介于 50%~100% 的有湖北省、河北省、青海省、云南省、山西省、广西壮族自治区、内蒙古自治区、重庆市、湖南省、福建省和安徽省；陕西省、辽宁省、甘肃省、江西省、浙江省、广东省、黑龙江省；吉林省和四川省增幅介于 13.00%~49.50%。

（2）吸收气体污染物。基于第九次森林资源清查数据的评估结果显示：吸收气体污染物最高的是内蒙古自治区、四川省和云南省，占总吸收气体污染物总量的比重均在 9%；其次是黑龙江省、广西壮族自治区、西藏自治区、湖南省、江西省、广东省、福建省、浙江省、湖北省、贵州省、陕西省和新疆维吾尔自治区，年森林生态系统吸收气体污染物量占比介于 2%~7%；辽宁省、河南省、甘肃省、吉林省、河北省、安徽省、山西省、青海省、重庆市、山东省、海南省、江苏省、北京市、宁夏回族自治区、天津市和上海市森林生态系统年吸收吸收气体污染物量占比均小于2%。

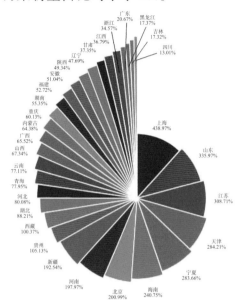

图3-26　第五次与第九次森林资源清查期间省域尺度提供负离子量空间变化

基于第九次森林资源清查数据的森林生态系统吸收污染气体量评估结果较第五次森林资源清查期间的变化情况如图3-27：增幅大于100%的有上海市、新疆维吾尔自治区、江苏省、天津市、宁夏回族自治区、河南省、北京市和山东省；增幅介于50%~100%的有青海省、贵州省、西藏自治区、海南省、河北省、山西省、广西壮族自治区、内蒙古自治区、甘肃省、湖北省、陕西省和重庆市；云南省、安徽省、辽宁省、浙江省、吉林省、黑龙江省、广东省、湖南省、福建省、四川省和江西省增幅介于5.50%~45.00%。

（3）滞尘。基于第九次森林资源清查数据的评估结果显示：内蒙古自治区森林生态系统滞尘量最大，占比为13.61%，这是因为内蒙古自治区地处北方沙化带和京津风沙源区域，每年有大量的沙土被吹起，而后在森林植被的遮挡下沉降，颗粒物的源物质较多；其次是广西壮族自治区、黑龙江省、广东省、四川省、云南省和西藏自治区，占森林生态系统总滞尘量的比重均在5%以上；福建省、湖南省、江西省、吉林省、湖北省、贵州省、浙江省、陕西省、新疆维吾尔自治区、安徽省、重庆市、辽宁省、河南省、河北省、甘肃省和山西省的森林生态系统年滞尘量占比介于1%~4%；山东省、青海省、海南省、江苏省、北京市、宁夏回族自治区、天津市和上海市森林生态系统年滞尘量占比均小于 1.0%。

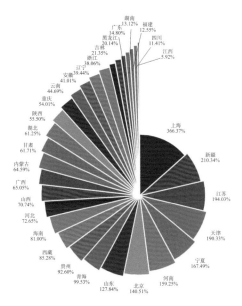

图 3-27　第五次与第九次森林资源清查期间省域尺度吸收气体污染物量空间变化

　　基于第九次森林资源清查数据的森林生态系统滞尘量评估结果较第五次森林资源清查期间的变化情况如图 3-28：增幅大于 100% 的有上海市、宁夏回族自治

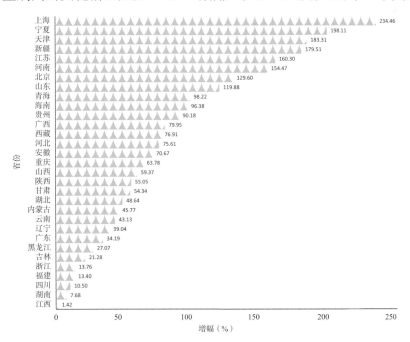

图 3-28　第五次与第九次森林资源清查期间省域尺度滞尘量空间变化

区、天津市、新疆维吾尔自治区、江苏省、河南省、北京市和山东省；增幅介于50%~100%的有青海省、海南省、贵州省、广西壮族自治区、西藏自治区、河北省、安徽省、重庆市、山西省、陕西省和甘肃省；湖北省、内蒙古自治区、云南省、辽宁省、广东省、黑龙江省、吉林省、浙江省、福建省、四川省、湖南省和江西省增幅介于1.0%~49.00%。

第三节　森林生态系统服务价值量核算

生态系统核算的目的是通过对生态系统本身以及它为社会、经济和人类活动所提供服务的调查来评估生态环境，但如何进行生态系统服务的核算，仍然存在很多有待研究的问题。为此，SEEA-2012特别编制了《SEEA试验性生态系统核算》（United Nations，2012），作为附属于正文的补充文献，试图对生态系统及其服务的核算提供初步的方法论支持。此文献可视为衡量经济与环境之间关系统计标准的尝试，核算框架主要包含揭示生态系统及生态系统服务，直观地测量出生态系统内部、不同生态系统之间以及生态系统与环境、经济和社会之间的相互关系。因此，SEEA能够同时将许多难以量化估价的生态系统服务功能纳入核算体系当中，如净化水质、净化大气环境、景观游憩和文化价值等。价值量评估是指从货币价值量的角度对第九次森林生态系统提供的生态系统服务功能价值进行定量评估。SEEA生态系统试验账户针对不同生态系统服务货币价值评估，也提供了一些建议的定价方法，主要包括以下几种：①单位资源租金定价法；②替代成本方法；③生态系统服务付费和交易机制。在森林生态系统服务功能价值量评估中，主要采用等效替代原则，并用替代品的价格进行等效替代核算某项评估指标的价值量（SEEA，2003）。同时，在具体选取替代品的价格时应遵守权重当量平衡原则，考虑计算所得的各评估指标价值量在总价值量中所占的权重，使其保证相对平衡。

等效替代法是当前生态环境效益经济评价中最普遍采用的一种方法，是生态系统功能物质量向价值量转化的过程中，在保证某评估指标生态功能相同的前提下，将实际的、复杂的的生态问题和生态过程转化为等效的、简单的、易于研究的问题和过程来估算生态系统各项功能价值量的研究和处理方法。权重当量平衡原则是指生态系统服务功能价值量评估过程中，当选取某个替代品的价格进行等效替代核算某项评估指标的价值量时，应考虑计算所得的各评估指标价值量在总价值量中所占的权重，使其保持相对平衡。

一、森林生态系统服务功能总价值量

森林生态系统服务功能价值量见表 3-5，森林生态系统服务功能各项价值比例如图 3-29。森林生态系统服务功能总价值量为 15.88 万亿元 / 年，相当于 2018 年我国 GDP 总值 90.03 万元的 17.64%；不同功能类别中占总价值量比例最大的是生物多样性保护（28.07%），其次是涵养水源（22.64%），第三是净化大气环境（14.48%），最低的是林木养分固持（2.34%）和森林防护（1.09%）。

表 3-5　森林生态系统服务功能价值量

万亿元/年、%

功能	支持服务		调节服务				供给服务	文化服务	合计
	保育土壤	林木养分固持	涵养水源	固碳释氧	净化大气环境	森林防护	生物多样性保护	森林康养	
价值量	1.90	0.37	3.59	1.19	2.30	0.17	4.46	1.90	15.88
比例	11.94	2.34	22.64	7.48	14.48	1.09	28.07	11.96	100.00

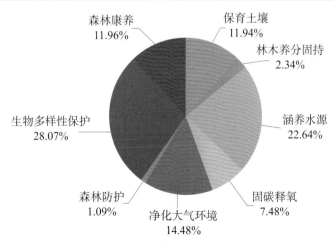

图 3-29　森林生态系统服务功能价值量各功能比例

二、森林生态系统服务功能价值量时空动态分析

随着我国国民经济的不断发展，保护和发展森林资源也随着国家经济建设的需要发生了改变。在林业可持续发展战略的指导下，我国林业经营的目的已从木材利用为主，转变为木材利用的同时要兼顾生态效益的发挥。进入 21 世纪，尤其是党的十八大以后，我国政府提出了构建生态文明制度，其中把自然生态系统的生态效益列入了国民经济核算体系。同时，还要求提高生态产品的产能。森林作为陆地生态系统的主体，其生态系统服务功能的发挥，对于生态文明制度建设至关重要。

（一）全国尺度总价值量对比分析

由于我国森林资源数量和质量在不断提升，由此带来了森林生态系统服务功能的日趋增强（图 3-30）。第七次森林资源清查期间（2004—2008 年），全国森林生态系统服务功能价值量为 10.01 万亿元 / 年，相当于 2008 年全国 GDP（31.68 万亿元）的 31.60%；第八次森林资源清查期间（2009—2013 年）的价值量为 12.68 万亿元 / 年，相当于 2013 年全国 GDP（58.80 万亿元）的 21.56%；第九次森林资源清查期间（2014—2018 年）的价值量为 15.88 万亿元 / 年，相当于 2018 年全国 GDP（90.03 万亿元）的 17.64%。第七次至第九次森林资源清查期间，全国森林生态系统服务功能价值量增长幅度分别为 26.67% 和 25.24%。

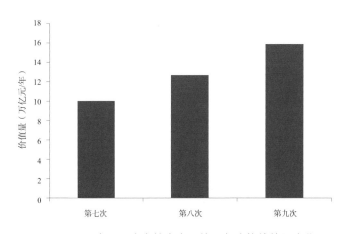

图 3-30　全国尺度森林生态系统服务功能价值量变化

（二）省域尺度总价值量对比分析

历次评估期间，各省份森林生态系统服务功能价值量排序如图 3-31 至图 3-38 所示，第七次森林资源清查期间，位列全国前十位的为四川省、云南省、黑龙江省、广西壮族自治区、内蒙古自治区、广东省、西藏自治区、江西省、湖南省和福建省，其占全国森林生态系统服务功能价值量的比例为 69.28%；第八次森林资源清查期间，位列全国前十位的为云南省、四川省、黑龙江省、广西壮族自治区、内蒙古自治区、广东省、西藏自治区、江西省、湖南省和福建省，其占全国森林生态系统服务功能价值量的比例为 66.36%；第九次森林资源清查期间，位列全国前十位的为云南省、四川省、黑龙江省、内蒙古自治区、广西壮族自治区、广东省、湖南省、西藏自治区、江西省和福建省，其占全国森林生态系统服务功能价值量的比重为 62.39%。

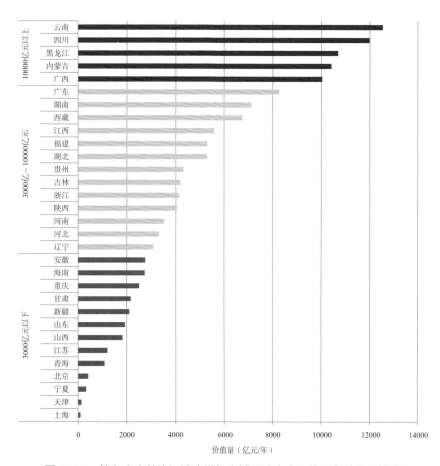

图 3-31　第九次森林资源清查期间省域尺度生态系统服务价值量排序

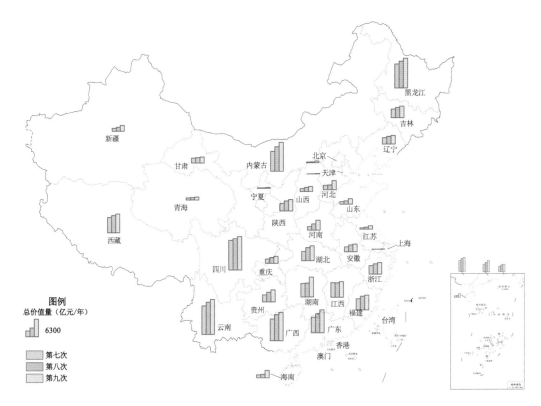

图 3-32　第七、八、九次森林资源清查期间各省份总价值量对比

（三）森林生态系统服务价值量空间分布格局

1. 保育土壤功能

土壤资源是环境中的一个基本组成部分，它们提供支持生物资源生产和循环所需的物质基础，是农业和森林系统的营养素和水的来源，为多种多样的生物提供生境，在碳固存方面发挥着至关重要的作用，对环境变化起到复杂的缓冲作用（SEEA，2012）。基于第九次森林资源清查数据的省域尺度森林生态系统保育土壤价值量如图 3-33，森林生态系统的保育土壤功能极大地保障了生态安全以及延长了水库的使用寿命，为区域社会经济发展提供了重要保障。黑龙江省、云南省、西藏自治区、内蒙古自治区和四川省等 5 个省域的森林生态系统保育土壤价值量最大，占总保育土壤价值量的比重均在 8% 以上，合计占森林生态系统保育土壤总价值量的 48.70%；其余省域尺度森林生态系统保育土壤价值量占比均小于 5.50%，排最后三位的是北京市、上海市和天津市，合计占森林生态系统保育土壤总价值量的比重为 0.25%。

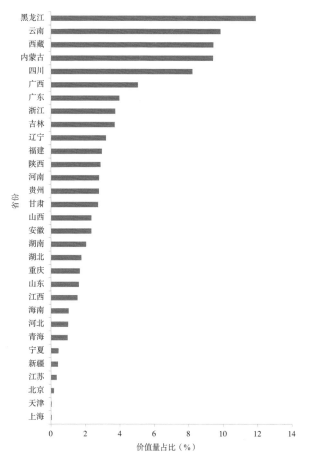

图 3-33　森林生态系统保育土壤功能价值量省域尺度占比

2. 林木养分固持功能

基于第九次森林资源清查数据的省域尺度森林生态系统林木养分固持价值量占比分布如图 3-34，内蒙古自治区和黑龙江省的林木养分固持价值最大，合计占总林木养分固持价值量的比重为 29.08%；其次是江西省、云南省、广西壮族自治区、浙江省和四川省，占总林木养分固持价值量的比重介于 4%~7%；安徽省、广东省、西藏自治区、吉林省、河南省、河北省、辽宁省、山东省、陕西省、新疆维吾尔自治区和江苏省的林木养分固持价值占比介于 2.0%~4.0%；福建省、湖北省等其余省域林木养分固持价值量占比均小于 1.90%，最小的三个省级区域是上海市、天津市和宁夏回族自治区，其总林木养分固持价值量的比重均在 0.3% 以下。

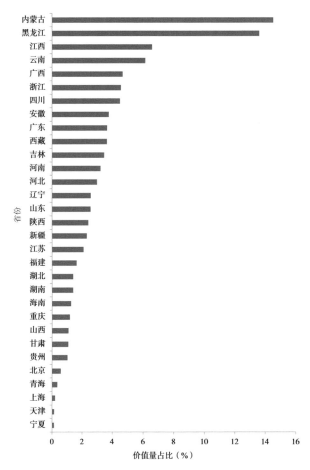

图 3-34 森林生态系统林木养分固持功能价值量省域尺度空间分布

3. 涵养水源功能

水资源供给结构性矛盾突出，部分地区水资源过度开发，经济社会用水大量挤占河湖生态水量，水生态空间被侵占，流域区域生态保护和修复用水保障、水质改善等面临严峻挑战（自然资源部，2020）。如果在一个农场的划定区域内种植了树木，用于维护和恢复环境功能，农场的水蚀将大大降低，而其水质将会得到提升（SEEA，2012），这说明森林生态系统涵养水源功能对于国家水源安全非常重要，生态系统就像一个"绿色、安全、永久"的水利设施，只要不遭到破坏，其涵养水源功能是持续增长，同时还能带来其他方面的生态功能，例如防止水土流失、吸收二氧化碳、生物多样性保护等。基于第九次森林资源清查数据的省域尺度森林生态系统"绿色水库"空间分布如

图 3-35，四川省、云南省和广西壮族自治区的森林生态系统"绿色水库"最大，合计占总"绿色水库"的比重为 29.04%；其次是湖南省、黑龙江省、江西省、广东省、内蒙古自治区和福建省，森林生态系统"绿色水库"占比介于5.0%~8.0%；湖北省、河南省、西藏自治区、河北省、陕西省、浙江省、海南省、吉林省、山东省、辽宁省和山西省的森林生态系统"绿色水库"占比介于2.0%~4.90%；其余省域森林生态系统"绿色水库"价值量占比均小于 1.80%。

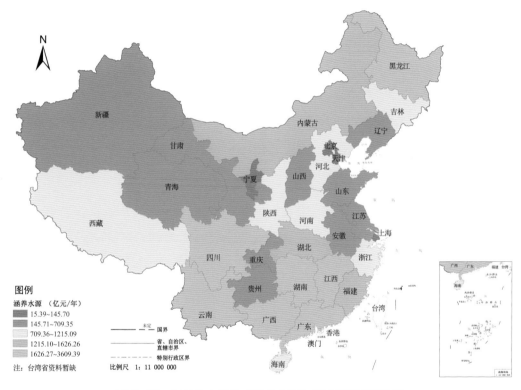

图 3-35　森林生态系统"绿色水库"省域尺度空间分布

4. 固碳释氧功能

森林和林地是很重要的碳库，随着林木的生长会变得更加重要（UK National Ecosystem Assessment，2011）。近年来，随着我国社会经济的长足发展和城市化进程的加快，污染和能耗也随之增加，二氧化碳的过度排放加速"温室效应"的形成。森林生态系统还发挥着巨大的生态效益，尤其在碳汇方面作用巨大。基于第九次森林资源清查数据的省域尺度森林生态系统"绿色碳库"空间分布如图 3-36，黑龙江省、云南省和四川省森林生态系统"绿色碳库"最大，合计占总"绿色碳库"的比重为 35.60%；其次是内蒙古自治区、广西壮族自治区、湖南省、西藏自治区、广东省和江西省，其森林生态系统"绿色碳库"占比介于 5.0%~8.50%；吉林省、陕西省、辽宁省、贵州省、河北省、浙江省、湖北省和福建省"绿色碳库"占比介于 2.0%~4.50%。最小省级区域是宁夏回族自治区、天津市和上海市，其占总"绿色碳库"的比重均在 3% 以下。

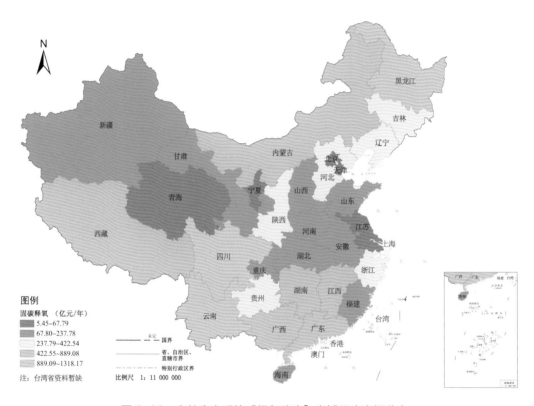

图 3-36　森林生态系统"绿色碳库"省域尺度空间分布

5. 净化大气环境功能

树木每年吸收的净污染可以使死于空气污染的人数减少 5~7 人，使因空气污染而住院的人数减少 4~6 人。根据生命和住院费用的贴现值计算，英国每年可从中获益 90 万英镑（约合 777 万元人民币）（Powe and Willis，2004）。这一效益与其他一些非市场效益相比金额不是很大，但是在城市地区，小林地的相对效益会比较高（UK National Ecosystem Assessment，2011）。大量研究证明，植物能净化空气中的颗粒物，特别是在吸收大气污染物、提高空气环境质量上具有显著的效果（Tallis M et al.，2011）。植物叶片因其表面性能（如茸毛和蜡质表皮等）可以吸附和固定大气颗粒污染物，使其脱离大气环境而成为净化城市的重要过滤体。植物可作为大气污染物的吸收器，降低大气粉尘浓度，是一种从大气环境去除颗粒物的有效途径。叶表面吸附的颗粒物在降雨的淋洗作用下，使得植物又重新恢复滞尘能力。森林植被对大气污染物（二氧化硫、氟化物、氮氧化物、粉尘、重金属）具有很好的阻滞、过滤、吸附和分解作用；同时，植被叶表面粗糙不平，通过绒毛、油脂或其他黏性物质可以吸附部分沉降物，最终完成净化大气环境的过程，从而改善人们的生活环境，保证社会经济的健康发展。基于第九次森林资源清查数据的省域尺度森林生态系统"净化大气环境氧吧库"空间分布如图 3-37，广西壮族自治区、内蒙古自治区和广东省森林生态系统"净化大气环境氧吧库"最大，合计占总"净化大气环境氧吧库"的比重为 31.19%；其次是黑龙江省、四川省、云南省、西藏自治区和河北省，占总"净化大气环境氧吧库"的比重介于 5%~7%；浙江省、湖南省、福建省、吉林省、江西省、湖北省、贵州省和海南省"净化大气环境氧吧库"占比介于

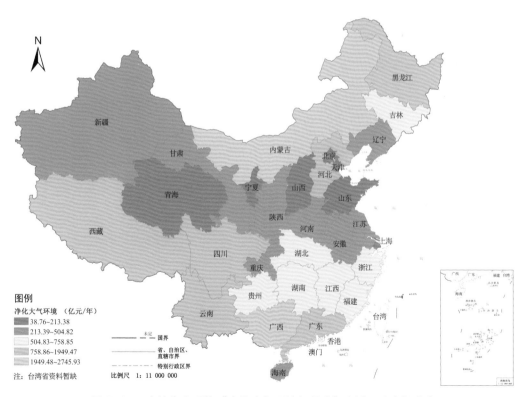

图 3-37　森林生态系统"净化大气环境氧吧库"省域尺度空间分布

2%~4%；北京市、天津市、上海市和宁夏回族自治区等 4 个省级区域森林生态系统"净化大气环境氧吧库"占比均小于 0.3%。

6. 森林防护功能

基于第九次森林资源清查数据的省域尺度森林生态系统森林防护价值量空间分布，森林防护价值量最大的是内蒙古自治区和新疆维吾尔自治区，合计占总森林防护价值量的比重为 76.64%；其次是甘肃省、青海省和陕西省，其价值量占比介于 4%~6%；吉林省、山西省、宁夏回族自治区和河北省森林生态系统森林防护价值量占比介于 1%~2%；其余省域森林生态系统市森林防护价值量占比均小于 0.99%。

7. 生物多样性保护功能

生物多样性除了作为关键的支持服务之外，也可以被视为一种供应服务，因为资源投入到森林管理中以产生特定类型的多样性和物种组合。这些组合本身可以作为具有价值的商品和服务。提供生物多样性的成本和这项规定给人民

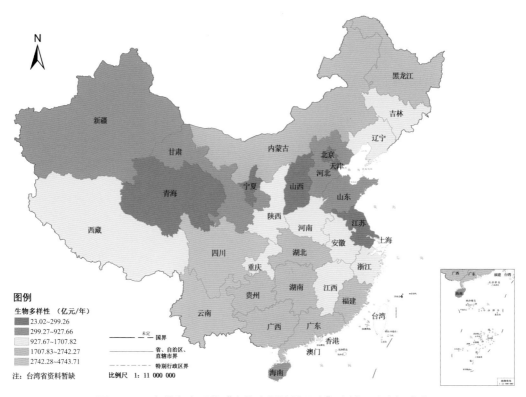

图 3-38　森林生态系统"生物多样性基因库"省域尺度空间分布

带来的利益都可以货币化（UK National Ecosystem Assessment，2011）。森林生物多样性是生态环境的重要组成部分，是人类共同的财富，在人类生存、经济社会可持续发展和维持陆地生态平衡中占有重要的地位。20 世纪 90 年代，森林对野生生物保护和生物多样性的价值得到越来越多的认可，森林为许多物种提供赖以生存的栖息地，如猛禽、鸣禽、植物和真菌和无脊椎动物等（UK National Ecosystem Assessment，2011）。人口增长和人类活动使森林生物多样性遭到破坏，严重影响了其整体功能的发挥。基于第九次森林资源清查数据的省域尺度森林生态系统"生物多样性基因库"空间分布如图 3-38，最大的是云南省和四川省，合计占总"生物多样性基因库"的比重为 21.87%；其次为湖南省、广西壮族自治区、广东省、黑龙江省、湖北省、贵州省、福建省、内蒙古自治区的森林生态系统"生物多样性基因库"占比介于 5.15%~7.0%；西藏自治区等其余省级区域森林生态系统"生物多样性基因库"占比均小于 4.50%；排后三位的是宁夏回族自治区、上海市和天津市，其"生物多样性基因库"占比均在 2% 以下。

第四节　主要结论

森林生态系统服务核算结果，全面科学地量化了森林资源和生态系统服务的经济价值。根据此次森林生态系统服务核算，全国森林生态系统服务总价值量为 15.88 万亿元 / 年，其中以生物多样性保护功能价值量最大，其总价值量的比例达 28.07%；涵养水源功能价值量次之，占 22.64%。从第五次至第九次全国森林资源清查，我国森林资源质量不断提高、森林生态系统服务持续增长。这些既得益于近年来国家实施的一系列林业发展战略措施和惠林政策，特别是实施天然林资源保护、退耕还林等林业重点工程建设，也得益于集体林权制度改革等一系列重大改革实践。

（1）森林生态系统服务功能评估方法学体系愈发完善。在本期核算过程作用，森林生态系统服务功能评估方法学体系进一步完善：第一，升级了 4 项国家标准，提升了各森林生态站及辅助监测点森林生态连清数据的准确性和可比性；第二，在评估指标和评估方法方面，借鉴国外典型评估案例和项目组近年来的研究成果，评估指标体系细分了服务类别和功能类别，评估方法在生物多样性保护功能、滞尘功能的评估方法上进行了修正和完善，首次在全国尺度上对森林植被滞纳 TSP（总悬浮颗粒物）、PM_{10}、$PM_{2.5}$ 指标进行单独评估；第三，在社会公共数据方面，将"环境保护税税目税额表"纳入了社会公共数据集中，并应用在对森林净化水质、森林吸收气体污染物和滞尘功能的价值量评估。

（2）森林生态系统服务物质量供给能力明显提升。我国自第五次清查之后，逐渐启动了退耕还林、天然林资源保护等林业重大生态工程，森林资源开始稳步提升，进而带来了我国森林生态系统服务功能的增强。相比于第五次森林资源清查，基于第九次森林资源清查数据的森林生态系统固土量、保肥量、调节水量、固碳量、提供负离子量、吸收气体污染物量、滞尘量显著提升，增长幅度介于 50%~60%，这些变化均得益于促进我国森林资源保护和发展的林业政策以及林业生态工程的顺利实施。以上评估结果表明，25 年来我国森林生态功能增加十分显著，为保障我国生态安全和社会经济的可持续发展起到了非常重要的作用。

（3）森林生态系统服务价值量增长显著。在以生态建设为主导的林业发展战略主导下，林业重点生态工程深入推进，天然林资源得到休养生息，人工造林面积不断增加，以促进生态服务为主的防护林、特用林等生态资产稳步增长，价值迅速增加。全国森林生态系统每年提供的生态服务价值达 15.88 万亿元，相当于 2018 年我国 GDP 总值 90.31 万亿元的 17.58%；是当年全国林业产业总产值（7.33 万亿元）的 2.17 倍。5 年来，全国森林生态服务总价值量增加了 3.20 万亿元，增长了 25.19%。这表明，随着我国生态建设与环境保护力度不断增加，森林资源总量不断增加，质量不断提升，森林生态服务进一步增强，在改善生态环境、防灾减灾、提升人民居住生活质量方面产生了显著的作用。

（4）中国森林全口径碳汇精准量化绿色碳中和贡献。在中国森林资源核算项目一期、二期、三期研究过程中，创新性地提出了中国森林全口径碳汇的全新理念，即中国森林全口径碳汇 = 森林资源碳汇 + 疏林地碳汇 + 未成林造林地碳汇 + 非特灌林灌木林碳汇 + 苗圃地碳汇 + 荒山灌丛碳汇 + 城区和乡村绿化散生林木碳汇。本次核算结果显示，我国森林全口径碳汇量达 4.34 亿吨 /

年，折合成二氧化碳量为 15.91 亿吨，根据中国碳排放网报道，我国 2018 年二氧化碳排放量为 100 亿吨，那么同期全国森林吸收了全国二氧化碳排放量的 15.91%，起到了显著的碳中和作用。

（5）生态产品空间分布格局呈现明显分化。第九次森林资源清查期间，省域尺度森林生态系统服务功能价值量位列全国前十位的为云南省、四川省、黑龙江省、内蒙古自治区、广西壮族自治区、广东省、湖南省、西藏自治区、江西省和福建省，其占全国森林生态系统服务功能价值量的比重为 62.39%；其中，云南、四川、黑龙江、内蒙古、广西等 5 省（自治区）的森林生态系统服务功能价值量更是超过了 10000 亿元 / 年，我国中部大部分省级区域森林生态系统服务功能价值量明显的低于我国东北地区和西南地区。

『两山』理念背景下的
中国森林资源价值核算研究

第四章
中国森林文化价值评估研究

　　我国幅员辽阔、民族众多，自然地理地貌、生态环境和气候条件复杂多样，江河湖海、山脉丘陵、农田草原、湿地滩涂、荒漠戈壁纵横交织，发育了类型结构丰富、生物物种多样性突出，具有生态、经济、社会、文化等多种功能效益的森林生态系统。作为陆地生态系统的主体，森林生态系统是木本植物丛生并占优势的生物群落，包括树木、竹藤与其他植物、动物、微生物；在空间上分为乔木层、灌木层、草本层和地被物层；是与天地气象、地理环境、自然万物相互依存、相互作用、相互影响，并产生能量转换和物质循环的统一体系，是生物多样性最丰富的基因库和最庞大的可再生自然资源库。而古往今来，中华民族与森林生态系统相互依存、交往互动的共生关系从未间断，孕育出历史悠久、底蕴深厚、特色独具、内容丰富、充满生态哲学智慧和审美意境的森林文化，对于推进中华文明发展的价值重大、影响深远。

　　党的十八大以来，自然资源资产产权制度改革坚实前行，习近平总书记关于"要树立自然价值和自然资本的理念，自然生态是有价值的，保护自然就是增值自然价值和自然资本的过程""绿水青山就是金山银山"等一系列绿色发展理念，丰富和发展了马克思主义的自然辩证法，极大地促进了民众生态价值观的普遍认同，推进了森林多种功能效益价值评估的研究进程；党的十九大以来，进一步明确了"研究建立自然资源资产核算评价制度，开展实物量统计，探索价值量核算，编制自然资源资产负债表"的要求，而森林的文化效益已经成为森林城市和森林乡村建设、森林旅游发展和乡村振兴的重要经济增长点，更加坚定了"中国森林文化价值评估研究"的方向。而作为森林资源价值构成的重要组成部分，森林的文化价值评估理论和方法研究与实践正当其中。

第一节　森林文化价值评估方法

　　森林文化是反映人类与森林生态系统之间相互依存、相互作用、相生共融（荣）的自然人文关系的文化形态和文化现象，是人类在与森林的交往中领悟的依存于自然的和谐之道，是人与自然共同创造并与时俱进、创新发展的物质文化和精神文化的总和。

森林的文化价值评估是对森林文化服务于人类生产生活、经济增长、社会发展和文明建设等方面的物质和精神成果进行价值评估，包括对森林文化服务功能和满足人类需求能力的定性评估。

一、森林文化相关概念

从森林生态学和人文科学相结合的角度，研究森林文化的形成与发展对于人类生态文明进步的价值，探索森林生态系统的文化价值评估，首先是具有内在关联性的森林文化关系的界定。即：一是自然生态系统的内在关系；二是人类与森林生态系统生命共同体的共生关系；三是森林文化与人类文明起源的关系；四是森林文化价值及其评估概念的界定。

（一）自然生态系统的内在关系

1. 立体的、多样的、复合型、活态的自然生命共同体

森林生态系统是各种生物及其生存环境所构成的自然生命共同体，是生态系统在空间结构、功能机制和时间动态的历史维度上，不同生物之间相互依赖、彼此制约，并与其周围的生态环境相互影响，形成立体的、多级的、活态的共生系统。

2. 所有的生物物种都是生态系统的组成部分

物种多样性是构成森林生态系统多样性的基础，而遗传基因多样性是生物多样性的内在形式。基因多样性、物种多样性、生态系统类型多样性，多种类别、多种形态、多种形式的生产者、消费者、分解者结成的生物链（食物链），在看似循环往复的运动中，发生着量变到质变的转化演进，创造出生态系统的大千世界，开启了人类物种"天地与我并生，而万物与我为一"的生态达观；"刚柔交错，天文也；文明以止，人文也。观乎天文，以察时变；观乎人文，以化成天下"，人类生态文化的孕育和生态文明的起源于此。

（二）人类与森林生态系统生命共同体的共生关系

森林是以乔木为主体的生物群落，是大面积集中、高覆盖率的乔木与其他植物、动物、微生物和土壤之间，相互依存、相互制约，并与环境产生互为影

响的；物种丰富、结构复杂，具有生态、经济、社会、文化等多种功能效益的生态系统。人类作为自然界中的生物物种之一，与森林生态系统是一种共生互动的关系。森林生态系统的运动与演变过程伴随着人类生存与发展，对于区域生态环境的变化、人类经济社会的发展和文明进步，产生着不同程度的影响。

（三）森林文化与人类文明起源的关系

文化的本质是人与自然、人与社会、人与人相互作用而产生的物质形态与精神内核。森林文化是人类文明的重要起源，是人类文化的重要组成部分和生态文化的重要内容，是人类与森林生态系统之间建立的相互依存、相互作用、相生共融（荣）的自然人文关系，以及由此而创造的物质文化和精神文化的总和。

从自然界的角度讲，人类是生物群体；从社会学的角度讲，人类是社会文化主体。人类作为自然界物种之一的生物群体，其天然属性归于自然生态系统。森林生态效益服务于自然界的芸芸众生，人类与自然的关系，体现在人类与森林生态系统物我共生、相互依存的生命过程。人类作为森林的文化主体，其社会属性则归于自然基础上的人类社会系统。森林生态价值服务的对象主要是包括人类在内的自然生态系统；而森林的文化价值服务的主体是人类社会系统；而人类的森林文化价值理念及其行为规范，会对自然生态系统产生直接影响。森林文化的保护传承与创新发展，是一个伴随森林生态系统演替和人类经济社会变革，以及人与森林和谐意识不断觉醒并得到普遍认同，逐步建立起文化自信和文化自觉的人类文明进步的历史过程。

（四）森林的文化价值及其评估概念界定

森林的文化价值，是人类从森林文化中获取和享受的多种效益，是自然给予人类福利的重要部分。森林的文化价值包括生产和消费两部分，是一个区域内森林的文化体系为人类提供最终产品和需求服务价值的总和。

国家标准《森林生态系统服务功能评估规范》（GB/T 38582—2020）术语和定义中对文化服务的定义："人类从森林生态系统获得的精神与宗教、消遣与生态旅游、美学、灵感、教育、故土情结和文化遗产等方面的非物质惠益"。

人类作为森林的文化主体，其社会属性则归于自然基础上的人类社会系统。森林生态效益服务的对象主要是包括人类在内的自然生态系统；而森林的文化价值服务的主体是人类社会系统。森林的文化价值是人类与森林生态系统直接或间接地交往互动中，所发育形成并不断发展创新的文化形态、文化现象及其对于人类身心修养、审美体验、思想意识、行为取向、制度规范和社会文明建设等的价值。

森林的文化价值评估是对森林文化作用于、服务于人类生产生活、经济增长、社会发展和文明建设等方面，所创造出来的物质成果和精神成果进行价值评估。即森林文化满足人类需求，对人类的地理历史、游憩康养、科研教育、民族习俗、精神信仰、审美感知及其艺术创造等方面所产生的影响和作用，给予人类文明物质文化和精神文化滋养、培育和支撑的服务功能和效益的价值。

研究确定的森林的文化价值评估指标体系和评估方法，并运用其将潜在于具体对象或载体中的森林的文化价值分解、剥离出来，给予物理量和价值量的表达。

二、评估原则和方法选择

森林的文化价值评估采用实地调查、问卷调研、统计计算与模型模拟相结合的方法。首先，根据研究组多年研究成果，创建森林文化价值评估指标体系，运用综合指标系数与"共生时间"链接法，结合当地官方权威数据、卫星遥感解译数据、实地调研和问卷调查数据，开展各种类型的文化价值的货币化表达评估与核算；其次，在核算评估基础上，综合运用地理空间信息技术和空间计量模型，模拟分析不同类型文化价值空间分布、各类价值之间及其与社会—生态环境因子之间的作用关系。

（一）基本原则

人与自然的关系是生存的维系和生命的感知。其中，人类与森林共生的历史长河是无穷尽的。森林的文化价值与森林的生态系统服务价值和经济价值既相互关联又相对独立，基于历史与现实的复杂性、多面性和丰富性，以及人类认识的局限性，不可能做到精准和完整核算。

因此，研究采取就低取值，以"定义有据、定性认同、定量可估、具象可考、逻辑自洽，定性与定量相结合、多目标贴合实际"，作为森林的文化价值评估的基本原则。以直接价值评估为主，并对潜在价值和发展价值评估推算，以多种形式和图形展示评估结果。

（二）方法选择

1. 科学剥离法

科学定义森林的文化价值的内涵和边界，以此为标尺，剥离分解、分类分级，筛选出属于或关联森林的文化价值的类别、指标及其因子，构建森林的文化价值评估的指标体系，核定综合指标系数。比较研究国外有关森林生态系统文化服务功能的文献，借鉴世界级和国家级自然文化遗产、国家公园、森林和野生动物类型的自然保护区、森林公园、风景名胜区、森林城市、生态园林城市、中国传统村落、中国历史文化名镇名村、中国生态文化村等，国家政府主管部门建立的综合评估指标体系，多目标贴合森林的文化价值的实际，使其价值构成相对科学。

2. 条件价值评估法

基于森林的文化价值类型本身存在一定的模糊性，可称为无量纲化法。主要采用主观意愿调查和动机研究等方式，借助抽样、问卷、案例调查等形式，随机询问受访者对森林的文化价值的认知、认同，及其对享用森林文化无形效益的价值评价和支付意愿；将问卷的类别和结果一一对应到森林文化价值指标体系的类别、指标和指标因子之中，增强综合指标系数与实际的吻合性。通过主要成分和效益分析法，对抽样调查结果进行统计归纳和量化处理，确定森林文化无形效益的基本类型和评估指标权重，使基于评估结果的政策建议更具针对性和实效性。

3. 典型实证案例解析法

一是根据我国森林分布和森林文化分区，确定典型案例的地点类型和内容；二是专业团队实证调研、解析典型案例，定性与定量相结合、论证、筛选森林的文化价值评估的分项指标及其包含的具体因子，界定各项指标在价值评估中的权重；三是综合典型案例实证研究成果，修正完善、统筹调整森林的文化价值评估边界、评估指标及其评估因子，最终确立具有普遍指导性和适用性的森林的文化价值评估三级指标体系。

4."共生时间"价值评估法

森林的文化价值与人在森林中停留、互动共生的时间成正比,其价值高低,与自然力的作用、森林资源要素和环境结构密切相关,而人与森林的共生时间是相对的、变化的,而非停滞的,不同区域森林的文化价值存在梯度差异。以"人与森林共生时间"作为森林的文化价值评估量化转换的主导元素,并以此为核心,链接其评估指标体系综合指标系数,创建森林文化物理量和价值量的评估方法。

三、评估指标体系

森林的文化价值观与生态文明的价值取向相统一,体现为人与自然和谐共生共荣的绿色生产、绿色消费、绿色生活的文化形态。森林生态系统融森林本体资源、景观资源和森林地理气候环境资源为一体,通览天下名山大川、自然保护地、宗教圣地、民族地区风土习俗、传统中医药学、文学艺术、文化产业等,无不彰显人类与森林相生共融的历史文化底蕴。而当今世界,伴随人类回归自然的欲望和在森林生境中寻求精神慰藉、身心康养、休闲游憩、审美意境等需求逐步加大,生态伦理道德品位和文明境界日益提升,森林文化繁荣和价值多元化创新发展日趋显现。为此,森林的文化价值评估指标体系的创建,必须依据历史、现实与未来发展趋势的坐标,定性与定量相结合、多目标贴合实际。

(一)森林的文化价值评估指标体系构成

研究归纳设定了8项价值评估类别,为一级指标;22项评估指标,为二级指标;53项评估指标因子,具体评估指标的内容见表4-1。其中,融合了森林资源本体文化价值评估:历史的悠久度、级别的珍贵度、影响的广泛度、文化的富集度、文化的贡献度(关联度、利用度、依存度)等五大要素。

表4-1　森林的文化价值评估指标体系

序号	一级评估类别	二级评估指标	三级评估指标因子
1	审美艺术价值	景观审美价值	森林的景观结构

（续）

序号	一级评估类别	二级评估指标	三级评估指标因子
1	审美艺术价值	景观审美价值	森林的整体品相
			景观规模与丰度
			森林的景观美感
		文艺创作价值 （精神层面）	艺术灵感创意
			森林音乐创意
			森林文学艺术作品
		文化产品价值 （物质层面）	森林文化产业、产品及其衍生品
			森林工艺、森林美术
			森林演艺作品等
2	身心康养价值	疗养价值	森林中医药学和森林康复养生
			森林康养的多种形式及方法
		保健价值	森林健身保健
			森林体育活动
		宜居价值	城市林木覆盖率和植被质量
			城市森林环境中常住人口
3	休闲体验价值	休闲价值	本地人本年度森林休闲度假人次
			森林文化修身的多种形式及方法
		体验价值	外地人本年度森林体验年人次
			森林文化体验人数、天数、人均消费额、带动效应
		娱乐价值	文艺展演价值（森林音乐会、展览、电影放映、戏剧活动场次）
4	科研教育价值	科学研究价值	森林科研教学基地数量及规模（生态定位观测站、试验站、示范基地/园区等）
			森林科研项目数量和投入资金量（国家自然科学基金、社会科学基金）
			科研成果量（发表的论文、专著、专利数量等）
		科普和教育价值	森林文化教育知识体系学科发展建设，学校师生森林教育教学和实习人次
			科普教育标识系统、展演、展示、体验等和参与人数
			幼儿园、学校、机关和企事业单位、社区等森林活动参与体验人次
			森林文化博物、展览馆等数量及规模
5	文明演进价值	文化文明价值	森林对汉字起源、应用和文化传承发展作用
			森林对人类衣食住行的演进作用
			森林符号和文化象征

（续）

序号	一级评估类别	二级评估指标	三级评估指标因子
5	文明演进价值	历史遗存价值	历代遗留下来的具有森林文化历史、艺术、科学价值的遗迹、遗址和物品数量
			古树名木的文化和自然遗产价值
		地理标识价值	具有地域代表性的森林群落及其产品
			具有地域代表性的动植物及珍稀物种、国花国树
			名胜古迹的森林树木地理标识数量、森林群落国内国际知名度和美誉度等
		地方情感价值	乡愁记忆
			场所依恋
6	传统习俗价值	节庆载体价值	植树节、森林日、爱鸟周、森林庙会等
			各类森林文化旅游节、博览会等的丰富度及参与人次
		民族习俗价值	民族森林文化多样性、森林文化传统习俗和民间技艺的数量
			种植和祭祀纪念树（如苗寨生命树、婚庆植树、墓地植树、树木祭祀等）
7	伦理道德价值	森林信仰价值（精神层面）	到森林寺庙朝圣的信徒人次
			专属"寺庙林"（如孔庙的孔林）数量
			寺庙周边古树名木数量及森林覆盖率
			图腾崇拜价值（神山、神树、社木，风水林等）
			宗教习俗、宗教传说、精神寄托、精神抚慰等
		森林哲学价值（精神层面）	人与森林相互依存、和谐共生的思想意识、行为导向，及其对文明发展建设的作用
		社会和谐价值	人与自然、人与社会、人与人和谐价值
8	制度规范价值	法律法规价值	森林（野生动植物）法律法规
			森林政策
		乡规民约价值	森林契约
			乡规民约

（二）指标体系权重评估定性法

指标体系权重评估定性法，应用于既定区域森林的文化质量定性的分级评估。一是在定性森林具有文化价值的基础上，界定其价值评估的外延和内在关联性，分 3 个层次逐级具象森林的文化价值评估类别、指标及其指标因子。二是综合提炼典型案例研究成果，应用权重评估法对森林的文化价值评估三级指标体系进行修正和调整。三是通过层次分析、专家判断打分、多目标决策中的权重评估，针对被评估对象评估指标所具象的指标因子重要程度，核定该指标在指标体系中的权重系数，确定了一级评估类别和二级评估指标的各项权重（表4-2）。适用于森林的文化价值定性评估等级划分。

表 4-2　森林的文化价值评估指标权重

序号	一级评估类别	权重	二级评估指标	权重	评估分值
1	审美艺术价值	0.2168	景观审美价值	0.6749	
			文艺创作价值（精神层面）	0.1816	
			文化产品价值（物质层面）	0.1435	
2	身心康养价值	0.1117	疗养价值	0.3026	
			保健价值	0.3559	
			宜居价值	0.3415	
3	休闲体验价值	0.2720	休闲价值	0.4018	
			体验价值	0.4897	
			娱乐价值	0.1085	
4	科研教育价值	0.0788	科学研究价值	0.3587	
			科普教育价值	0.6413	
5	文明演进价值	0.1441	文化文明价值	0.1895	
			历史遗存价值	0.4681	
			地理标识价值	0.1973	
			地方情感价值	0.1451	
6	传统习俗价值	0.0947	节庆载体价值	0.4268	
			民族习俗价值	0.5732	
7	伦理道德价值	0.0641	森林信仰价值（精神层面）	0.3761	
			森林哲学价值（精神层面）	0.3371	
			社会和谐价值	0.2868	
8	制度规范价值	0.0178	法律法规价值	0.5367	
			乡规民约价值	0.4633	

注：表中的权重来自专家打分法和层次分析法。

（三）综合指标系数链接法

一是在确定森林的文化价值指标权重系数的基础上，利用数学方法对其多项指标权重系数进行综合提炼，根据各项指标权重总得分，确定森林的文化价值的综合指标系数为 α "取值为 0~2" 的标准化系数。即：森林的文化价值的综合指标系数取值 "0~2" 之间，其平均值为 1。

二是将森林的文化价值的综合指标系数作为重要因子，纳入森林的文化价值评估物理量和价值量的评估公式之中，使定性与定量相结合，实现价值评估与价值货币化转换有机链接。

三是指标体系权重评估定性法，应用于既定区域森林的文化质量定性的分级评估；"人与森林共生时间"的核心理论和森林的文化价值评估公式，用于森林的文化价值量评估。如此，将评估分为森林的文化价值定性评估和货币价值转换两个部分：一部分以森林的文化价值指标权重系数和综合指标系数形式呈现；另一部分以森林的文化物理量和价值量核算的形式表达；将森林的文化价值指标体系的综合指标系数纳入价值量核算公式之中，形成定性评估与定量核算有机链接后的货币化转换，构建起既相对独立又相互关联的价值评估体系，提升评估的科学性与合理性。

四、评估公式

森林的文化价值实质上反映着森林文化对人的吸引力、影响力、创造力和服务能力，表现为人气指数、服务功能和服务水准。森林的文化价值量评估，是从价值量化的角度评估森林文化对人类的服务能力或满足人类文化需求和文明建设的能力。为此，本节以"人与森林共生时间"为核心，链接森林的文化价值评估指标体系综合指标系数（简称森林文化指标系数）和第九次全国森林资源清查相关结果（2014—2018 年），创新性地提出了森林的文化物理量和价值量的价值评估法；并以此对全国森林的文化价值首次开展了计量评估。

（一）人与森林共生时间理论

1.人与森林共生时间

一般来说，森林的文化价值与人在森林中停留、互动共生的时间成正比；

其价值高低，与自然力的作用、森林资源要素和环境结构密切相关；而人与森林的共生时间是相对的而非绝对的，是变化的而非停滞的；不同区域森林的文化价值存在梯度差异。森林的文化价值作为一个价值系统，是由多项指标因子、多目标贴合实际，分区域、分类别、分层次组成的综合评估体系。森林的文化价值评估，是从价值的角度评估森林文化对人类的服务能力或满足人类文化需求的能力。

2. 物理量测度

物理量是评估森林的文化价值的基础，是森林的文化价值实现过程中发生的时间流量。即：用一年内人与森林产生文化互动的共生时间（简称人与森林共生时间），来体现森林文化作用于、服务于人的时间流量。

（二）评估原则和依据

森林文化价值评估方法中"人与森林共生时间"就低取值；行政区域森林文化受益人数和森林文化的物理量和价值量评估，基本剥离了与森林文化无直接关联的人群和因素。

一是用年度人与森林产生文化互动的共生时间，即：人与森林共生时间，来体现森林文化作用于、服务于人的时间流量。

二是将森林的文化价值评估对象，划分为森林生态系统为主体的自然保护地区域（国家公园），园林区域，非森林为主体的游憩区域，省级、地市级、县级行政区域等 4 种类型区域，并相应设定了其物理量和价值量评估的 4 种方法。

三是行政区域森林文化受益人数分为常住人口和流动人口两个层次。其中：

——年度行政区域常住人口森林文化受益人数。涉及 2 个因子：一是年度区域常住人口；二是区域内森林质量系数（区域森林覆盖率、区域森林单位蓄积量与全国森林单位蓄积量之比）；以上 2 个因子相乘之积，为该行政区域年度常住人口森林文化受益人数。

——年度行政区域流动人口森林文化受益人数。涉及 2 个因子：一是行政区域内年度外来森林旅游人次数（据国家林业和草原局发布森林旅游数据，2019 年全国森林旅游游客量达到 18 亿人次，占国内年旅游人数的近 30%[1]）；

---

1 国家林业和草原局政府网："十三五"时期我国森林旅游年均游客量15亿人次，2020年10月16日，见 http://www.forestry.gov.cn/main/304/20201016/110857000519770.html。

二是区域内森林质量系数（森林覆盖率、区域森林单位蓄积量与全国森林单位蓄积量之比）。综上，以年度行政区域内外来森林旅游人次（流动人口乘以30%），乘以区域内森林质量系数之积，为行政区域年度流动人口森林文化受益人数。

——常住人口"人与森林的共生时间"。根据国家统计局发布的《2018年全国时间利用调查公报》，居民一天中自由支配活动时间包括居民一天中自由支配活动平均用时3小时56分钟，其中健身锻炼、社会交往及休闲娱乐时间，共计2小时/天，约0.0833/人年，基于就低原则，以"2小时/（人·天）"，为人与森林的共生时间。

——流动人口"人与森林的共生时间"。据国家旅游数据中心《2017年全年旅游市场及综合贡献数据报告》游客出游平均时长约为4.56天，约0.0125年/人。

（三）评估方法和公式

1. 自然保护地森林的文化价值量评估

2019年，中共中央办公厅、国务院办公厅印发《关于建立以国家公园为主体的自然保护地体系的指导意见》明确："建立以国家公园为主体的自然保护地体系……自然保护地是由各级政府依法划定或确认，对重要的自然生态系统、自然遗迹、自然景观及其所承载的自然资源、生态功能和文化价值实施长期保护的陆域或海域。"

参照国家林业和草原局职能界定，本节所指的自然保护地区域，是以森林生态系统为主体的国家公园、自然保护区、世界自然遗产与文化遗产地、国家森林公园、风景名胜区和地质公园等类型区域。其森林的文化价值量，以其年度森林的文化价值物理量、森林的文化价值的综合指标系数、该区域年人均GDP或年人均居民可支配收入，三者相乘之积，评估其价值量。

（1）自然保护地森林的文化价值物理量（*Vrp*）。即一年内，自然保护地森林文化受益人数（*Pr*）与人与森林共生时间（*Tr*）之积。计算公式：

$$Vrp = \sum_{i=1}^{n} \frac{Pr_i \cdot Tr_i}{8760} \qquad (4-1)$$

式中：Vrp——一年内自然保护地森林的文化价值物理量（文年）；

Pr_i——第 i 个自然保护地森林的文化年受益人数；

Tr_i——第 i 个自然保护地年人均人与森林共生时间（小时）；

8760——1 年的小时数。

其中：

$$Tr = \sum_{i=1}^{n} Trt_i \cdot F_i \qquad (4-2)$$

式中：Tr——自然保护地年人均人与森林共生时间（小时）；

Trt_i——第 i 个自然保护地中年人均游憩时间（小时）；

F_i——第 i 个区域内林木覆盖率或森林覆盖率（%）。

（2）自然保护地森林的文化价值量（Vr）。即一年内，自然保护地森林的文化价值物理量（Vrp）、森林文化价值综合指标系数（α）和自然保护地所在区域内人均 GDP 或人均居民可支配收入（G）三者之积。计算公式：

$$Vr = \sum_{i=1}^{n} Vrp_i \cdot \alpha_i \cdot G_i \qquad (4-3)$$

式中：Vr——一年内自然保护地森林的文化价值量（元）；

Vrp_i——第 i 个自然保护地一年内森林的文化价值物理量（文年）；

α_i——第 i 个自然保护地森林的文化价值综合指标系数，根据森林的文化价值指标体系各项指标权重总得分，获得 0~2 之间的标准化系数；

G_i——第 i 个自然保护地所在区域内人均国内生产总值（GDP）或人均居民可支配收入（PCDI）（元）。

2. 园林区域森林的文化价值量评估

中国园林分为北方园林、江南园林、岭南园林等，是中国传统文化中造园综合艺术形式。其传统植物，多具有森林文化的内涵与人格象征，称为"活的文物""活的化石"。园林讲究"模山范水，外师造化，中得心源"，运用工程技术和艺术手段，通过筑山、叠石、理水等改造地形，结构建筑、规划园路、种植树木花草、营造湖泊水径，巧夺天工地创造出"源于自然，高于自然""虽为人造，宛自天开"的理想境域，蕴含着中国古代哲学思想、文化意识和审美情趣，彰显了人类内心世界对美好自然的向往，是人与自然和谐共生的典范之作。通过北京皇家园林、苏州古典园林等典型案例实证研究，提出了园林区域森林的文化价值量核算公式，其中剥离了与森林的文化价值无关的部分。

（1）园林区域森林的文化价值物理量（Vgp）。即园林年度游憩人数（Pg）与园林区域中人与森林人均共生时间（Tg）之积。计算公式：

$$Vgp=\sum_{i=1}^{n}\frac{Pg_i \cdot Tg_i}{8760} \tag{4-4}$$

式中：Vgp——园林区域年均森林的文化价值物理量（文年）；

Pg_i——第 i 个区域内园林区域园林年度游憩人数；

Tg_i——第 i 个园林区域中人与森林人均共生时间（小时）；

8760——1 年的小时数。

其中，园林区域中人与森林人均共生时间的计算方法：园林区域中，游憩所需时间为 Tgt，整个区域中森林覆盖率或林木覆盖率为 F，那么，在园林区域中，游客在森林中游憩的时间则为 Tgt 与 F 之积，即为人与森林人均共生时间。计算公式：

$$Tg=\sum_{i=1}^{n}Tgt_i \cdot F_i \tag{4-5}$$

式中：Tg——园林区域中人与森林人均共生时间（小时）；

Tgt_i——第 i 个园林区域中人均游憩时间（小时）；

F_i——第 i 个区域内林木覆盖率或森林覆盖率（%）。

（2）园林区域森林的文化价值量（Vg）。参考森林的文化价值量计算方法，即一年内园林的文化价值物理量（Vgp）、森林综合指标系数（α）和园林所在区域内人均 GDP 或人均居民可支配收入（G）之积。计算公式：

$$Vg=\sum_{i=1}^{n}Vgp_i \cdot \alpha_i \cdot G_i \tag{4-6}$$

式中：Vg——一年内园林区域森林的文化价值量（元）；

Vgp_i——第 i 个区域一年内园林的文化价值物理量（文年）；

G_i——第 i 个园林所在区域内人均 GDP 或 PCDI（元）；

α_i——森林的文化价值综合指标系数，根据森林的文化价值指标体系各项指标权重总得分，获得 0~2 之间的标准化系数。

3.非森林类型游憩区域森林的文化价值量评估

非森林类型游憩区域一般是指道教名山、佛教名山、地质公园、海洋公园、湿地公园等游憩区域。该区域森林的文化价值核算，以森林文化受益者比例（即：以森林树木和野生动植物自然人文景观为休闲游憩、康养、科考、历史研究、科普教育等，为主要动机和偏好的游客所占比例）为主要衡量因子，剥离了与森林的文化价值无关的部分。

（1）非森林生态系统为主体的游憩区森林的文化价值物理量（Vep）。非森林生态系统为主体的游憩区森林的文化价值物理量参考森林的文化价值量计算方法，即年度区域森林文化受益人数（Pe）与区域中人与森林人均共生时间（Te）之积。计算公式：

$$Vep=\sum_{i=1}^{n}\frac{Pe_i \cdot Te_i}{8760} \tag{4-7}$$

式中：Vep——一年内非森林生态系统为主体的游憩区森林的文化价值物理量（文年）；

Pe_i——第 i 个区域内森林的文化年受益人数；

Te_i——第 i 个区域中人与森林人均共生时间（小时）；

8760——1 年的小时数。

其中，年度区域森林文化受益人数（Pe）的计算方法：该区域文化受益者（Pc）与区域内森林文化受益者比例（B）之积。计算公式：

$$Pe=\sum_{i=1}^{n}Pc_i \cdot B_i \tag{4-8}$$

式中：Pe——一年内区域森林文化受益人数；

Pc_i——第 i 个区域文化年受益人数；

B_i——第 i 个区域内该年森林的文化受益者比例（%）。

区域中人与森林人均共生时间（Te）的计算方法：区域中，游憩所需时间为 Tet，整个区域中森林覆盖率或林木覆盖率为 F，那么，在所有区域中，游客在森林中游憩的时间则为 Tet 与 F 之积，即为人与森林人均共生时间。计算公式：

$$Te=\sum_{i=1}^{n}Tet_i \cdot F_i \tag{4-9}$$

式中：Te——区域中人与森林人均共生时间（小时）；

Tet_i——第 i 个区域中人均游憩时间（小时）；

F_i——第 i 个区域内林木覆盖率或森林覆盖率（%）。

（2）非森林生态系统为主体的游憩区森林的文化价值量（Ve）。即年度非森林生态系统为主体的游憩区森林的文化价值物理量（Vep）、森林综合指标系数（α）和自然保护地所在区域内人均 GDP 或人均居民可支配收入（G）三者之积。计算公式：

$$Ve=\sum_{i=1}^{n}Vep_i \cdot \alpha_i \cdot G_i \qquad (4\text{--}10)$$

式中：Ve——非森林生态系统为主体的游憩区森林的文化价值量（元）；

Vep_i——第 i 个区域内一年内非森林生态系统为主体的游憩区森林的文化价值物理量；

α_i——森林的文化价值综合指标系数，根据森林的文化价值指标体系各项指标权重总得分，获得 0~2 之间的标准化系数；

G_i——第 i 个自然保护地所在区域内人均 GDP 或 PCDI（元）。

4. 行政区域的森林的文化价值量评估

森林的文化服务功能的水平高低与森林资源的丰富度及质量有密切关系，而且其服务具有溢出效应。即使人不进入森林，森林也会对附近的人产生一定的文化服务，如康养保健、艺术熏陶、文化创意等价值。

根据全国、省级、地级市、县级行政区域划分，区域范围内森林的文化价值主要由两部分组成：一是基本价值，即区域常住人口与流动人口，人与森林共生时间所反映的价值；二是专项价值，即森林文化活动（森林游憩为主的休闲观光、旅游参观、文艺演出、文化创意和产品生产、森林文化民俗民族节庆等）过程中，人与森林共生时间所反映的价值。

（1）区域森林的文化价值物理量。区域森林的文化物理量（Vp）为区域中常住人口与流动人口所受益的区域森林的文化价值物理量之积。计算公式：

$$Vp=\sum_{i=1}^{n}(Vpn_i \cdot Vpo_i) \qquad (4\text{--}11)$$

式中：Vp——区域森林的文化价值物理量（文年）；

Vpn_i——第 i 个区域中常住人口所受益的区域森林的文化价值物理量（文年）；

Vpo_i——第 i 个区域中流动人口所受益的区域森林的文化价值物理量（文年）。

①常住人口所受益的区域森林的文化物理量（Vpn）。即本年度区域内森林常住人口（Pn）、区域内森林质量系数（Q）和区域内森林共生的基本生活时间（Tf）之积。计算公式：

$$Vpn=\sum_{i=1}^{n}Pn_i \cdot Q_i \cdot Tf_i \tag{4-12}$$

式中：Vpn——区域常住人口所受益的森林的文化物理量（文年）；

Pn_i——本年度内第 i 个区域内森林常住人口；

Q_i——本年度内第 i 个区域内森林质量系数；

Tf_i——第 i 个区域内森林共生的基本生活时间（小时）。

根据国家统计局研究，基于森林共生的基本生活时间共计 2 小时 / 天，约 0.0833 年（国家统计局，2019）。此外，根据中国社会科学院旅游研究中心研究显示，2017 年中国人每天平均休闲时间为 2.27 小时（宋瑞，2018），根据就低原则，取值 2 小时 / 天。

其中，区域内森林常住人口（Pn）指与森林密切相关的常住人口，主要计算方法为区域内常住人口（P）和森林覆盖率（F）之积。计算公式：

$$Pn=\sum_{i=1}^{n}P_i \cdot F_i \tag{4-13}$$

式中：Pn——区域内森林常住人口；

P_i——本年度内第 i 个区域内常住人口；

F_i——第 i 个区域内森林覆盖率（%）。

森林质量系数（Q）为区域内单位面积森林蓄积量与全国单位面积林木蓄积量之比。计算公式：

$$Q=\sum_{i=1}^{n}\frac{M_i}{M_t} \tag{4-14}$$

式中：Q——森林质量系数；

M_i——第 i 个区域内单位面积森林蓄积量（立方米 / 公顷）；

M_t——全国单位面积林木蓄积量（立方米 / 公顷）。

②森林游憩外来游客所受益的区域森林的文化物理量（Vpo）。流动人口

所受益的区域森林的文化物理量是指本年度森林游憩人次数与每次游憩时间之积。计算公式：

$$Vpo=\sum_{i=1}^{n} Pt_i \cdot Tt_i \qquad\qquad (4-15)$$

式中：Vpo——流动人口产生的区域森林的文化物理量（文年）；

Pt_i——本年度第 i 个区域内森林游憩人次数；

Tt_i——每次游憩时间（小时）；根据中国旅游研究院、国家旅游数据中心发布数据显示，游客出游平均时长预计约为 4.56 天，约合 0.0125 年[1]，因此 Tt_i 以该数据为准。

（2）区域森林的文化价值量。行政区域森林的文化价值量（Vc）主要为年度内森林的文化价值物理量、区域森林文化综合指标系数、区域内人均 GDP 或 PCDI（居民可支配收入）之积。或者采用年度区域常住人口的森林的文化价值物理量、区域森林文化综合指标系数、区域人均居民可支配收入，三者之积；加上年度区域流动人口森林旅游人次的森林的文化价值物理量、区域森林文化综合指标系数、人均森林旅游支出三者之积。计算公式：

$$Vc=\sum_{i=1}^{n}(Vpn_i \cdot \alpha_i \cdot G_i+Vpo_i \cdot \alpha_i \cdot g_i) \qquad (4-16)$$

式中：Vc——一年内区域森林的文化价值量（元）；

Vpn_i——第 i 个区域一年内常住人口森林的文化价值物理量（文年）；

Vpo_i——流动人口产生的 i 区域森林的文化物理量（文年）；

α_i——i 区域森林的文化价值综合指标系数，根据森林的文化价值指标体系各项指标权重总得分，获得 0~2 之间的标准化系数；

G_i——i 区域内人均 GDP 或 PCDI（元）；

g_i——i 区域内人均森林旅游支出或人均 GDP 或 PCDI（元）。

综上方法，在进一步完善的基础上，可以以具有代表性的年份数据为准，局部精细测算与整体大尺度评估结合，预评估区域森林的文化价值发展效益，如预评估"十四五"至 2030 年期间的森林生态系统的文化价值发展效益。

1　国家旅游局数据中心：《2017年全年旅游市场及综合贡献数据报告》，2018年2月7日。见https：//www.sohu.com/a/221533153_99936216。

第二节 森林文化价值评估结果

一、全国森林文化分区

为了相对准确地界定森林的文化价值评估区域性地理坐标和文化类型的民族特色，项目研究首次以全国森林文化分区的概念，融合森林自然地理与人文地理、不同民族森林文化的内涵，图示全国森林文化的区域分布。结合森林资源地理分区和历史演替状况，研究森林文化形态特征和发展规律；采用分项指标测定结果，分析不同时期、不同地域和不同民族森林文化的发展差异；揭示森林自然生态系统与人类森林文化发展的关系及其相互影响，提出森林文化保护利用和传承创新的方向。依据全国文化分区、森林资源类型和主要分布特征，结合林业发展区划和地形地貌、山系地理分布情况，在 GIS 软件支持下，进行制图综合处理，将全国区划为东北森林文化、北方干旱半干旱森林与草原文化、青藏高原森林文化、云贵高原民族森林文化、黄河森林文化、长江森林文化、珠江森林文化、东南热带亚热带沿海森林文化等 8 个森林文化大区25 个亚区及其具体范围；在此基础上，从物质、精神、制度、行为四个方面，梳理具象了 25 个亚区的主要森林文化及其类型，标明了历史演进中的带有区域特征和民族特色的森林文化，初步建立起我国森林文化分布空间数据库（表 4-3）。

着眼自然地理和森林文化分区，解析和展示了"森林民族"和"大兴安岭精神"——东北森林文化区；保护每一株树木——北方干旱半干旱森林与草原文化区；森林与神同在——青藏高原森林文化区；与森林同居——云贵高原民族森林文化区；人与森林的天人关系——黄河森林文化区；邻林而居——长江森林文化区；森林是心灵栖息地——珠江森林文化区；森林与海相依——东南热带亚热带沿海森林文化区等八大区域各具风采、活态生动的多民族森林文化的存在及其发展的价值。

表 4-3 中国森林文化分区

序号	区域	亚区	范围	主要森林文化及类型（物质、精神、制度、行为）
1	东北森林文化区	大兴安岭山地亚区	黑龙江北部和内蒙古东部的大兴安岭山地区	大兴安岭森林文化（森林版画、森林文学艺术、森林旅游），鄂伦春、鄂温克、赫哲族森林民族原生态森林文化（狩猎文化、驯鹿文化、白桦文化、图腾和萨满信仰，民族森林文化传承），国有森工林区文化（森工开发区历史、天然林资源保护工程、改革和现代林业发展建设、森工人文精神）
		小兴安岭与长白山山地丘陵亚区	黑龙江省除大兴安岭以外的山地丘陵区，以及吉林东部、辽宁东部山地丘陵区	小兴安岭森林文化（沙俄、日寇掠夺森林、淘金等历史，红松文化，森林文学艺术，森林旅游）；长白山原始森林文化历史（早期森林狩猎文化，沙俄、日寇掠夺森林）；林区开发历史与文化（森工开发区历史、天然林资源保护工程、改革和现代林业发展建设、森工人文精神）；朝鲜族、满族森林文化和民族习俗，森林中的抗联历史，森林粮食——栎类文化，林下种养殖文化经济（梅花鹿、林蛙、人参文化）；清朝发祥地森林文化
		东北与三江平原亚区	辽宁中部与北部、吉林中部和北部、黑龙江的东北平原和三江平原地区	古辽河文明，北大荒和三江平原开发历史与森林文化，三北防护林建设文化（农田防护林、农林间作），森林粮食文化，木材与林产品加工文化
2	北方干旱半干旱森林与草原文化区	山前平原森林与草原文化亚区（红山文化区）	辽宁西部、南部，吉林西部和西南部、河北坝上地区、内蒙古中部和西部	蒙古族、达斡尔族森林草原游牧文化（古代民族动植物名称来命名习俗、有关保护森林资源的法律、森林草原狩猎），辽金森林文化，皇家围场狩猎文化，发祥地森林封禁文化
		河西走廊绿洲生态文化亚区	宁夏大部、甘肃大部分和青海的北部地区	森林灌木绿洲文化（水源保护、节水灌溉文化），三北防护林人工造林文化，治沙控沙森林文化，祁连山、贺兰山森林文化，河西走廊古丝绸之路森林文化
		新疆森林与荒漠文化亚区	新疆北部阿尔泰山地森林文化小区	金山—阿尔泰山—林区淘金，阿尔泰山林业局、林区开发历史与文化，森林旅游文化（喀纳斯蒙古族森林文化）
			新疆中部天山山地小区	天池、天西林业局历史与文化、天山生态保护体系、天山生态旅游文化，天山哈萨克等少数民族森林草场游牧文化，雪冷云杉—巩留、天山野果、天山森林野生动物等文化，伊犁河谷森林文化，阿克苏林果文化
			新疆南部昆仑山山地小区	南疆维吾尔族荒漠绿洲文化，新疆生产建设兵团绿洲文化
			新疆荒漠生态文化小区	荒漠绿洲文化，塔里木河谷胡杨文化，荒漠古国历史，坎儿井绿洲文化，吐鲁番葡萄文化，楼兰等古国丝绸之路森林历史文化，三北防护林人工造林治沙文化，树化石文化
3	青藏高原森林文化区	昆仑山南部荒漠生态文化亚区	西藏西北部、青海的南部地区和新疆西南部地区	荒漠生态保护国家行动，国家生态屏障三江源生态文化，自然保护区、可可西里野生动物文化，藏传佛教森林文化（神山神湖神树文化）
		西藏中南部森林文化亚区	西藏南部、西藏中部（西藏大部、青海的南部地区和新疆西南部地区）	雅鲁藏布大峡谷、林芝、波密原始森林文化，历史古王朝森林文化，神山神湖森林文化，神树文化（庙宇林、古树风水林、宗教护林、树崇拜），藏族民俗森林文化（森林旅游文化、林特产品文化）

（续）

序号	区域	亚区	范围	主要森林文化及类型（物质、精神、制度、行为）
3	青藏高原森林文化区	横断山山地森林文化亚区（西南高山峡谷区）	西藏东南部、云南西北部、四川西部、甘肃白水江地区	藏文化中的森林生态保护，早期人类活动历史与森林文化，地貌隔阻形成的民族森林文化多元性（中国最丰富的生物多样性区域——从热带到温带森林）
4	云贵高原民族文化亚区	滇南及滇西南丘陵盆地亚区	滇南及滇西南	少数民族森林生态智慧（林—水—人—田"四位一体"山地梯田文化），宗教林、风水林、奇特的民族习俗、民居森林文化，林药文化，残存热带雨林文化，茶文化（野生古茶树群落文化、茶马古道文化、普洱茶文化），森林花卉文化，国家森林公园文化
		西南少数民族亚区	贵州大部、云南中部与东部及东北部、湖北西部、四川南部	岩溶地区森林开发历史与文化，苗侗等少数民族森林生态智慧（木石居民文化、山地梯田文化），石漠化治理文化，岩溶生态旅游文化，民族茶文化
		贵湘西集体林区苗侗文化亚区	贵州东部、湖南西部	苗侗土家等少数民族森林文化（芭沙苗寨人树合一、"老树护寨"埋碑"、"栽岩"、乡规民约护林文化），黔东南林业契约文化，苗侗民居、建筑森林文化（吊脚楼、风雨桥、鼓楼），少数民族古村镇森林旅游文化
5	黄河森林文化区	黄土高原亚区	甘肃黄河以南、青海东部、宁夏南部、陕西北部、山西大部、河南西南部	黄河古森林文化，三北防护林人工造林治沙文化，林果文化（枣文化、枸杞文化、沙棘文化、苹果文化），退耕还林文化，森林旅游文化（乡村森林旅游、陕甘宁地区红色根据地森林文化）
		太行山与燕山山地亚区	河南北部、河南西部、河北西部和北部、北京西北部，以及山西东部和山西东南部山地区	京都皇家园林文化，太行山、燕山森林文化，五台山佛教森林文化，恒山道教森林文化
		丘陵平原亚区	北京、天津、河北、河南、山东等部分省份，包括山东胶东半岛丘陵区和鲁中南低山丘陵区	儒家森林文化（孔庙、孔林），泰山森林文化，平原林业文化（农田林网、平原林果文化），中原森林城市建设，沿海防护林文化，牡丹文化，古桑林文化，银杏产业文化，京津冀地区森林城市群森林文化、盐碱地造林文化，河口湿地文化，候鸟文化，崂山道士文化
6	长江森林文化区	淮河、长江中下游地区丘陵平原亚区	江苏中南部、安徽中部、浙江北部、上海等地区和滨海地区	江南园林文化，吴越森林文化，长江河口湿地森林文化，盆景文化，银杏文化，桑蚕文化，长江三角洲森林城市群森林文化
		秦巴山地、盆地亚区	河南南部、陕西秦岭以南、湖北北部、重庆北部、四川盆地以北地区、安徽西部和西南大别山区、四川成都平原及盆地、重庆的丘陵区	秦巴山地森林文化（生物多样性保护、自然保护区建设、熊猫文化、朱鹮文化），皇家风水林文化，三峡故道森林文化，大别山革命老区森林文化，丹江口水源林保护文化，佛教森林文化（峨眉山、乐山等），道教森林文化（青城山、终南山、武当山等），民间传统工艺美术森林文化，竹文化（蜀南竹海）
		南方低山丘陵亚区（集体林区）	湖北东南部、湖南大部、贵州东南部、安徽南部、福建、浙江等山地丘陵区	茶文化（中国名茶和茶人文化），安徽黄山森林文化，宗教森林文化（九华山佛教森林文化，齐云山、龙虎山道教森林文化），井冈山红色根据地森林文化、武夷山国家公园森林文化，集体林场文化，南方特色经济林文化（油茶文化、毛竹文化、香榧文化）
		两湖沿江丘陵平原亚区	湖南洞庭湖和江西鄱阳湖区及周边丘陵区、湖北江汉平原区	两湖（鄱阳湖区、洞庭湖区）湿地森林文化，庐山森林康养和森林旅游文化

（续）

序号	区域	亚区	范围	主要森林文化及类型（物质、精神、制度、行为）
7	珠江森林文化区	南岭山地亚区	广西东北部，湖南南部，湖南、广东北部，江西南部、福建西南部	瑶族、壮族等少数民族森林文化（大瑶山千家洞、广西龙脊壮族森林文化），珍稀野生动植物文化，南岭国家森林公园森林文化（原始林文化、鼎湖山森林定位站和国家自然保护区森林文化），客家森林文化，南方集体林区森林经营文化
		粤桂山地丘陵亚区	广西中部、广东南部粤桂山地丘陵亚区	南亚热带、热带水果文化，岭南园林文化，罗浮山道教森林文化，城市森林文化（珠江城市群）
8	东南热带亚热带沿海森林文化区	闽粤桂沿海丘陵亚区	广西南部、广东南部、福建南部等地	粤桂沿海地区少数民族森林文化、红树林森林文化、珠江口湿地森林文化、候鸟文化、沿海防护林文化
		闽浙沿海丘陵亚区	福建、浙江的沿海丘陵地区	东部滨海和岛屿森林文化、传统造船文化、普陀山佛教森林文化、东南沿海山神海神民间信仰、沿海防护林文化、滨海乡村森林文化
		海南岛森林文化亚区	海南及南海诸岛	沿海森林文化，临高民间森林文化，儋州森林书院文化，海南农场经济林文化（橡胶、油棕、椰子）、五指山黎苗森林文化，三亚羊栏回族森林文化，森林旅游文化，南海诸岛森林文化
		台湾森林文化亚区	台湾	高山族森林文化（南岛语系各族群）、森林教育体验文化、阿里山森林旅游文化、海岛森林文化

同时，为夯实项目立意基础，我们对中华文明根基中的森林的文化价值进行了探源研究：人类由原始社会向农耕社会演进的历史，从采集渔猎果腹、树叶兽皮遮体，至"钻木取火，烹饪初兴；构木为巢，宫室始创"；至"斫木为耜，揉木为耒，耒耜之利，以教天下""刳木为舟，剡木为楫，舟楫之利，以济不通，致远以利天下""弦木为弧，剡木为矢，弧矢之利，以威天下"，揭示出人类文明演进起源于人类与森林生态系统共生成长的经历，而人类森林文化的发育成长是中华文明智慧结晶的重要起源；深度解析了森林对汉字起源的影响及其文化价值、古代典籍史志中的森林文化，历代林业管理体制及森林法制文化、人类衣食住行用和民族习俗中的森林文化，以及森林文化的时代价值等，佐证了森林是人类文明的摇篮，人类与森林共生的文化价值对于中华文明的演进是根基性的。

二、森林文化价值评估典型案例结果

（一）森林的文化价值评估典型案例综合数据

为了佐证项目研究提出的主体立论和基本评估方法，项目围绕森林的文化价值评估指标体系 8 个一级评估类别，选择了国有林区、集体林区、森林和野生动植物类型自然保护区，民族地区、沿海地区、森林城市或村镇、森林游憩、森林公园康养、古典园林造诣以及宗教信仰、古树名木等 11 个类型，组织开展了 32 个典型区域、不同类型的案例实证研究：进行了森林的文化价值具象指标体系基础权重分析；并按照总项目组最终核定的《森林的文化价值指标体系》权重系数和森林的文化价值核算公式，对森林的文化价值评估案例综合数据，进行了统一核算（表 4-4）。

表 4-4　森林的文化价值评估案例综合数据汇总

序号	分类	区域	森林文化受益者（万人）	共生时间（小时）	森林文化综合系数	人均GDP（万元）	受益者比例（%）	森林覆盖率	森林的文化物理量（万文年）	森林的文化价值量（亿元）	完成团队	备注
1	旅游森林文化	武夷山风景名胜区森林文化	388.02	72	1.84	7.75	1	0.81	2.58	36.84	福建农林大学	1999 世界文化与自然双重遗产，国家 5A 级旅游景区
		黄山风景名胜区森林文化	336.87	46.62	1.9	6.25	1	0.85	1.52	18.10	黄山学院	1990 世界文化与自然双重遗产，国家 5A 级旅游景区
		中山陵风景名胜区森林文化	664.67	2.61	1.82	12.7	1	0.87	0.17	3.98	苏州园林局、苏州农业职业技术学院	1961 年成为首批全国重点文物保护单位，2006 年国家 5A 级旅游景区
2	森林公园休闲康养文化	北京植物园	326	3	1.77	12.9	1	0.92	0.10	2.34	北京林业大学	国家 4A 旅游景区
		奥林匹克森林公园	1200	3.01	1.68	12.9	1	0.96	0.39	8.54	北京林业大学	国家 5A 级旅游景区
		八达岭国家森林公园	4.6	3	1.76	12.9	1	0.57	0.002	0.04	北京林业大学	国家 3A 级旅游景区
		武夷山国家森林公园	100	8	1.79	7.75	1	0.97	0.09	1.22	福建农林大学	1999 世界文化与自然双重遗产，国家 5A 级旅游景区
		鹫峰国家森林公园	11	3.82	1.63	12.9	1	0.96	0.004	0.10	北京林业大学	国家 3A 旅游景区

（续）

序号	分类	区域	森林文化受益者（万人）	共生时间（小时）	森林文化综合系数	人均GDP（万元）	受益者比例（%）	森林覆盖率	森林的文化物理量（万文年）	森林的文化价值量（亿元）	完成团队	备注
3	儒家森林文化	孔庙、孔府和孔林森林文化	400	6	1.61	3.35	0.7	0.7	0.81	2.72	中国林业科学研究院林业科技信息研究所	1994 世界文化遗产，国家 5A 级旅游景区
4	宗教森林文化	齐云山道教森林文化	151.07	42	1.78	6.25	0.65	0.56	0.26	2.93	黄山学院	中国道教四大名山之一，国家 4A 级旅游景区
		五台山佛教森林文化	568.6	6	0.92	5.97	0.28	0.70	0.24	1.80	中国林业科学研究院林业科技信息研究所	2009 世界文化遗产，中国佛教四大名山之一，国家 5A 级旅游景区
		普陀山佛教森林文化	857.86	50.4	1.51	10.48	0.17	0.85	0.71	11.30	浙江科技学院中国生态文化协会	中国佛教四大名山之一，国家 5A 级旅游景区
5	古典园林森林文化	天坛公园皇家园林森林文化	1631	3.5	1.57	11.47	1	0.84	0.65	9.90	北京园林科学研究院	1998 世界文化遗产，国家 5A 级旅游景区
		颐和园皇家园林森林文化	1700.65	4	1.54	11.47	1	0.25	0.19	3.43	北京园林科学研究院	1998 世界文化遗产，国家 5A 级旅游景区
		香山公园皇家园林森林文化	226.4	5	1.63	11.47	1	0.96	0.12	1.42	北京园林科学研究院	国家 4A 级旅游景区
		景山公园皇家园林森林文化	670	2.5	1.47	11.47	1	0.63	0.12	2.03	北京园林科学研究院	国家 4A 级旅游景区
		中山公园皇家园林森林文化	341	2	1.35	11.47	1	0.7	0.05	0.84	北京园林科学研究院	国家 4A 级旅游景区

（续）

序号	分类	区域	森林文化受益者（万人）	共生时间（小时）	森林文化综合系数	人均GDP（万元）	受益者比例（%）	森林覆盖率	森林的文化物理量（万文年）	森林的文化价值量（亿元）	完成团队	备注
5	古典园林森林文化	拙政园古典园林生态文化	284.5	2.26	1.8	14.56	1	0.75	0.06	1.46	苏州园林局、苏州农业职业技术学院	1997世界文化遗产，国家5A级旅游景区
		网师园古典园林生态文化	16.69	0.87	1.76	14.56	1	0.58	0.001	0.03	苏州园林局、苏州农业职业技术学院	1997世界文化遗产，国家4A级旅游景区
6	自然保护区森林文化	天目山自然保护区森林文化	1007.8	66	1.86	5.2	1	0.98	7.45	72.01	浙江农林大学	1996联合国教科文组织人与生物圈保护，国家4A级旅游景区
		大熊猫及其栖息地森林文化	35	51.01	1.62	4.48	1	0.57	0.12	0.85	中国大熊猫保护研究中心	2006世界自然遗产，1980联合国教科文组织人与生物圈保护
7	民族森林文化	黔东南文斗民族森林契约文化	3	72	1.79	2.62	1	0.85	0.02	0.10	贵州林业厅、贵州林业学校	
		黔东南锦屏县民族森林文化	150	72	1.79	2.62	1	0.72	0.89	4.15	贵州林业厅、贵州林业学校	
8	林区森林文化	小兴安岭国有林区森林文化	1002.6	72	1.88	4.04	1	0.73	5.98	45.51	东北林业大学	包括国家5A级景区：五大连池景区、林海奇石景区等
		乐昌市	38.77	全年	0.93	2.94	1	0.73	8.75	23.91	中国生态文化协会	南方集体林区
		慈利县	46.96	全年	1.07	2.98	1	0.67	7.29	23.25	中国生态文化协会	南方集体林区

（续）

序号	分类	区域	森林文化受益者（万人）	共生时间（小时）	森林文化综合系数	人均GDP（万元）	受益者比例（%）	森林覆盖率	森林的文化物理量(万文年)	森林的文化价值量（亿元）	完成团队	备注
8	林区森林文化	丹江口市	30.41	全年	1.85	4.82	1	0.66	8.79	78.34	中国生态文化协会	南方集体林区
		崇义县	19.07	全年	0.86	3.88	1	0.88	6.11	20.38	中国生态文化协会	南方集体林区
		华蓥市	15.01	全年	0.98	5.20	1	0.42	4.14	21.11	中国生态文化协会	南方集体林区
		龙泉市	18.54	全年	1.83	5.40	1	0.78	6.90	68.16	中国生态文化协会	南方集体林区
		永安市	26.28	全年	1.25	10.93	1	0.79	11.42	155.99	中国生态文化协会	南方集体林区
9	古树名木森林文化	黄山迎客松	336.87	1.00						1.40	黄山学院	

注：各参数计算方法参考森林的文化价值计算部分。人均 GDP 为该森林所在地区当年人均 GDP，跨行政区域的则采用加权平均数。对森林的文化价值量产生较大影响的，主要为共生时间、森林游憩客流量及森林覆盖率。

（二）森林的文化价值具象指标体系基础权重解析

从表 4-5 至表 4-7 可见：

表 4-5　自然保护地、国有林区和南方集体林区森林的文化价值评估指标权重

序号	价值类别	评价指标	自然保护地				国有林区	国有林区南方集体林区				
			武夷山	天目山	大熊猫	小兴安岭	慈利	崇义	龙泉	永安	黔东南
1	审美艺术价值	景观审美价值	13.46	13.90	13.17	14.05	8.64	5.25	12.65	10.21	
		文艺创作价值	3.54	3.74	2.44	3.62	1.67	3.12	3.94	0.39	
		文化产品价值	2.86	2.64	2.08	2.92	1.32	2.47	3.11	0.31	
2	身心康养价值	疗养价值	2.74	2.87	3.01	3.21	3.98	1.99	3.98	0.40	1.98
		保健价值	3.70	3.38	3.10	3.70	2.14	1.54	3.38	2.67	
		宜居价值	3.36	3.43	3.24	3.55	1.80	3.67	2.82	2.87	7.55

（续）

序号	价值类别	评价指标	自然保护地			国有林区	国有林区南方集体林区				
			武夷山	天目山	大熊猫	小兴安岭	慈利	崇义	龙泉	永安	黔东南
3	休闲体验价值	休闲价值	9.84	10.38	9.40	10.27	7.09	2.88	10.74	5.01	0.90
		体验价值	12.25	12.65	10.92	12.65	8.64	3.51	13.09	6.11	0.90
		娱乐价值	2.57	2.36	2.07	2.74	1.91	0.78	2.90	1.35	
4	科研教育价值	科学研究价值	2.54	2.69	2.54	2.69	1.13	0.70	1.84	2.83	13.52
		科普和教育价值	4.70	4.80	4.14	4.70	2.01	1.26	3.29	5.05	5.36
5	文明演进价值	文化文明价值	2.59	2.59	1.99	2.59	1.09	1.09	2.73	1.64	
		历史遗存价值	6.14	6.41	5.53	6.48	4.90	0.68	6.75	5.43	5.28
		地理标识价值	2.79	2.70	2.22	2.70	1.14	1.14	2.84	1.71	3.00
		地方情感价值	1.88	1.99	1.49	1.94	0.84	0.84	2.09	1.26	1.94
6	传统习俗价值	节庆载体价值	3.27	3.84	3.15	3.72	1.50	2.77	3.86	3.31	2.56
		民族习俗价值	4.51	5.16	4.29	4.99	2.01	3.08	5.43	3.96	4.03
7	伦理道德价值	森林信仰价值	2.17	2.29	1.74	2.27	0.84	1.69	2.41	2.41	1.97
		森林哲学价值	2.03	1.84	1.64	2.01	1.95	1.73	0.22	1.51	3.42
		社会和谐价值	1.75	1.66	1.36	1.71	0.64	1.66	0.83	1.75	5.88
8	制度规范价值	法律法规价值	0.86	0.86	0.73	0.89	0.50	0.53	0.87	0.81	7.92
		乡规民约价值	0.71	0.78	0.60	0.76	0.43	0.45	0.75	0.70	12.94
9	其他	社会知名度									4.92
		国内国际交流合作									5.28
	综合权重得分		90.26	92.96	80.85	94.16	53.58	43.19	91.46	62.73	89.34
	综合指标权重		1.81	1.86	1.62	1.88	1.07	0.86	1.83	1.25	1.79

表 4-6　园林区域中森林的文化价值评估指标权重

序号	价值类别	评价指标	景山公园	天坛公园	颐和园	香山	中山公园	拙政园	网师园	中山陵	北京植物园
1	审美艺术价值	景观审美价值	10.77	11.53	11.50	11.91	9.86	14.34	13.90	13.17	12.44
		文艺创作价值	2.90	3.10	3.09	3.20	2.65	3.35	3.23	3.50	2.95
		文化产品价值	2.29	2.45	2.45	2.53	2.10	2.61	2.52	2.68	2.80
2	身心康养价值	疗养价值	2.49	2.66	2.66	2.75	2.28	2.54	2.47	2.94	2.54
		保健价值	2.93	3.13	3.12	3.24	2.68	2.90	2.86	3.50	2.98
		宜居价值	2.81	3.01	3.00	3.11	2.57	3.47	3.51	3.70	3.05
3	休闲体验价值	休闲价值	8.04	8.61	8.59	8.90	7.37	10.38	10.16	10.38	10.38
		体验价值	9.80	10.50	10.47	10.84	8.98	13.05	12.79	12.92	11.32
		娱乐价值	2.17	2.33	2.32	2.40	1.99	2.45	2.39	2.30	2.95
4	科研教育价值	科学研究价值	2.08	2.23	2.22	2.30	1.91	2.74	2.69	2.60	2.83
		科普和教育价值	3.72	3.98	3.97	4.11	3.41	4.95	4.75	4.90	5.05
5	文明演进价值	文化文明价值	2.01	2.15	2.15	2.22	1.84	2.59	2.49	2.65	2.46
		历史遗存价值	4.96	5.31	5.30	5.49	4.55	6.61	6.54	6.61	6.75
		地理标识价值	2.09	2.24	2.23	2.31	1.92	2.56	2.50	2.64	2.42
		地方情感价值	1.54	1.65	1.64	1.70	1.41	1.95	1.84	1.99	1.36
6	传统习俗价值	节庆载体价值	2.97	3.18	3.18	3.29	2.72	2.91	2.75	3.23	4.04
		民族习俗价值	4.00	4.28	4.27	4.42	3.66	4.34	4.23	4.45	5.16
7	伦理道德价值	森林信仰价值	1.77	1.90	1.89	1.96	1.62	2.05	2.03	2.15	2.41
		森林哲学价值	1.59	1.70	1.70	1.76	1.46	1.77	1.75	1.79	1.84
		社会和谐价值	1.35	1.45	1.44	1.50	1.24	1.14	1.10	1.62	1.47
8	制度规范价值	法律法规价值	0.70	0.75	0.75	0.78	0.64	0.81	0.79	0.76	0.72
		乡规民约价值	0.61	0.65	0.65	0.67	0.56	0.64	0.63	0.66	0.58
	综合权重得分		73.6	78.794	78.6	81.4	67.4	90.16	87.92	91.15	88.48
	综合指标权重		1.472	1.576	1.572	1.628	1.348	1.80	1.76	1.82	1.77

表 4-7　宗教文化圣地森林的文化价值指标权重

序号	价值类别	评价指标	普陀山	齐云山	孔府	五台山
1	审美艺术价值	景观审美价值	11.41	12.44	13.17	7.32
		文艺创作价值	3.94	3.54	3.35	3.15
		文化产品价值	2.18	2.49	2.33	2.49

（续）

序号	价值类别	评价指标	普陀山	齐云山	孔府	五台山
2	身心康养价值	疗养价值	1.69	3.04	1.69	1.01
		保健价值	1.59	3.58	2.58	0.80
		宜居价值	3.43	3.62	2.67	2.29
3	休闲体验价值	休闲价值	8.74	10.38	6.56	3.28
		体验价值	11.99	11.99	11.99	4.00
		娱乐价值	2.36	2.66	1.48	0.30
4	科研教育价值	科学研究价值	2.26	2.54	2.26	2.26
		科普和教育价值	3.54	4.55	4.30	2.53
5	文明演进价值	文化文明价值	2.73	2.19	2.59	0.82
		历史遗存价值	6.75	6.41	6.41	4.72
		地理标识价值	2.27	2.42	2.42	1.42
		地方情感价值	1.05	1.88	1.67	1.05
6	传统习俗价值	节庆载体价值	3.64	3.44	3.23	1.62
		民族习俗价值	1.09	4.61	4.89	2.17
7	伦理道德价值	森林信仰价值	2.41	2.17	2.17	1.69
		森林哲学价值	0.43	1.95	1.73	1.51
7	伦理道德价值	社会和谐价值	0.92	1.66	1.47	0.92
8	制度规范价值	法律法规价值	0.67	0.81	0.72	0.67
		乡规民约价值	0.58	0.70	0.62	0.17
	综合权重得分		75.65	89.05	80.29	46.16
	综合指标权重		1.51	1.78	1.61	0.92

一是区域森林的文化价值评估权重凸显具有民众共识的主体价值。解析"自然保护地、国有林区和南方集体林区""园林区域""宗教文化圣地"等22个典型区域反馈的森林的文化价值评估指标权重数据，8大类别的22项指标中，综合指标权重位于前6名的为景观审美价值、体验价值、休闲价值、历史遗存价值、科普教育价值、民族习俗价值，而科普教育价值和民族习俗价值权重数据基本不相上下。其中：

景观审美价值："自然保护地、国有林区和南方集体林区"约11.30；"园林区域"约12.16；"宗教文化圣地"约11.09。

体验价值："自然保护地、国有林区和南方集体林区"约9.00；"园林区域"

约 11.19；"宗教文化圣地"约 9.99。

休闲价值："自然保护地、国有林区和南方集体林区"约 7.39；"园林区域"约 9.20；"宗教文化圣地"约 7.24。

历史遗存价值："自然保护地、国有林区和南方集体林区"约 5.29；"园林区域"约 5.79；"宗教文化圣地"约 6.07。

科普教育价值："自然保护地、国有林区和南方集体林区"约 4.00；"园林区域"约 4.32；"宗教文化圣地"约 3.73。

民族习俗价值："自然保护地、国有林区和南方集体林区"约 4.16；"园林区域"约 4.31；"宗教文化圣地"约 3.19。

二是集体林区作为森林文化资源富集地，森林的文化价值并未得到普遍重视与合理开发。解析综合指标权重，集体林区 4 县（市）的指标权重，最高者达 91.49，最低者仅 43.19，相对差距很大；自然保护地类 3 个单位和小兴安岭国有林区的指标权重相对差距不大，加权平均明显高于集体林区。

集体林区 4 县（市）森林覆盖率分别为 67%、88%、78%、79%，但是其综合指标权重却分别为 53.58、43.19、91.46、62.73，说明区域森林的文化价值高低，并不单纯取决于森林资源本底价值；而森林文化价值指标体系是具象的，看得见、摸得到，可理解、公信度高，在森林的文化价值评估中具有重要的制约作用。从另一个方面也说明，区域森林文化资源的深入挖掘和有效地开发利用，是森林文化价值的巨大潜力和乡村振兴的经济增长点。

三是不同区域的评估类别和评估指标必然有所侧重。森林的文化价值评估综合指标体系基本覆盖全国各种森林文化类型及其表现形式，相对较为全面。但是不同区域不同的森林自然地理环境和社会人文环境，所培育的森林文化各具特色，其评估的侧重点和权重也各不相同。因此必须根据具体区域实际情况，针对性地选择评估类别和评估指标。如黔东南地区，珍藏有世界现今保存最完整、最系统、最集中的清代林业契约文书，馆藏数量达 6 余万件，承载着我国西南少数民族地区数百年林业经济史，价值堪与"敦煌文书""徽州文书"比肩，是我国乃至世界保存较为完整、系统、集中的重要历史文献和珍贵民间档案。它的评估类别重点在于制度规范价值，因此，在此类别中的两项指标：法律法规价值权重达到 7.92，乡规民约价值权重达 12.94，远远高于其他案例。

（三）集体林区典型案例解析

在典型案例研究中，根据我国森林权属格局，特别选择了小兴安岭东北国有林区和南方集体林区 7 省 7 县（市），见表 4-8。其中，以南方集体林区为例：

我国南方集体林区地处 14 个省（自治区、直辖市），是森林文化的富集地。其森林地理区位，涵盖了森林—野生动植物、森林—地质、森林—湿地、森林—园林、森林—古建筑、森林—宗教等多种类型。在全国 4 项世界文化与自然双重遗产中有 3 项，13 项世界自然遗产中有 11 项，39 个世界地质公园有 19 个，位于南方集体林区；244 处国家级自然风景区有 163 处位于南方集体林区；而且，南方集体林区更是国家级、省级森林和野生动物类型的自然保护区的半壁江山。森林居民是衡量森林文化价值的重要指标。一是南方集体林区森林居民人口众多，特别是广大林农与森林共生，势必会提升区域中森林文化价值量；二是南方集体林区是多民族聚居区域，各具民族特色的森林民俗文化、森林图腾信仰等丰富多彩；三是南方集体林区是古代诗书画圣地，特殊的地理结构、优美的森林景观和多元的民族风情，造就并吸引了古代诗书画名人大家，创作了大量蕴涵森林文化审美价值的经典作品；四是古代名人志士在南方集体林区建立了多个书院，如古代著名的八大书院中，岳麓书院、白鹿洞书院、石鼓书院、鹅湖书院、东坡书院这 5 处都位于南方集体林区，学子们沐浴在森林环境之中，汲取森林文化的滋养。

分析南方集体林区森林的文化价值评估表可见，森林资源本底状况（覆盖率、蓄积量、森林质量系数）相对重要，但是对评估价值物理量起关键作用的是森林文化综合系数和森林人口。就森林文化综合系数来说，永安市和丹江口市，森林人口接近，但是，永安市森林文化综合系数低于丹江口市，所以，丹江口市森林的文化物理量高于永安市。

就森林人口指标来说，丹江口市和龙泉市森林文化综合系数接近，但是，丹江口市森林人口高于龙泉市，所以，丹江口市森林的文化物理量高于龙泉市。

就森林文化综合系数来说，慈利县、崇义县和龙泉市森林的文化物理量相对接近，但是龙泉市森林文化综合系数远高于这两县域，因此其森林的文化价值量也远高于慈利县和崇义县。

表 4-8 南方集体林区7县域森林的文化价值评估

县域	森林常驻人口	蓄积量（万立方米）	森林质量系数	森林文化综合系数	物理总量（万文年）	人均可支配收入（万元）	人均GDP（万元）	森林文化价值量（人均可支配收入，亿元/年）	森林文化价值量（人均GDP,亿元/年）
乐昌	38.77	998.40	2.18	0.93	8.75	2.00	2.94	16.29	23.91
慈利	46.96	751.70	1.13	1.07	7.29	1.45	2.98	11.29	23.25
丹江口	30.41	744.40	1.26	1.85	8.79	1.79	4.82	29.06	78.34
崇义	19.07	1386.00	3.31	0.86	6.11	1.27	3.88	6.67	20.38
华蓥	15.01	120.00	1.26	0.98	4.14	2.12	5.20	8.63	21.11
龙泉	18.54	1018.00	1.72	1.83	6.90	2.93	5.40	37.02	68.16
永安	26.28	2370.00	4.29	1.25	11.42	2.71	10.93	38.65	155.99

在森林的文化价值量方面，人均GDP或人均可支配收入指标同样非常重要。如：崇义县8项指标中有6项指标均远高于华蓥市，森林的文化物理量超过近48%，仅在森林文化综合系数指标低于其0.12，且人均GDP和人均可支配收入仅为华蓥市的75%左右，但是在森林的文化价值量上，两个县域非常接近。

三、全国森林文化价值评估结果

本节以我国各省份为例，进行了森林的文化价值具象指标体系基础权重分析，并按照最终核定的"森林的文化价值指标体系"权重系数和森林的文化价值核算公式，对森林的文化价值进行了统一核算（表4-9）。

表 4-9 省级行政区域森林的文化价值评估

省份	森林质量系数 Q	文年常住人口森林文化物理量 Vpn	文年流动人口森林文化物理量 Vpo	文年区域森林文化物理量 Vp	森林的文化综合指标系数 α	森林文化价值量 Vc（GDP）（万亿元）	森林文化价值量 Vc（PCDI）（万亿元）	森林文化价值量 Vc（PCDI&PST）（万亿元）
福建	3.27	698.444	44.931	743.375	1.729	1.063	0.386	0.363
浙江	1.573	431.429	332.6	764.029	1.712	1.205	0.55	0.319
广东	1.497	724.266	303.792	1028.057	1.254	1.043	0.425	0.304
四川	2.055	534.046	350.955	885.001	1.271	0.503	0.232	0.146
云南	2.724	592.137	46.786	638.923	1.094	0.239	0.128	0.12
江西	1.697	394.813	95.881	490.694	1.236	0.263	0.133	0.109

（续）

省份	森林质量系数 Q	文年常住人口森林文化物理量 Vpn	文年流动人口森林文化物理量 Vpo	文年区域森林文化物理量 Vp	森林的文化综合指标系数 α	森林文化价值量 Vc（GDP）（万亿元）	森林文化价值量 Vc（PCDI）（万亿元）	森林文化价值量 Vc（PCDI&PST）（万亿元）
黑龙江	2.356	327.55	22.991	350.541	1.438	0.211	0.107	0.100
吉林	3.006	285.993	25.599	311.591	1.488	0.254	0.099	0.092
广西	1.54	370.096	96.346	466.442	1.094	0.194	0.102	0.082
湖南	1.071	300.782	141.413	442.195	1.01	0.222	0.103	0.072
北京	0.731	57.871	283.426	341.297	1.628	0.717	0.318	0.063
湖北	1.085	209.531	93.476	303.007	0.965	0.176	0.07	0.049
辽宁	1.17	167.547	66.451	233.998	0.868	0.109	0.056	0.041
海南	2.598	113.067	16.694	129.762	1.563	0.098	0.046	0.04
陕西	1.237	168.315	62.365	230.68	0.961	0.127	0.046	0.034
贵州	1.171	150.667	152.271	302.938	1.092	0.126	0.055	0.029
重庆	1.325	143.59	78.689	222.279	0.67	0.094	0.036	0.024
安徽	0.884	129.665	127.71	257.374	0.729	0.081	0.041	0.022
河南	0.676	128.936	119.31	248.245	0.699	0.081	0.035	0.019
江苏	0.43	43.474	152.672	196.146	0.769	0.162	0.053	0.014
上海	0.843	23.806	7.727	31.533	0.691	0.028	0.013	0.01
山东	0.358	51.392	145.894	197.287	0.606	0.087	0.032	0.009
河北	0.412	68.216	47.967	116.183	0.523	0.028	0.013	0.008
内蒙古	0.718	33.205	11.585	44.79	0.842	0.024	0.01	0.008
山西	0.447	27.998	15.608	43.606	0.296	0.005	0.003	0.002
天津	0.247	3.835	3.552	7.388	0.59	0.005	0.002	0.001
西藏	1.019	3.338	0.371	3.709	0.728	0.001	0.0004	0.0004
新疆	0.126	1.207	13.786	14.993	0.717	0.005	0.002	0.0003
甘肃	0.302	7.423	13.223	20.646	0.047	0.0003	0.0002	0.0001
宁夏	0.069	0.483	11.357	11.84	0.488	0.003	0.001	0.0001
青海	0.038	0.107	1.242	1.349	0.352	0.0002	0.0001	0.0001
台湾	8.445							
香港								
澳门								
全国	1.000	6193.228	2886.670	9079.898	1.000	7.154	3.097	2.079

注：① Vc（GDP）：以 GDP 计算的森林的文化价值（cultural values of regional forest with GDP）；Vc（PCDI）：以 PCDI 计算的森林的文化价值（cultural values of regional forest with PCDI）；Vc（PCDI & PST）：常住人口森林的文化价值量计算不变，在流动人口产生的森林的文化价值量计算中，将人均森林旅游支出（PST）替代 PCDI。②全国数据来源于第九次全国森林资源清查，居民数据和游客数据来源于国家统计局 2018 年数据；台湾省数据来源于《台湾地区第四次森林资源调查统计资料（2013 年）》和第九次全国森林资源清查；香港、澳门、台湾部分数据暂缺。

综上，行政区域森林的文化价值量评估公式中最后一位因子，我们采用了三种取值方式：一是以人均国内生产总值（GDP）；二以人均可支配收入（PCDI）；三是常住人口评估方式不变，而对流动人口采用流动人口中的外来森林旅游人次产生的人均森林旅游支出（PST）；再对以上三种评估方式所获得的各省份的森林的文化价值量分别进行累加，所获得的全国森林的文化价值量分别约为 7.154 万亿元（GDP）、3.097 万亿元（PCDI）、2.079 万亿元（PST）。比较分析以上三种方式，得出的全国行政区域森林的文化价值评估结果，可以看出：

一是以人均 GDP 换算获得的森林的文化价值量难以廓清 GDP 中非森林文化的因素，因此数值过高；以人均可支配收入（PCDI）换算获得的森林的文化价值量相对合理，虽然存在区域流动人口森林文化受益人数界定问题，不过区域流动人口森林文化物理量占比相对微小；而按照仅限于年度外来森林旅游人次界定区域流动人口，并采用其森林旅游时段所发生的直接费用，基本将其森林旅游之外的流动人口和其他费用廓清在外，但此算法相对森林的文化价值指标体系覆盖面较小。

二是森林常住人口越多，森林覆盖率越高，森林质量越好，森林文化价值物理量越高；在此基础上，森林的文化和自然遗产越丰厚、森林游憩和森林文化产业越发达、区域居民越富裕，森林的文化价值量就越高。

例如，森林受益人数高、森林的文化和自然遗产丰厚、森林游憩和森林文化产业相对发达地区，森林的文化价值排名前 6 位的为福建、浙江、广东、四川、云南、江西等省份；森林质量系数高，森林的文化和自然遗产、森林游憩和森林文化产业不够发达，森林受益人数低于上述 6 省份有黑龙江省和吉林省，森林的文化价值分别排名第 7、8 位。

而海南省森林受益人数仅 522.55 万人，在全国各省份排名 24；但是由于其森林质量高居全国第 4 位，森林的文化和自然遗产丰厚、森林游憩和森林文化产业相对发达，因此其森林的文化价值排名第 14 位。

我国西部地区多为干旱半干旱草原和荒漠地带，森林覆盖率偏低、森林资源分布不均、森林受益人数低并相对贫困，森林文化挖掘及森林旅游开发和服务功能等相对落后，森林文化价值综合指标系数低的内蒙古、西藏、新疆、甘肃、宁夏、青海等西部 6 省（自治区），森林的文化价值量评估排名分别为 24，27，28，29，30，31。

需要说明的是，在全国行政区域森林的文化价值量评估中，各省份的"森林的文化价值综合指标系数"评估，是一项开创性的系统工程，目前尚属空白，无国家权威部门发布的数据。因此，研究暂且采取森林旅游人次、人均森林旅游收入、森林旅游总收入三者换算，取值0~2替代，以求相对接近。而各地区实地评估时，可以完全根据"森林的文化价值评估指标体系"和评估方法，以实际调研发生的分类、分项指标和指标因子，评估出森林的文化价值综合指标系数；再按照"人与森林共生时间"为核心的森林的文化物理量和价值量的评估方法，链接森林的文化价值综合指标系数，评估出本区域内的森林文化价值物理量和价值量。

另外，因我国香港、澳门、台湾地区部分数据暂缺，因此无法对其进行森林文化价值的评估。

第三节　主要结论

"人与森林共生时间"的核心理论和森林的文化价值评估方法，可以应用于区域森林的文化价值和政府生态文明建设政绩评估、对现实森林的文化服务能力评价、探索森林生态系统生产总值测算以及未来发展战略的规划。

（1）对不同类型的具有典型性、代表性的试验区开展试算，深化森林文化服务功能的量化评价。进一步提升模型精度、细化不同类别的评价因子，不断修正和完善评估指标体系和评估方法。尝试将森林的文化价值评估指标体系和森林的文化价值评估方法，逐步纳入经济社会发展综合评价体系，用于森林的文化价值物理量和价值量的评估，作为森林城市、森林村镇、生态文化村和自然保护地、国家公园等评选和政府政绩考核制度的内容之一，重点评价森林文化资源的原真性、完整性和传承创新性。选择不同类型的重点林区、森林城市，建立具有典型性、代表性的试点，开展实地试算验证，进行论证、修正完善和规范，逐步纳入经济社会发展综合评价体系。

（2）逐步建立森林文化和草原文化资源调查监测体系，将森林文化和草原文化资源区域分布纳入国家构建的"一张底图"之上。深化森林文化和草原文化探源系统工程，融合区域自然地理、人文历史和资源调查规划等多种技术手段，在第三次全国国土调查集成现有的森林资源清查、湿地资源调查、水资源调查、草原资源清查等数据成果，形成的自然资源调查监测"一张底图"之上，标明全国森林文化和草原文化资源分布，包括区域、范围、主要民族和文化类型等。构建自然资源调查监测体系与森林文化和草原文化资源调查监测体系合体"一张底图"，具象揭示我国自然资源和生态文化资源保护传承、创新发展成果及其依存关系和时代价值。

（3）把森林文化作为中华文明探源工程的重要内容。深入挖掘、归类梳理森林文化遗产宝藏，研究阐释中国道路深厚的森林文化底蕴。采取自然科学与人文科学相结合的方法，组织专业队伍深入实地，系统研究探源带有森林基因的各类古老而美好的传统森林文化瑰宝，抓住其文脉的精髓，形成活态文化的保护传承机制；在森林文化富集地，依托自然资源和人文积淀，探索带有时代印迹、地域特色和民族风格的森林文化生长本源；梳理蕴藏在典籍史志、聚落历史、民族风俗、传统技艺和民族建筑风格艺术中的自然文化遗产，保护传承森林文化基因，同时强化研究成果的宣传、推广和转化工作。

（4）以价值评估为国家普惠政策制定提供基础依据。森林文化福祉分享和社会公平问题，应当成为进一步深化项目研究的重点内容，为国家普惠政策制定提供基础依据。伴随森林城市群的兴起，森林小镇、美丽乡村的建设，以及国家自然保护地区划的不断完善，利用森林的文化价值评估理论和方法，在具有历史传承和科研教育价值的森林文化原生地建设没有围墙的博物馆，以保护传承、创新发展为目的，以原住民为主体，合理开发利用森林的自然人文资源，创新经营机制、培育新型业态，打造富有文化内涵、地方特色、民族风格和观赏价值的系列品牌，逐步形成森林城市、森林村镇原生森林文化板块有机链接格局，实现森林文化与其原生地、原住民一体保护发展和森林文化经济社会效益双赢，成为乡村振兴、文化惠民的坚强支撑。

（5）进一步深化完善研究。运用互联网科技拓展价值评估覆盖面，开展宽领域、广覆盖的大数据矩阵分析价值评估。在森林文化富集地利用互联网进行社交媒体分享等，提升森林的文化价值研究普查质量、评估精度、社会公信度和贡献率。

森林的文化价值评估，作为一种新方法，面对现实的复杂因素，在依据人与森林共生时间，并引入森林的文化价值评估指标体系综合指标系数，反映森林的文化价值梯度差异的同时，尚需要进一步在指标选择、参数构建等方面，深入细分和量化研究，使其逐步趋于完善、更加贴合实际。

『两山』理念背景下的
中国森林资源价值核算研究

第五章
森林资源绿色核算特征与生态产品价值化实现

第一节 中国森林资源绿色核算特征

通过第九次森林资源清查显示，我国林地林木资源总量不断增加，森林资产不断积累，全国林地林木资产总价值为 25.05 万亿元，较上期增长了 17.66%；森林生态系统服务功能不断增强，价值量不断提升，全国森林生态系统服务价值达 15.88 万亿元 / 年，较上期增长了 25.24%；首次开展了森林文化价值的评估，全国森林提供文化价值约为 3.10 万亿元。

一是森林资产总量不断增加，为绿色发展奠定了重要物质基础。

林地林木资源持续增长，森林财富持续增加，为绿色发展奠定了重要的物质基础。第九次全国森林资源清查期间（2014—2018 年），全国森林面积、森林蓄积量双增长，森林覆盖率从 21.63% 提高到 22.96%。清查期末林地林木资产总价值 25.05 万亿元，其中林地资产 9.54 万亿元，林木资产 15.52 万亿元，较第八次清查期末 2013 年总价值净增加 3.76 万亿元，增长 17.66%。清查期末我国人均拥有森林财富 1.79 万元，较第八次清查期末 2013 年的人均森林财富增加了 0.22 万元，增长了 14.01%。如果按照 2018 年末全国人口 13.95 亿人计算，我国国民人均拥有森林资产约 1.8 万元。同时，天然林资源逐步恢复，人工林资产快速增长，"两山"转化的根基更加稳固。中东部地区林地林木资产价值快速增加，地方绿色发展的生态资本更加扎实。西部地区林地林木资产实物量、价值量比重最大，蕴含着巨大的生态发展潜力。

二是"绿水青山"的保护和建设进一步扩大了"金山银山"体量，为推进生态文明建设提供了良好生态保障。

森林生态系统服务功能不断增强，为美好生活提供了更多优质民生福祉。2018 年，我国森林提供生态系统服务价值达 15.88 万亿元，比 2013 年增长了 25.24%。相当于 2018 年我国 GDP 总值 90.03 万亿元的 17.64%；是当年全国林业产业总产值（7.33 万亿元 / 年）的 2.17 倍。作为"最公平的公共产品"和"最普惠的民生福祉"，森林生态系统相当于每年为每位国民提供 1.14 万元的生态系统服务。与第八次森林资源清查期间相比，全国森林生态系统服务年实物量增长明显。涵养水源功能中调节水量增加了 8.31%，保育土壤功能中固土量增加了 6.80%、保肥量增加了 7.50%，净化大气环境功能中提供负离子量增加了 8.37%、吸收气体污染物量增加了 5.79%、滞尘量增加了 5.36%。

　　三是传承与弘扬中华优秀传统生态文化，增强了文化自信、文化自觉性。

　　森林文化是反映人类与森林生态系统之间相互依存、相互作用、相生共融（荣）的自然人文关系的文化形态和文化现象，是人与自然共同创造并与时俱进、创新发展的物质文化和精神文化的总和。森林的文化价值是人类从森林文化中获取和享受的多种效益，也是自然给予人类福利的价值组成。森林的文化价值评估是对森林文化服务于人类生产生活、经济增长、社会发展和文明建设等方面的物质和精神成果进行价值评估，包括对森林文化服务功能和满足人类需求能力的定性评估。

　　全国森林提供森林文化价值约为 3.10 万亿元。森林文化价值评估方法中相关指标如"人与森林共生时间"就低取值，未计算森林文化价值的外延效益。由于森林的文化价值与森林的生态系统服务价值、经济价值既相互关联又相对独立；国内外关于森林文化价值评估研究多处于定性范畴，基于历史与现实的复杂性和人类认识的局限性，难以做到精准核算并穷尽其价值。而我国森林文化价值核算是首次创新性开展工作，用相对准确的概念界定指标体系并进行定性和定量评估，以后还将深化研究，逐步完善。

　　"中国森林的文化价值评估研究"作为一项开创性的人文科学与自然科学相结合的交叉科学研究，在引入时间价值理论、自然价值理论、协同理论和梯度理论基础上，以"人与森林共生时间"为核心，链接森林文化价值评估指标体系综合指标系数和第九次全国森林资源清查结果，创新性地提出了森林文化物理量和价值量的价值评估法，在国际和国内尚属首创。研究成果对于进一步提升社会对森林多种价值的认识，传承与弘扬中华优秀传统生态文化，增强文化自信、文化自觉等具有重大意义，特别是为践行习近平总书记"绿水青山就是金山银山"理念提供了理论和实践支撑。同时，对区域生态文明建设的成效评估和探索森林生态系统生产总值测算，具有重大意义。

　　四是森林全口径碳中和能力突显，助力实现碳达峰、碳中和目标。

　　根据核算结果显示，我国森林全口径碳中和能力达 4.34 亿吨 / 年，折合成二氧化碳量为 15.91 亿吨。根据中国碳排放网报道，我国 2018 年二氧化碳排放量为 100 亿吨，那么同期全国森林吸收了全国二氧化碳排放量的 15.91%，起到了显著的碳中和作用。据《中国森林资源报告（2014—2018）》，全国森林蓄积量净增 22.79 亿立方米，每年约为 4.5 亿立方米，根据生物量转化因子

（BEF 介于 2.1~5.0）和含碳率（0.445 左右），三者相乘能够粗略地估算森林生态系统植被层年固碳量，估算结果与本核算结果大致相当。据 2020 年 9 月 30 日中国政府网报道，2019 年我国单位国内生产总值二氧化碳排放比 2015 年和 2005 年分别下降约 18.2% 和 48.1%，2018 年森林面积和森林蓄积量分别比 2005 年增加 4509 万公顷和 51.04 亿立方米，成为同期全球森林资源增长最多的国家。通过不断努力，中国已成为全球温室气体排放增速放缓的重要力量。目前，我国人工林面积达 7954.29 万公顷，为世界上人工林最大的国家，其面积约占天然林的 57.36%，但单位面积蓄积生长量为天然林的 1.52 倍，说明我国人工林在森林碳汇方面起到了非常重要的作用。另外，我国森林资源中幼龄林面积占森林面积的 60.94%，中幼龄林处于高生长阶段，具有较高的固碳速率和较大的碳汇增长潜力。

五是核算理论方法日臻完善，为国民经济核算体系作了有益的探索。

本次森林资源核算研究，在前两期研究的基础上，充分吸收和借鉴国内外最新研究成果，在核算评估的理论和方法上不断创新并与我国森林资源管理实践紧密结合，进一步完善了我国森林资源核算的理论框架和方法体系，在理论与实践结合的应用方面处于世界领先水平。

在林木核算方面主要表现：一是研究制定了新的抽样方法。本次核算研究在完善调查抽样方法基础上，完成了《林地林木资源价值核算技术经济指标调查技术规程》。林地林木资源价值核算技术经济指标调查以省级行政区域为总体，采用二阶不等概率的抽样方法调查样本指标，推算总体林地、林木资源资产状况的指标均值。采用二阶不等概率抽样方法，可以在保证抽到更多具有典型性样本的基础上，确保样本均值对总体均值的代表性。二是建立了核算数据填报反馈机制。正式调查前，专门组织专家开展数据调查培训工作，对全国 31 个省（自治区、直辖市）林草部门和各大森工集团的相关工作人员进行集中培训，详细解释调查表的调查方法、调查指标解释和调查方案等，并建立了调查指标数据分析沟通机制；各省、县、国有林场和乡镇建立了多层次组织管理体系，全国近 500 个国有林场和乡镇参与调查工作。

在本次评估中，森林生态连清技术体系得到进一步完善。在标准体系方面，升级了 4 项国家标准，分别为《森林生态系统长期定位观测方法》（GB/T 33027—2016）、《森林生态系统长期定位观测指标体系》（GB/T 35377—

2017）、《森林生态系统服务功能评估规范》（GB/T 38582—2020）和《森林生态系统长期定位观测研究站建设规范》（GB/T 40053—2021），提升了各森林生态站及辅助监测点森林生态连清数据的准确性和可比性；在评估指标和评估方法方面，借鉴国外典型评估案例和项目组近年来的研究成果，在生物多样性保护功能、森林康养功能、滞尘功能的评估方法上进行了修正和完善，首次在全国尺度上对森林植被滞纳 TSP（总悬浮颗粒物）、PM_{10}、$PM_{2.5}$ 指标进行单独评估，并在森林生态系统服务修正系数集上实现了突破；在社会公共数据方面，依据《中华人民共和国环境保护税法》规定的"环境保护税税目税额表"中相关应税污染物当量值和征收税额对森林净化水质、森林吸收气体污染物和滞尘功能的价值量进行了评估。

在文化价值评估中：一是提出了"人与森林共生时间"理论，并将其作为森林文化价值评估量化转换的主导元素。森林文化价值评估，是由多种类型、多项指标、多个因子融合的多目标、贴合实际的综合评估体系。本研究发现，森林的文化价值与人在森林中停留、共生互动的时间成正比，其价值高低与自然力的作用、森林资源要素和环境结构密切相关。不同区域森林的文化价值存在梯度差异。因此，以"人与森林共生时间"作为森林文化价值评估量化转换的主导元素，引入森林文化价值评估指标体系的综合指标系数，创建了森林文化物理量和价值量的评估方法。二是构建了森林文化价值评估指标体系。包括8大类一级指标（审美艺术、身心康养、休闲体验、科研教育、文明演进、传统习俗、伦理道德、制度规范），22项二级指标，53项评估指标因子，同时融合了"森林资源本体文化价值评估"，包括历史的悠久度、级别的珍贵度、影响的广泛度、文化的富集度、文化的贡献度五大要素。将指标体系权重评估定性法，应用于既定区域森林文化质量定性的分级评估。

第二节 森林生态产品价值化实现

习近平总书记在深入推动长江经济带发展座谈会上强调，要积极探索推广绿水青山转化为金山银山的路径，选择具备条件的地区开展生态产品价值实现机制试点，探索政府主导、企业和社会各界参与、市场化运作、可持续的生态产品价值实现路径。探索生态产品价值实现，是建设生态文明的应有之义，也是新时代必须实现的重大改革成果。我国在探索生态产品价值实现进程中，开展了诸多有益工作，例如，在生态产品的产权上，建立归属清晰、权责明确、监管有效的产权制度，培育形成多元化的生态产品市场生产、供给主体；在生态产品的市场体系建设上，创设生态产品及其衍生品交易市场，建设有效的价格发现与形成机制，形成统一、开放、竞争、有序的生态产品市场体系。

森林生态系统服务发挥的"绿色水库""绿色碳库""净化环境氧吧库"和"生物多样性基因库"四个生态库功能，为经济社会的健康发展尤其是人类福祉的普惠提升提供了生态产品保障。目前，如何核算森林生态功能与其服务的转化率以及价值化实现，并为其生态产品设计出科学可行的实现路径，正是当今研究的重点和热点。将基于大量的森林生态系统服务评估实践，开展价值化实现路径设计研究，以期为"绿水青山"向"金山银山"转化提供可复制、可推广的范式。

一、生态产品价值化实现的重大意义

党的十八大以来，党中央高度重视生态文明建设成效，建设生态文明关键在于如何将理论落实到实践，一方面让社会看得见摸得着生态文明建设成果；另一方面将"绿水青山"实实在在转化成"金山银山"（聂宾汗和靳利飞，2019）。生态产品是我国在生态文明建设理念上的重大变革，为"两山"理念提供实践抓手和物质载体，是一个涉及经济、社会、政治等相关领域的系统性工程，具有重大的战略作用和现实意义（张林波等，2019）。我国应将其上升为国家战略，鼓励地方通过积极探索生态产品价值实现的创新实践，汇聚形成生态产品价值实现的"中国经验"，再由"中国经验"打造形成生态产品价值实现的"中国模式"（张林波等，2021）。

党的十九大报告明确提出："既要创造更多物质财富和精神财富以满足人民日益增长的美好生活需要，也要提供更多优质生态产品以满足人民日益增长的优美生态环境需要。"生态产品价值实现理念是我国生态文明建设思想的重大变革，是贯穿习近平生态文明思想的核心主线，是实现"绿水青山就是金山银山"理念的物质载体和实践抓手（张林波等，2021）。森林生态系统功能所产生的服务作为最普惠的生态产品，实现其价值转化具有重大的战略作用和现实意义。因此，建立健全生态产品价值实现机制，既是贯彻落实习近平生态文明思想、践行"绿水青山就是金山银山"理念的重要举措，也是坚持生态优先、推动绿色发展、建设生态文明的必然要求（王兵等，2020）。

具体来说，生态产品价值实现的重大意义有以下几点：

一是表明我国生态文明建设理念的重大变革。生态产品价值实现是我国在生态文明建设理念上的重大变革，环境就是民生（中共中央文献研究室，2016），生态环境被看作是一种能满足人类美好生活需要的优质产品，这样良好生态环境就由古典经济学家眼中单纯的生产原料、劳动的对象转变成为提升人民群众获得感的增长点、经济社会持续健康发展的支撑点、展现我国良好形象的发力点（《党的十九大报告辅导读本》编写组，2017）。生态环境同时具有了生产原料和劳动产品的双重属性，是影响生产关系的重要生产力要素，丰富拓展了马克思生产力与生产关系理论。

二是为"两山"理念提供实践抓手和物质载体。"绿水青山就是金山银山"理念是习近平生态文明思想的重要组成部分，生态产品及其价值实现理念是"两山"理念的核心基石，为"两山"理念提供了实实在在的实践抓手和价值载体。金山银山是人类社会经济生产系统形成的财富的形象比喻，可以用GDP反映金山银山的多少；而生态产品是自然生态系统的产品，是自然生态系统为人类提供丰富多样福祉的统称（张林波等，2019）。习近平总书记指出"将生态环境优势转化为生态农业、生态旅游等生态经济优势，那么绿水青山就变成了金山银山"（习近平，2007）。因此，生态产品所具有的价值就是绿水青山的价值，生态产品就是绿水青山在市场中的产品形式。

三是我国强化经济手段保护生态环境的实践创举。生态环境转化为生态产品，价值规律可以在其生产、流通与消费过程发挥作用，运用经济杠杆可以实现环境治理和生态保护的资源高效配置。将生态产品转化为可以经营开发的经济产品，用搞活经济的方式充分调动起社会各方的积极性，利用市场机制充分配置生态资源，充分利用我国改革开放后在经济建设方面取得的经验、人才、政策等基础，以发展经济的方式解决生态环境的外部不经济性问题（张林波等，2019）。因此，可以说生态产品价值实现是我国政府提出的一项创新性的战略措施和任务，是一项涉及经济、社会、政治等相关领域的系统性工程。

四是将生态产品培育成为我国绿色发展新动能。我国生态产品极为短缺，生态环境是我国建设美丽中国的最大短板（中共中央文献研究室，2016）。研究结果表明，近20年来我国生态资源资产平稳波动的趋势没有与社会经济同步增长（张林波等，2019）；而同时期，经济发达、幸福指数高的国家基本表现为"双增长、双富裕"（TEEB，2009）。生态差距成为我国与发达国家最大的差距，通过提高生态产品生产供给能力可以为我国经济发展提供强大生态引擎。

二、生态产品价值化实现的模式路径

生态产品价值实现是我国政府提出的一项创新性的战略措施和任务，是一项涉及经济、社会、政治等相关领域的系统性工程，在世界范围内还没有在任何一个国家形成成熟的可推广的经验和模式。生态产品价值实现的实质就是生态产品的使用价值转化为交换价值的过程。虽然生态产品基础理论尚未成体系，但国内外已经在生态产品价值实现方面开展了丰富多彩的实践活动，形成了一些有特色、可借鉴的实践和模式。

自然资源部颁布的"生态产品价值实现典型案例"（第一批）中描述到：作为维系生态安全、保障生态调节功能、提供良好人居环境的自然要素，生态产品具有典型的公共物品特征，其价值实现的路径主要有3种：①市场路径，主要表现为通过市场配置和市场交易，实现可直接交易类生态产品的价值；②政府路径，依靠财政转移支付、政府购买服务等方式实现生态产品价值；③政府与市场混合型路径，通过法律或政府行政管控、给予政策支持等方式，培育交易主体，促进市场交易，进而实现生态产品的价值。

生态产品根据公益性程度和供给消费方式，可以分为三种类型和价值实现路径：一是公共性生态产品，主要指产权难以明晰，生产、消费和受益关系难以明确的公共物品，如清新空气、宜人气候等，三江源等重点生态功能区所提供的就是该类能够维系国家生态安全、服务全体人民的公共性生态产品；其价值实现主要采取政府路径，依靠财政转移支付、财政补贴等方式进行"购买"和生态补偿。二是经营性生态产品，主要指产权明确、能直接进行市场交易的私人物品，如生态农产品、旅游产品等；其价值实现主要采取市场路径，通过生态产业化、产业生态化和直接市场交易实现价值。三是准公共性生态产品，主要指具有公共特征，但通过法律或政府规制的管控，能够创造交易需求、开展市场交易的产品，如我国的碳排放权和排污权、德国的生态积分、美国的水质信用等；主要采取政府与市场，相结合路径，政府通过法律或行政管控等方式创造出生态产品的交易需求市场，通过自有交易实现其价值。

以政府为引导、以市场为主体，建立生态产品从资源到资产再到资本的运营转化机制。建立三级市场，明确各级市场的阶段任务、作用发挥主体和生态产品定价主体，通过市场运营实现生态产品价值由抽象到具象（图5-1）。

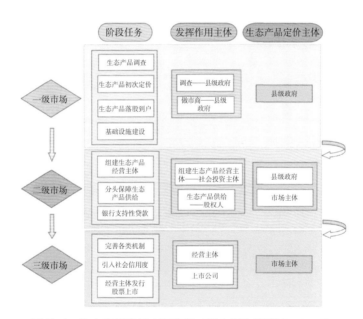

图 5-1　生态产品价值实现路径（聂宾汗和靳利飞，2019）

张林波等（2021）在大量国内外生态文明建设实践调研基础上，搜集了近百个生态产品价值实现实践案例，从生态产品使用价值的交换主体、交换载体、交换机制等角度，将案例经验归纳形成包括生态保护补偿、生态权益交易、资源产权流转、资源配额交易、生态载体溢价、生态产业开发、区域协同发展和生态资本收益8大类、22小类生态产品价值实现的实践模式。王兵等（2020）结合森林生态系统服务评估实践，将9项功能类别与8大类实现路径建立了功能与服务转化率高低和价值化实现路径可行性的大小关系（图5-2）。

生态系统服务价值化实现路径可分为就地实现和迁地实现。就地实现为在生态系统服务产生区域内完成价值化实现，例如，固碳释氧、净化大气环境等生态功能价值化实现；迁地实现为在生态系统服务产生区域之外完成价值化实现，例如，大江大河上游森林生态系统涵养水源功能的价值化实现需要在中、下游予以体现。

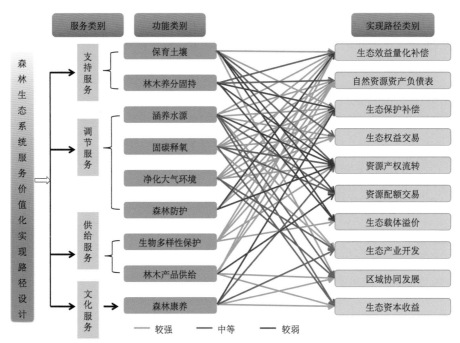

不同颜色代表了功能与服务转化率的高低和价值化实现路径可行性的大小

图 5-2　生态产品价值实现的模式路径

三、生态产品价值化实现的典型案例

（一）森林生态效益精准量化补偿实现路径

森林生态效益科学量化补偿是基于人类发展指数的多功能定量化补偿，结合了森林生态系统服务和人类福祉的其他相关关系，并符合不同行政单元财政支付能力的一种给予森林生态系统服务提供者的奖励。

　　探索开展生态产品价值计量，推动横向生态补偿逐步由单一生态要素向多生态要素转变，丰富生态补偿方式，加快探索"绿水青山就是金山银山"的多种现实转化路径。公共性生态产品生产者的权利通过使公共性生态产品的价值实现而实现，才能够保障与社会所需要的公共性生态产品的供给量。该路径应由政府主导，以市场为主体，多元参与，充分发挥财政与金融资本的协同效应。2016年，国务院办公厅印发《关于健全生态保护补偿机制的意见》（以下简称《意见》），指出实施生态保护补偿是调动各方积极性、保护好生态环境的重要手段，是生态文明制度建设的重要内容。《意见》强调要牢固树立创新、协调、绿色、开放、共享的发展理念，不断完善转移支付制度，探索建立多元化生态保护补偿机制，逐步扩大补偿范围，合理提高补偿标准，有效调动全社会参与生态环境保护的积极性，促进生态文明建设迈上新台阶。国内外开展了大量形式多样、机制灵活的生态补偿实践，国际上普遍的做法是通过开征绿色税或生态税等多种途径拓展生态补偿的资金来源，建立专门负责生态补偿的机构和专项基金，通过政府财政转移支付或市场机制进行生态补偿。哥斯达黎加成功建立起生态补偿的市场机制，成立了专门负责生态补偿的国家森林基金机构，通过国家投入资金，与私有企业签订协议、项目和市场工具等多样化渠道筹集资金，以环境服务许可证的方式购买水源涵养、生态固碳、生物多样性和生态旅游等生态产品，极大地调动了全国民众生态保护与建设的热情，使其森林覆盖率由1986年的21%增至2012年的52%，森林保护走向商业化，也推动了农民的脱贫和资源再分配，其政府购买生态产品的市场化补偿模式成为国际生态补偿的成功典范。2020年4月，财政部等4部门联合发布了《支持引导黄河全流域建立横向生态补偿机制试点实施方案》的通知，目的是通过逐步建立黄河流域生态补偿机制，立足黄河流域各地生态保护治理任务不同特点，遵循"保护责任共担、流域环境共治、生态效益共享"的原则加快实现高水平保护，推动流域高质量发展，保障黄河长治久安。该方案指出的黄河全流域建立横向生态补偿机制主要措施是建立黄河流域生态补偿机制管理平台、中央财政安排引导资金和鼓励地方加快建立多元化横向生态补偿机制。北京市推动密云水库上游潮白河流域生态保护补偿。

　　例如，内蒙古大兴安岭林区森林生态系统服务功能评估利用人类发展指数，从森林生态效益多功能定量化补偿方面进行了研究，计算得出森林生态效益定量化补偿系数、财政相对能力补偿指数、补偿总量及补偿额度。结果表明：森林生态效益多功能生态效益补偿额度为 232.80 元 /（公顷·年），为政策性补偿额度（平均每年每公顷 75 元）的 3 倍。由于不同优势树种（组）的生态系统服务存在差异，在生态效益补偿上也应体现出差别，经计算得出：主要优势树种（组）生态效益补偿分配系数介于 0.07%~46.10%（图 5-3），补偿额度最高的为枫桦 303.53 元 / 公顷，其次为其他硬阔类 299.94 元 / 公顷。这部分属于纵向生态补偿，补偿资金可由中央、省级和地方三级财政承担，最新的《全国重要生态系统保护和修复重大工程总体规划（2021—2035 年）》也指出按照中央和地方财政事权和支出责任划分，将全国重要生态系统保护和修复重大工程作为各级财政的重点支持领域，进一步明确支出责任，切实加大资金投入力度。可见，生态补偿具有较强的可行性。生态保护补偿是公共性生态产品最基本、最基础的经济价值实现手段，大兴安岭林业集团在纵向生态补偿、生态建设投资和个人补贴补助方面均采用了一定的实施手段和方法，有效地推动生态产品的价值实现。

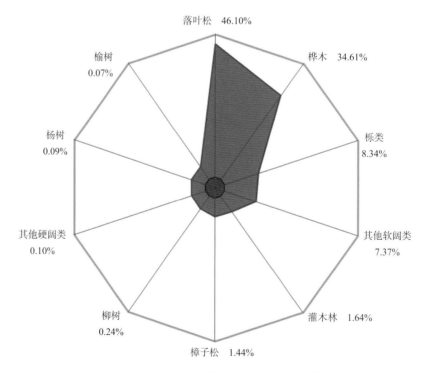

图 5-3　大兴安岭林区主要优势树种（组）生态效益补偿分配系数

（二）自然资源资产负债表编制实现路径

> 自然资源资产负债表是用于自然资源资产管理的统计管理报表体系，它反映被评估区域或部门在某时点间所占有的可测量、可报告、可核查的自然资源资产状况，以及某时点被评估区域所应承担的自然资源负债状况。

编制自然资源资产负债表的实地实践，切实符合我国可持续发展的要求，对于解决环境破坏、生态失衡等问题以及进一步加强自然资源监督管理具有重大的现实意义。森林资源作为自然资源的重要组成、"山水田林湖草"生命共同体重要的一部分，对于维护生态平衡，提高环境质量起到不可代替的作用。目前，我国正大力推进的自然资源资产负债表编制工作，这是政府对资源节约利用和生态环境保护的重要决策，这是政府对资源节约利用和生态环境保护的重要决策。根据国内外研究成果，自然资源资产负债表包括3个账户，分别为一般资产账户、森林资源资产账户和森林生态系统服务账户。

例如，内蒙古自治区在探索编制负债表的进程中，先行先试，率先突破，探索出了编制森林资源资产负债表的可贵路径，使国家建立这项制度、科学评价领导干部任期内的生态政绩和问责成为了可能。内蒙古自治区为客观反映森林资源资产的变化，编制负债表时以翁牛特旗高家梁乡、桥头镇和亿合公镇3个林场为试点创新性地分别设立了3个账户，即一般资产账户、森林资源资产账户和森林生态系统服务账户，还创新了财务管理系统管理森林资源，使资产、负债和所有者权益的恒等关系一目了然。

（三）退耕还林工程生态保护补偿与生态载体溢价价值化实现路径

退耕还林工程就是从保护生态环境出发，有计划、有步骤地停止耕种水土流失、沙化、盐碱化、石漠化严重的耕地以及粮食产量低而不稳的耕地，因地制宜地造林种草，恢复植被。集中连片特困区的退耕还林工程既是生态修复的"主战场"，也是国家扶贫攻坚的"主战场"。退耕还林作为"生态扶贫"的重要内容和林业扶贫"四个精准"举措之一，在全面打赢脱贫攻坚战中承担了重要职责，发挥了重要作用。经评估得出：退耕还林工程在集中连片特困区产生了明显的社会和经济效益。

> 生态保护补偿狭义上是指政府或相关组织机构从社会公共利益出发向生产供给公共性生态产品的区域或生态资源产权人支付的生态保护劳动价值或限制发展机会成本的行为，是公共性生态产品最基本、最基础的经济价值实现手段（张林波等，2019）。

> 生态载体溢价是指将无法直接进行交易的生态产品的价值附加在工业、农业或服务业产品上通过市场溢价销售实现价值的模式，是一种重要的生态产品价值市场化实现的方式（张林波等，2019）。

1. 退耕还林工程生态保护补偿价值化实现路径

退耕还林工程实施以来，退耕农户在政策补助中户均直接收益达 9800 多元，占退耕农民人均纯收入的 10%，宁夏一些县级行政区甚至达 45% 以上。截至 2017 年年底，集中连片特困地区的 341 个被监测县级行政区共有 1108.31 万个农户家庭参与了退耕还林工程，占这些地方农户总数的 30.54%，农户参与数分别为 1998 年和 2007 年的 369 倍和 2.50 倍，所占比重分别比 1998 年和 2007 年上升了 23.32% 和 14.42%。黄河流域的六盘山区和吕梁山区属于集中连片特困地区，参与退耕还林工程的农户数分别为 16.69 万户和 31.50 万户，参与率分别为 20.92% 和 38.16%。通过政策性补助的方式，提升了参与农户的收入水平。

2. 退耕还林工程生态载体溢价价值化实现路径

一是以林脱贫的长效机制开始建立。新一轮退耕还林工程不限定生态林和经济林比例，农户根据自己意愿选择树种，这有利于实现生态建设与产业建设协调发展，生态扶贫和精准扶贫齐头并进，以增绿促增收，奠定了农民以林脱贫的资源基础。据监测结果显示，样本户的退耕林木有六成以上已成林，且 90% 以上长势良好，三成以上的农户退耕地上有收入。甘肃省康县平洛镇瓦舍村是建档立卡贫困村，2005 年通过退耕还林种植 530 亩（约 35.33 公顷）核桃，现在每株可挂果 8 千克，每亩收入可达 2000 元（合每公顷收入 6 万元），贫困户人均增收 2200 元。

二是实现绿岗就业。退耕还林实现了农民以林就业。2017 年样本县农民在退耕林地上的林业就业率为 8.01%，比 2013 年增加了 2.26%。自 2016 年开始，中央财政安排 20 亿元购买生态系统服务，聘用建档立卡贫困群众为生态护林员。一些地方政府把退耕还林工程与生态护林员政策相结合，通过购买劳务的方式，将一批符合条件的贫困退耕人口转化为生态护林员，并积极开发公益岗位，促进退耕农民就业。

三是培育地区新的经济增长点。第一，林下经济快速发展。2017 年，集中连片特困地区监测县在退耕地上发展的林下种植和林下养殖产值分别达到 434.3 亿元和 690.1 亿元，分别比 2007 年增加 3.37 倍和 5.36 倍。宁夏回族自治区彭阳县借助退耕还林工程建设，大力发展林下生态鸡，探索出"合作社＋农户＋基地"的模式，建立产销一条龙的机制，直接经济收入达到 4000 万元。第二，中药材和干鲜果品发展成绩突出。2017 年，集中连片特困地区监测县在退耕地上种植的中药材和干鲜果品的产量分别为 34.4 万吨和 225.2 万吨，与 2007 年相比，在退耕地上发展的中药材增长了 5.97 倍，干鲜果品增长 5.54 倍。第三，森林旅游迅猛发展。2017 年集中连片特困地区监测县的森林旅游人次达到 4.8 亿人次，收入达到 3471 亿元，是 2007 年的 4 倍、1998 年的 54 倍。

（四）"绿色水库"功能区域协同发展价值化实现路径

潮白河发源于河北省承德市丰宁县和张家口市沽源县，经密云水库的泄水分两股进入潮白河系，一股供天津生活用水；一股流入北京市区，是北京重要水源之一。根据《北京市水资源公报（2015）》，北京市 2015 年对潮白河的截流量为 2.21 亿立方米，占北京当年用水量（38.2 亿立方米）的 5.79%。同年，张承地区潮白河流域森林涵养水源的"绿色水库"功能为 5.28 亿立方米，北京市实际利用潮白河流域森林涵养水源量占其"绿色水库"功能的 41.86%。滦河发源地位于燕山山脉的西北部，向西北流经沽源县，经内蒙古自治区正蓝旗转向东南又进入河北省丰宁县。河流蜿蜒于峡谷之间，至潘家口越长城，经罗家屯龟口峡谷入冀东平原，最终注入渤海。根据《天津市水资源公报（2015）》，2015 年，天津市引滦调水量为 4.51 亿立方米，占天津市当年用水量（23.37 亿立方米）的 19.30%。同年，张承地区滦河流域森涵养水源的"绿色水库"功能为 25.31 亿立方米 / 年，则天津市引滦调水量占其滦河流域森林

"绿色水库"功能的 17.82%。作为京津地区的生态屏障，张承地区森林生态系统对京津地区水资源安全起到了非常重要的作用。森林涵养的水源通过潮白河、滦河等河流进入京津地区，缓解了京津地区水资源压力。京津地区作为水资源生态产品的下游受益区，应该在下游受益区建立京津—张承协作共建产业园，这种异地协同发展模式不仅保障了上游水资源生态产品的持续供给，同时为上游地区提供了资金和财政收入，有效地减少上游地区土地开发强度和人口规模，实现上游重点生态功能区定位。

> 区域协同发展是指公共性生态产品的受益区域与供给区域之间通过经济、社会或科技等方面合作实现生态产品价值的模式，是有效实现重点生态功能区主体功能定位的重要模式，是发挥中国特色社会主义制度优势的发力点（张林波等，2019）。

（五）净化水质功能资源产权流转价值化实现路径

在全面停止天然林商业性采伐后，吉林省长白山森工集团面临着巨大的转型压力，但其森林生态系统服务是巨大的，尤其是在净化水质方面，其优质的水资源已经被人们所关注。中国森林涵养水源量为 6289.50 亿立方米 / 年，这部分水资源大部分会以地表径流的方式流出森林生态系统，其余的以入渗的方式补给了地下水，之后再以泉水的方式涌出地表，成为优质的水资源。例如，农夫山泉在全国有 7 个水源地，其中之一便位于吉林长白山。吉林长白山森工集团有自有的矿泉水品牌——泉阳泉，水源也全部来自长白山。根据"农夫山泉吉林长白山有限公司年产 99.88 万吨饮用天然水生产线扩建项目"环评报告（2015 年 12 月），该地扩建之前年生产饮用矿泉水 80.12 万吨，扩建之后将会达到 99.88 万吨 / 年，按照市场上最为常见的农夫山泉瓶装水（550 毫升）的销售价格（1.50 元），将会产生 27.24 亿元 / 年的产值。"吉林森工集团泉阳泉饮品有限公司"官方网站数据显示，其年生产饮用矿泉水量为 200 万吨，按照市场上最为常见的泉阳泉瓶装水（600 毫升）的销售价格（1.50 元），年产值将会达到 50.00 亿元。由于这些产品绝大部分是在长白山地区以外实现的价值，则其价值化实现路径属于迁地实现。农夫山泉和泉阳泉年均灌装矿泉水量为 299.88 万吨，仅占长白山林区多年平均地下水天然补给量的 0.41%，经济效益就达到 81.79 亿元 / 年。这种以资源产权流转模式的价值化实现路径，能够进一步推进森林资源的优化管理，也利于生态保护目标的实现。

> 资源产权流转模式是指具有明确产权的生态资源通过所有权、使用权、经营权、收益权等产权流转实现生态产品价值增值的过程，实现价值的态产品既可以是公共性生态产品，也可以是经营性生态产品（马建堂，2019）。

（六）绿色碳中和功能生态权益交易价值化实现路径

森林生态系统是通过植被的光合作用，吸收空气中的二氧化碳，进而开始了一系列生物学过程，在释放氧气的同时，还产生大量的负氧离子、萜烯类物质和芬多精等，提升森林空气环境质量。生态权益交易是指生产消费关系较为明确的生态系统服务权益、污染排放权益和资源开发权益的产权人和受益人之间直接通过一定程度的市场化机制实现生态产品价值的模式，是公共性生态产品在满足特定条件成为生态商品后直接通过市场化机制方式实现价值的唯一模式，是相对完善成熟的公共性生态产品直接市场交易机制，相当于传统的环境权益交易和国外生态系统服务付费实践的合集。

森林生态系统通过"绿色碳汇"功能吸收固定空气中的二氧化碳，起到弹性减排的作用，减轻工业减排的压力。通过测算可知，广西壮族自治区森林生态系统固定二氧化碳量为 1.79 亿吨 / 年，但广西壮族自治区同期工业二氧化碳排放量为 1.55 亿吨，所以，广西壮族自治区工业排放的二氧化碳完全可以被森林所吸收，其生态系统服务转化率达到 100%，实现了二氧化碳零排放，固碳功能价值完成了就地实现路径，功能与服务转化率达到 100%。而其他多余的森林碳汇量则为华南地区的周边地区提供了碳汇功能，比如广东省。这样，两省（自治区）之间就可以实现优势互补。因此，广西壮族自治区森林在华南地区起到了"绿色碳库"的作用。广西壮族自治区政府可以采用生态权益交易中的污染排放权益模式，将森林生态系统"绿色碳库"功能以碳封存的方式放到市场上交易，用于企业的碳排放权购买。利用工业手段捕集二氧化碳过程成本 200~300 元 / 吨，那么广西壮族自治区森林生态系统"绿色碳库"功能价值量将达 358 亿~537 亿元 / 年。

> 生态权益交易是指生产消费关系较为明确的生态系统服务权益、污染排放权益和资源开发权益的产权人和受益人之间直接通过一定程度的市场化机制实现生态产品价值的模式，是公共性生态产品在满足特定条件成为生态商品后直接通过市场化机制方式实现价值的唯一模式，是相对完善成熟的公共性生态产品直接市场交易机制，相当于传统的环境权益交易和国外生态系统服务付费实践的合集（张林波等，2019）。

（七）森林康养功能生态产业开发价值化实现路径

生态产业开发的关键是如何认识和发现生态资源的独特经济价值，如何开发经营品牌提高产品的"生态"溢价率和附加值。森林康养就是利用特定森林环境、生态资源及产品，配备相应的养生休闲及医疗、康体服务设施，开展以修养身心、调适机能、延缓衰老为目的的森林游憩、度假、疗养、保健、休闲、养老等活动的统称。从森林生态系统长期定位研究的视角切入，与生态康养相融合开展的五大连池森林氧吧监测与生态康养研究，依照景点位置、植被典型性、生态环境质量等因素，将五大连池风景区划分为 5 个一级生态康养功能区划，分别为氧吧—泉水—地磁生态康养功能区、氧吧—泉水生态康养功能区、氧吧—地磁生态康养功能区、氧吧生态康养功能区和生态休闲区，其中氧吧—泉水—地磁生态康养功能区和氧吧—地磁生态康养功能区所占面积较大，占区域总面积的 56.93%，氧吧—泉水—地磁生态康养功能区包含药泉、卧虎山、药泉山和格拉球山等景区。2017 年，五大连池风景区接待游客 163 万人次，接纳国内外康疗和养老人员 25 万人次，占旅游总人数的 15.34%，由于地理位置优势，接纳的俄罗斯康疗和养老人员达 9 万人次，占康疗和养老人数的 36%。有调查表明，37% 的俄罗斯游客有 4 次以上到五大连池疗养的体验，这些重游的俄罗斯游客不仅自己会多次来到五大连池，还会将五大连池宣传介绍给亲朋好友，带来更多的游客，有 75% 的俄罗斯游客到五大连池旅游的主要目的是医疗养生，可见五大连池最吸引俄罗斯游客的特色还是医疗养生。五大连池风景区管委会应当利用生态产业开发模式，以生态康养功能区划为目标，充分利用氧吧、泉水、地磁等独特资源，大力推进五大连池森林生态康养产业的发展，开发经营品牌提高产品的"生态"溢价率和附加值。

> 生态产业开发是经营性生态产品通过市场机制实现交换价值的模式，是生态资源作为生产要素投入经济生产活动的生态产业化过程，是市场化程度最高的生态产品价值实现方式（张林波等，2019）。

（八）沿海防护林生态保护补偿价值化实现路径

海岸带地区是全球人口、经济活动和消费活动高度集中的地区，同时也是海洋自然灾害最为频繁的地区。台风、洪水、风暴潮等自然灾害给沿海地区人民群众的生命安全和财产安全带来严重的威胁。沿海防护林能降低台风风速、削减波浪能和浪高、降低台风过程洪水的水位和流速，从而减少台风灾害，提供海岸防护服务。同时，海岸带是实施海洋强国战略的主要区域，也是保护沿海地区生态安全的重要屏障。经过对秦皇岛市沿海防护林的实地调查，其对于降低风对社会经济以及人们生产生活的损害，起到了非常重要的作用。通过评估得出，秦皇岛市沿海防护林面积为 1.51 万公顷，其沿海防护功能价值量为 30.36 亿元／年，占总价值量的 7.36%。其中，4 个国有林场的沿海防护功能价值量为 8.43 亿元／年，占全市沿海防护功能价值量的 27.77%，但是其沿海防护林面积为 5019.05 公顷，占全市沿海防护林总面积的 33.24%。那么，秦皇岛市可以考虑生态保护补偿中纵向补偿的模式，以上级政府财政转移支付为主要方式，对沿海防护林防护功能进行生态保护补偿，使沿海地区免遭或者减轻了台风对于区域内生产生活基础设施的破坏，维持人们的正常生活秩序。

（九）植被恢复区生态产品载体溢价价值化实现路径

以山东省原山林场为例，原山林场建场之初森林覆盖率不足 2%，到处是荒山秃岭。但通过开展植树造林、绿化荒山的生态修复工程，原山林场经营面积由 1996 年的 2706.67 公顷增加到 2014 年的 2933.33 公顷，活力木蓄积量由 8.07 万立方米增长到了 19.74 万立方米，森林覆盖率由 82.39% 增加到 94.4%。目前，原山林场森林生态系统服务总价值量为 18948.04 万元／年，其中以森林康养功能价值量最大，占总价值量的 31.62%，森林康养价值实现路径为就地实现。原山林场目前尝试了生态载体溢价的生态系统服务价值化实现路径，即旅游地产业，通过改善区域生态环境增加生态产品供给能力。带动区域土地房产增值是典型的生态产品直接载体溢价模式。另外，为促进文化产业的发展，依托在植被恢复过程中凝聚出来的"原山精神"，已经在原山林场森林康养功能上实现了生态载体溢价。原山林场应结合目前以多种形式开展的"场外造林"活动，提升造林区域生态环境质量，结合自身成功的经营理念，更大限度地实现生态载体溢价的生态系统服务价值化。

参考文献

戴广翠，黄东，高岚，等，2007. 从森林环境经济核算看林业对国民经济的贡献——《联合国粮农组织林业环境与经济核算指南》案例研究[J]. 绿色中国（8）：29-36.

丁访军，周华，吴鹏，等，2020. 贵州省森林生态连清监测网络构建与生态系统服务功能研究[M]. 北京：中国林业出版社.

董秀凯，管清成，徐丽娜，等，2017. 吉林省白石山林业局森林生态系统服务功能研究[M]. 北京：中国林业出版社.

甘先华，黄钰辉，陶玉柱，等，2020. 广东省林业生态连清体系网络布局与监测实践[M]. 北京：中国林业出版社.

高敏雪，王金南，2004. 中国环境经济核算体系的初步设计[J]. 环境经济（9）：27-33.

顾丽，郑小贤，龚直文，2015. 长白山森林植被碳储量与碳汇价值评价[J]. 西北林学院学报，30（4）：192-197.

郭兆迪，胡会峰，李品，等，2013. 1977—2008年中国森林生物量碳汇的时空变化[J]. 中国科学：生命科学，43（5）：421-431.

国家林业和草原局，2019. 退耕还林工程综合效益监测国家报告（2017）[M]. 北京：中国林业出版社.

国家林业和草原局，2019. 中国森林资源报告（2014—2018）[M]. 北京：中国林业出版社.

国家林业和草原局，2021. 森林生态系统长期定位观测研究站建设规范（GB/T 40053—2021）[S]. 北京：中国标准出版社.

国家林业和草原局，2020. 森林生态系统服务功能评估规范（GB/T 38582—2020）[S].北京：中国标准出版社.

国家林业局，2016. 森林生态系统长期定位观测方法（GB/T 33027—2016）[S]. 北京：中国标准出版社.

国家林业局,2007. 热带森林生态系统定位观测指标体系(LY/T 1687—2007)[S].北京:中国标准出版社.

国家林业局,2007a.干旱半干旱区森林生态系统定位监测指标体系(LY/T 1688—2007)[S].北京:中国标准出版社.

国家林业局,2007b. 暖温带森林生态系统定位观测指标体系(LY/T 1689—2007)[S].北京:中国标准出版社.

国家林业局,2008. 寒温带森林生态系统定位观测指标体系(LY/T 1722—2008)[S].北京:中国标准出版社.

国家林业局,2010.中国森林资源报告(2004—2008)[M].北京:中国林业出版社.

国家林业局,2010a. 森林生态系统定位研究站数据管理规范(LY/T 1872—2010)[S].北京:中国标准出版社.

国家林业局,2010b. 森林生态站数字化建设技术规范(LY/T 1873—2010)[S].北京:中国标准出版社.

国家林业局,2014. 森林生态系统生物多样性监测与评估规范(LY/T 2241–2014)[S].北京:中国标准出版社.

国家林业局,2017. 森林生态系统长期定位观测指标体系(GB/T 35377—2017)[S].北京:中国标准出版社.

国家林业局,2014.中国森林资源报告(2009—2013)[M].北京:中国林业出版社.

国家林业局,2015.退耕还林工程生态效益监测国家报告[M].北京:中国林业出版社.

国家林业局,2016a.天然林资源保护工程东北、内蒙古重点国有林区效益监测国家报告[M].北京:中国林业出版社.

国家林业局,2016b.退耕还林工程生态效益监测国家报告[M].北京:中国林业出版社.

国家林业局,2018.中国森林资源及其生态功能四十年监测与评估[M].北京:中国林业出版社.

国家林业局,2015.森林资源资产评估技术规范(LY/T 2407—2015)[S].

韩玉洁,李琦,王兵,等.2018.上海市森林生态连清与生态系统服务研究[M].

北京：中国林业出版社.

孔繁文，何乃蕙，高岚，1990.中国森林资源价值的初步核算[J].数量经济技术经济研究（11）：56-64.

孔繁文，1992.试论森林环境资源核算[J].生态经济，15（3）：16-21.

李金华，2008.中国国民经济核算体系的扩展与延伸——来自联合国三大核算体系比较研究的启示[J].经济研究（3）：125-137.

李金华，2009.中国环境经济核算体系范式的设计与阐释[J].中国社会科学（1）：15.

李景全，牛香，曲国庆，等，2017.山东省济南市森林与湿地生态系统服务功能研究[M].北京：中国林业出版社.

李怒云，宋维明，2006.气候变化与中国林业碳汇政策研究综述[J].林业经济（5）：60-64+80.

李文华，2008.生态系统服务功能价值评估的理论、方法与应用[M].北京：中国人民大学出版社.

李忠魁，陈绍志，张德成，等，2016.对我国森林资源价值核算的评述与建议[J].林业资源管理（1）：9-13.

联合国，等，2005.综合环境经济核算（SEEA-2003）[M].丁言强，等，译.北京：中国经济出版社.

联合国粮农组织，2004.联合国粮农组织林业环境与经济核算指南——跨部门政策分析工具[R].戴广翠，等，译.

刘随存，孙拖焕，李振龙，等，2019.山西省直国有林森林生态系统服务功能研究[M].北京：中国林业出版社.

孟祥江，2011.中国森林生态系统价值核算框架体系与标准化研究[D].北京：中国林业科学研究院.

聂宾汗，靳利飞，2019.关于我国生态产品价值实现路径的思考[J].中国国土资源经济，32（7）：34-37+57.

牛香，胡天华，王兵，等，2017.宁夏贺兰山国家级自然保护区森林生态系统服务功能评估[M].北京：中国林业出版社.

牛香，鲁铭，王慧，等，2020.森林氧吧监测与生态康养研究——以黑河五大连池风景区为例[M].北京：中国林业出版社.

牛香，薛恩东，王兵，等，2017. 森林治污减霾功能研究——以北京市和陕西关中地区为例[M]. 北京：科学出版社.

牛香，2012. 森林生态效益分布式测算及其定量化补偿研究——以广东和辽宁省为例[D]. 北京：北京林业大学.

欧盟统计局，2004. 欧洲森林环境与经济综合核算框架IEEAF-2002[R]. 吴水荣，等，译.

潘金生，张红蕾，黄龙生，等，2019. 内蒙古呼伦贝尔市森林生态系统服务功能及价值研究[M]. 北京：中国林业出版社.

潘勇军，2013. 基于生态GDP核算的生态文明评价体系构建[D]. 北京：中国林业科学研究院.

彭明俊，杨旭，陈建洪，等，2021. 云南省昆明市海口林场森林生态系统服务功能研究[M]. 北京：中国林业出版社.

任军，宋庆丰，山广茂，等，2016. 吉林省森林生态连清与生态系统服务研究[M]. 北京：中国林业出版社.

孙建博，王兵，周霄羽，等，2020. 山东省淄博市原山林场森林生态系统服务功能及价值研究[M]. 北京：中国林业出版社.

王兵，陈佰山，闫宏光，等，2020. 内蒙古大兴安岭重点国有林管理局森林与湿地生态系统服务功能研究与价值评估[M]. 北京：中国林业出版社.

王兵，丁访军，2012. 森林生态系统长期定位研究标准体系[M]. 北京：中国林业出版社.

王兵，鲁绍伟，2009. 中国经济林生态系统服务价值评估[J]. 应用生态学报，20（2）：417-425.

王兵，牛香，陶玉柱，等，2018. 森林生态学方法论[M]. 北京：中国林业出版社.

王兵，宋庆丰，2012. 森林生态系统物种多样性保育价值评估方法[J]. 北京林业大学学报，34（2）：157-160.

王兵，魏江生，胡文，2011. 中国灌木林—经济林—竹林的生态系统服务功能评估[J]. 生态学报，31（7）：1936-1945.

王兵，赵博，牛香，等，2018. 辽宁省生态公益林资源现状及生态系统服务功能研究[M]. 北京：中国林业出版社.

王兵，2015.森林生态连清技术体系构建与应用[J].北京林业大学学报，37（1）：1-8.

王宏伟，刘建杰，景谦平，等，2019.森林资源价值核算体系探讨[J].林业经济，325（8）：63-69.

习近平，2017.习近平谈治国理政：第2卷[M].北京：外文出版社.

习近平，2017.之江新语[M].杭州：浙江出版联合集团、浙江人民出版社.

向书坚，2006.2003年SEEA需要进一步研究的主要问题[J].统计研究，23（6）：17-21.

肖建武，康文星，尹少华，等，2009.城市森林固碳释氧功能及经济价值评估——以第三个"国家森林城市"长沙市为实证分析[J].林业经济问题，29（2）：129-132.

杨国亭，王兵，殷彤，等，2016.黑龙江省森林生态连清与生态系统服务研究[M].北京：中国林业出版社.

张德全，张靖，王风臻，等，2019.山东省森林资源价值评估研究[J].山东林业科技，245（6）：78-81.

张林波，虞慧怡，郝超志，等，2021.国内外生态产品价值实现的实践模式与路径[J].环境科学研究，34（6）：1407-1416.

张林波，虞慧怡，李岱青，等，2019.生态产品内涵与其价值实现途径[J].农业机械学报，2050（6）：173-183.

张维康，2016.北京市主要树种滞纳空气颗粒物功能研究[D].北京：北京林业大学.

张颖，李晓格，2022.碳达峰碳中和目标下北京市森林碳汇潜力分析[J].资源与产业，24（1）：15-25.

张颖，潘静，Ernst-August Nuppenau，2015.森林生态系统服务价值评估研究综述[J].林业经济，37（10）：101-106.

张颖，潘静，2016.森林碳汇经济核算及资产负债表编制研究[J].统计研究，33（11）：71-76.

张颖，2003.森林资源核算的理论、方法、分类和框架[J].林业科技管理，（2）：11-14，21.

张长江，2006.江苏省生态环境的经济核算研究[D].南京：南京林业大学.

中共中央文献研究室，2016.习近平总书记重要讲话文章选编[M]. 北京： 中央文献出版社、党建读物出版社.

中国国家标准化管理委员会，2008. 综合能耗计算通则（GB 2589—2008）[M]. 北京：中国标准出版社.

中国森林资源核算及纳入绿色GDP研究项目组，2010. 绿色国民经济框架下的中国森林核算研究[M]. 北京：中国林业出版社.

中国森林资源核算研究项目组，2015. 生态文明构建中的中国森林资源核算研究[M]. 北京：中国林业出版社.

中国森林资源价值核算及纳入绿色GDP项目考察团，胡章翠，戴广翠，等，2008. 日本森林生态服务价值核算考察报告[J]. 林业经济（1）：77–80.

中华人民共和国国家统计局，2019.中国统计年鉴（2018）[M]. 北京：中国统计出版社.

Daily G C，1998. Nature's services：Societal dependence on natural ecosystems[M]. Washington DC：Island Press.

Niu X，Wang B，2014. Assessment of forest ecosystem services in China：A methodology [J]. Journal of Food，Agriculture & Environment，11：2249–2254.

Niu X，Wang B，Liu S R，2012．Economical assessment of forest ecosystem services in China： Characteristics and implications[J]. Ecological Complexity. 11：1–11.

Niu X，Wang B，Wei W J，2013. Chinese forest ecosystem research network：A platform for observing and studying sustainable forestry[J]. Journal of Food，Agriculture & Environment，11（2）：1008–1016.

Sutherland W J，Armstrong B S，Armsworth P R，et al. The identification of 100 ecological questions of high policy relevance in the UK[J]. Journal of Applied Ecology，43：617–627.

TEEB，2009. The economics of ecosystems and biodiversity for national and international policy makers–summary：Responding to the value of nature[M]. London：Earthscan Ltd.

UK National Ecosystem Assessment，2011. The UK national ecosystem assessment technical report[M]. UNEP–WCMC, Cambridge.

United Nations, European Commission, Food and Agriculture Organization, et al. System of environmental–economic accounting 2012——central framework [EB/OL]. https: //seea.un.org/sites/seea.un.org/files/seea_cf_final_en.pdf.

United Nations, European Commission, Food and Agriculture Organization, et al. System of environmental–economic accounting 2012——experimental ecosystem accounting. [EB/OL]. https: //seea.un.org/sites/seea.un.org/files/seea_eea_final_en_1.pdf.

United Nations, European Commission, International Monetary Fund, Organization for Economic Cooperation and Development, The World Bank, 2003. Integrated environmental and economic accounting [EB/OL]. https: //www.docin.com/p–457903215.html.

United Nations, 2012. System of environmental economic accounting central framework.

United Nations. Integrated environmental and economic accounting [EB/OL]. https: //unstats.un.org/unsd/publication/Seriesf/Seriesf_61E.PDF.

Wang B, Wang D, Niu X, 2013a. Past, present and future forest resources in China and the implications for carbon sequestration dynamics[J]. Journal of Food, Agriculture & Environment, 11（1）: 801–806.

Wang B, Wei W J, Liu C J, et al, 2013b. Biomass and carbon stock in Moso Bamboo forests in subtropical China: Characteristics and implications[J]. Journal of Tropical Forest Science, 25（1）: 137–148.

Wang B, Wei W J, Xing Z K, et al, 2012. Biomass carbon pools of cunninghamia lanceolata（Lamb.）Hook. forests in subtropical China: Characteristics and potential[J]. Scandinavian Journal of Forest Research: 1–16.

附　件

中国森林资源核算启动和成果发布情况

一、第一期中国森林资源核算情况

（一）第一期中国森林资源核算启动

为推动我国绿色国民经济核算体系的构建与运行，适应建立绿色 GDP 统计指标体系的需要，国家林业局、国家统计局于 2004 年 4 月 9 日在北京启动第一期中国森林资源核算。

这项研究是树立和落实科学发展观的重要行动和重大举措，将从国家长远发展和民众根本利益的战略高度出发，力求将经济增长与生态保护统一起来，全面、综合、客观、科学地反映国民经济活动的成果与代价。其中，在绿色 GDP 自然资源核算框架体系中，森林资源核算是重要内容之一。这是一项具有前瞻性、创新性和富有战略意义的重大研究课题，是当今时代和国际大趋势要求我们必须做出的战略选择。这一项目无论在理论方法上还是在工作实践上的创新和突破，都将对国家经济社会发展，对林业可持续发展，乃至对国际综合环境经济核算的努力，作出重要贡献。

项目重点对森林资源核算及纳入绿色 GDP 的理论与方法、实物量与价值量、范围与途径等森林资源的绿色核算与绿色政策开展研究，系统计量中国森林的林地林木、涵养水源、保持水土、防风固沙、森林游憩以及保护生物多样性等的经济价值和生态价值。

全国绿化委员会副主任、国家林业局局长周生贤担任"中国森林资源核算及纳入绿色 GDP 研究"项目领导小组组长，副组长由国家林业局党组成员、中国林业科学研究院院长江泽慧，国家统计局局长李德水，科技部副部长李学勇，国家林业局副局长雷加富担任。项目专家指导委员会主任由江泽慧兼任，副主任由国家统计局副局长邱晓华，全国人大常委、中国工程院院士王涛担任。来自中央财经领导小组、中国科学院、中国工程院、中国林业科学研究院、北京大学、清华大学以及国家林业局、国家统计局、国家发改委、财政部、科技部、中国社会科学院等有关部门、单位的约 130 位著名专家、学者担任项目研究首席专家和参研人员。

（二）第一期中国森林资源核算研究结果

由国家林业局联合国家统计局开展的第一期"中国森林资源核算及纳入绿色 GDP 研究"工作于 2010 年完成。在第一期研究中，专家们提出了森林资源核算的理论和方法，构建了我国基于森林的绿色国民经济核算框架，并依据第六次森林资源清查结果和生态定位站网络观测数据，核算出了全国林地林木的经济价值和森林生态服务价值。2008 年依据第七次森林资源清查结果，评估了全国森林生态服务价值。2010 年 6 月出版了《绿色国民经济框架下的中国森林核算研究》专著，这也成为目前国际上最全面、最完整的森林资源核算成果。

第一期的中国森林核算研究"项目对全国森林生态服务价值进行测算的结果显示，中国森林生态服务价值达 125239.73 亿元人民币。其主要研究结果如下：

一是形成一套比较系统的中国森林核算方法，建立从森林存量到森林流量、从森林开发到森林保护、从森林经济功能到森林生态功能的系统核算体系，为充实、完善和推动国际森林核算的发展提供了中国经验。

二是研究提出森林核算的框架和具体方法，为今后全面、科学地开展省级和区域森林核算提供了重要的技术规范和适用的操作手册。

三是完成林地林木实物量和价值量的核算，首次完成中国内地 31 个省（自治区、直辖市）林地林木实物量和价值量的系统、全面核算，全国共有林地和林木总资产为 133535.94 亿元人民币，按 2004 年全国人口统计计算，中国人均森林财富拥有量达 10272.94 元人民币。

四是完成森林产品实物量和价值量核算，在森林产品产出核算方法上，修正了现行国民经济统计中林木（包括竹林）培育和种植业产值计算方法，扩展了统计产品范围，扩大了统计口径。

五是实现森林生态服务价值的核算，把森林所提供的生态产品与服务价值试纳入国民经济核算体系进行了有益探索。依据第七次森林资源清查结果和森林生态定位监测结果评估，我国森林植被总碳储量达到了 78.11 亿吨。森林生态系统年涵养水源量达到了 4947.66 亿立方米，年固土量达到了 70.35 亿吨，年保肥量达到了 3.64 亿吨，年吸收大气污染物量达到了 0.32 亿吨，年滞尘量达到了 50.01 亿吨。仅固碳释氧、涵养水源、保育土壤、净化大气环境、林木养分固持及生物多样性保护等 6 项生态服务功能年价值达 10.01 万亿元。

二、第二期中国森林资源核算情况

（一）第二期中国森林资源核算启动

2013 年 5 月 10 日，国家林业局和国家统计局在北京联合启动第二期"中国森林资源核算及绿色经济评价体系研究"项目。项目将主要研究林地林木资源经济价值核算、森林生态服务功能价值核算、森林社会文化价值评估和林业绿色经济评价指标体系四部分内容。

与此前的研究相比，此次研究延续了林地林木资源及森林生态服务功能价值的核算方法，增加了社会文化价值核算和绿色经济评价体系研究两项全新内容，将更加科学、全面地揭示林业在推动绿色发展、建设生态文明中的重要作用，有助于推动我国逐步将森林资源价值、生态服务价值、社会文化价值等纳入经济社会发展评价体系。

国家林业局局长赵树丛、国家统计局局长马建堂出席启动会并致辞。国家林业局副局长孙扎根主持，全国政协人资环委副主任、国家林业局科技委常务副主任江泽慧就项目的立项背景、研究基础、主要内容和工作安排等作介绍。

本项目研究是贯彻落实十八大精神的一项重要工作，对于建设生态文明、推动林业发展具有十分重要的意义。开展项目研究是推进生态文明建设的重大举措，是应对全球气候变化的重要基础，是发展生态林业和民生林业的必然要求，也是顺应国际发展潮流的大势所趋。

（二）第二期中国森林资源核算研究结果

继 2004 年国家林业局与国家统计局首次联合成功开展"中国森林资源核算及纳入绿色 GDP 研究"之后，为贯彻落实党的十八大和十八届三中全会精神，顺应国际社会关于绿色增长和绿色发展的宏观大势，两个部门于 2013 年 5 月再次联合启动的新一轮核算研究，主要包括林地林木资源核算、森林生态系统服务核算、森林社会与文化价值核算和林业绿色经济评价指标体系四个部分的内容。在 2014 年 10 月 22 日新闻发布会上，主要通报的是林地林木资源核算和森林生态系统服务核算的研究结果。

1. 核算研究内容

借鉴联合国、欧盟、联合国粮农组织、国际货币基金组织、经合组织、世界银行共同发布的《2012 年环境经济核算体系：中心框架》的有关内容，并结合我国现行国民经济核算体系和国家森林资源清查现状，本研究重点核算了森林资源存量中的林地林木资源和森林产出中的森林生态系统服务。

在林地林木资源核算中，将森林资源资产分为培育资产和非培育资产。培育资产指人工培育为主的森林资产，包括人工林、苗圃、四旁树等。非培育资产指非人工培育为主的森林资产，即天然林。核算内容包括林地林木资产实物量、价值量及林地林木资产变动情况。

在森林生态系统服务核算中，按照森林生态系统当期提供的服务流量进行核算，在满足代表性、全面性、简明性、可操作性以及适应性等原则的基础上，选择了森林涵养水源、保育土壤、固碳释氧、净化大气环境、森林防护、生物多样性保护、森林游憩等 7 类 13 项服务指标，核算了森林生态系统服务的物质量、价值量及变动情况。

2. 核算研究结果

研究建立了中国森林资源核算的理论框架和基本方法。林地林木资源核算结果显示，2012 年末全国林地资产实物量 3.10 亿公顷，林木资产实物量160.74 亿立方米；全国林地林木资产总价值 21.29 万亿元，其中林地资产 7.64万亿元，林木资产 13.65 万亿元。与第七次全国森林资源清查期末相比，第八次全国森林资源清查期末，林地资产实物存量从 3.04 亿公顷增长到 3.10 亿公顷，增长了 2.0%，价值量从 5.52 万亿元增长到 7.64 万亿元，增长了 38.4%；林木资产实物存量从 145.54 亿立方米增长到 160.74 亿立方米，增长了 10.4%，价值量从 9.47 万亿元增长到 13.65 万亿元，增长了 44.1%。

森林生态系统服务核算结果显示，第八次森林资源清查期间，全国森林生态系统每年提供的主要生态服务的总价值为 12.68 万亿元。与第七次森林资源清查期间相比，全国森林生态系统每年提供的物质量增长明显，其中，年涵养水源量增加了 17.4%，年保育土壤量增加了 16.4%，年提供负离子量增加了

20.8%，年滞尘量增加了16.9%。全国森林生态系统服务的年价值量从10.01万亿元增长到12.68万亿元，增长了26.7%。需要说明的是，为了确保核算结果科学可靠，此次计量和核算的只是在目前技术手段条件下可测量的森林生态系统服务，森林的功能和价值还远不止这些。

3. 核算研究结论

一是森林蕴育着巨大的自然财富，为绿色发展提供了重要的物质基础。第八次全国森林资源清查期末，全国林地林木资产总价值为21.29万亿元，与第七次森林资源清查期末相比，增长了42.1%。如果按照2012年末全国人口13.54亿人计算，相当于我国国民人均拥有森林财富1.57万元，5年来，人均森林财富增长了38.9%。森林作为重要的自然资源，为经济社会可持续发展提供了重要的物质基础。

二是森林提供了最普惠的民生福祉，为保护和发展生产力作出了突出贡献。第八次全国森林资源清查期间（2009—2013年），我国森林生态系统每年提供的主要生态服务价值达12.68万亿元，相当于2013年GDP（56.88万亿元）的22.3%，是当年林业产业总产值（4.73万亿元）的2.68倍，相当于森林每年为每位国民提供了0.94万元的生态服务。森林提供的涵养水源、保育土壤、固碳释氧等主要生态服务，作为"最公平的公共产品"和"最普惠的民生福祉"，在改善生态环境、防灾减灾、提升人居生活质量方面发挥了显著的正效益。

三是提出了中国森林资源核算的理论框架，为完善国民经济核算体系作了有益探索。森林资源核算研究采纳了当前国际上最前沿的综合环境经济核算基本框架和方法，同时紧密结合我国森林资源调查统计实际，提出了中国森林资源核算的理论框架和基本方法，在国内外该领域都具有明显的先进性、适用性，也为完善我国国民经济核算体系和编制自然资源资产负债表提供了重要参考。

四是尽管林地林木资产稳步增长，但森林资源消耗形势依然严峻。第八次森林资源清查期间，全国森林资源总量继续保持净增长，林地总面积比第七次森林资源清查结果增长了2.0%。但是，我国缺林少绿的总体状况仍未得到根本改变，局部地区征占用林地、改变林地用途、滥采滥伐林木等问题依然突出。按照《推进生态文明建设规划纲要》的规划目标要求，守住林地面积、森林面积和森林蓄积的红线，维护国家生态安全的任务仍然十分艰巨。

（三）第二期中国森林资源核算结果影响

第二期中国森林资源核算新闻发布会受到了多家媒体的关注，相关新闻报道登上人民日报、第一财经、中国林业、中国绿色时报、光明日报等官方主流媒体。在新闻发布会上，来自新华社、东方卫视等记者现场采访了新闻发布会的专家领导。

1. 新华社记者提问和孙扎根局长回答实录

新华社记者： 我想请问孙副局长一个问题，国家林业局和国家统计局为什么开展这项研究，特别是对促进林业发展和生态文明建设有什么作用？

孙扎根： 谢谢你的提问。全面科学核算森林资源价值是一项带有全局性、战略性和前瞻性的课题。国家林业局、国家统计局对此高度重视，专门成立了由两个部门主要负责人为组长的领导小组，组建了由相关学科的两院院士和资深专家为成员的专家指导委员会，由江泽慧主任领衔，带领来自中国科学院、中国林业科学研究院、中国人民大学等多个学科的近百名专家，经过长达 10 年的持续研究，提出了中国森林资源核算的理论框架和基本方法，核算了我国林地林木以及森林生态系统服务的价值。这对于科学保护和合理利用森林资源，发展现代林业，建设生态文明，促进经济社会可持续发展，都具有十分重要的意义。

首先，这项研究成果有助于人们更加科学全面地认识森林的功能和价值。

一是有助于人们全面认识森林功能。在传统意识中，森林主要是提供木材和相关的产品。而森林生态系统的功能，如，涵养水源、保持水土、调节气候、净化空气、包括保护生物多样性等，却往往被忽略。通过开展森林资源核算，可以全面反映森林资源在经济、社会、文化和生态等方面的多种功能。

二是有助于人们正确认识森林价值。由于长期缺乏科学的价值评估，森林的生态服务价值始终以无偿的方式被利用，甚至被肆意破坏。通过开展森林资源核算，可以对森林及其提供的多种服务价值进行货币化体现。

三是有助于提升人们的生态文明意识。通过开展森林资源核算，可以直观地反映出森林资源的功能和价值，促进人们更加自觉地珍爱绿色、保护森林，提高人们尊重自然、顺应自然、保护自然的生态文明意识。

第二，开展森林资源核算有助于深化森林资源资产管理体制改革。

一是贯彻落实党的十八大精神的重要举措。党的十八届三中全会提出，要健全自然资源资产产权制度和用途管制制度，健全国家自然资源资产管理体制。森林资源与水资源、土地资源一样，都是十分重要的自然资源。全面核算森林资源价值，是建立健全森林资源资产产权制度和用途管制制度的重要基础。

二是衡量绿色发展的重要内容。2011 年，联合国环境规划署发布的《迈向绿色经济》报告强调，森林资源不仅是重要的经济资产，而且是巨大的环境资产。2013 年，联合国森林论坛第十届大会呼吁，将森林产品和服务对经济的贡献，以及森林的文化和环境价值对社会的影响，纳入国民经济核算体系及相关政策与规划之中。全面核算森林资源的价值已成为国际社会的共识，是一个大趋势。

三是实现森林资源资产管理的重要途径。全面核算我国森林资源资产的存量和流量及其价值，有助于完善自然资源和生态服务市场价格政策，实行资源有偿使用制度和生态补偿制度，建立有利于保护和发展森林资源、改善林区民生、增强林业发展活力的林业经营管理体制，实现我国林业治理体系和治理能力的现代化。

第三，开展森林资源核算有助于促进生态文明制度建设。

一是推进生态文明建设的积极行动。开展森林资源核算，确立量化森林多种功能、多重价值和满足社会多样化需求的理论及方法，构建反映森林资源资产消长和经济、社会、文化和生态综合效益的绿色经济评价体系，有利于推动在全社会建立体现生态文明要求的目标体系、考核办法和奖惩机制。

二是建立生态文明制度体系的重要基础。核算森林资源资产的存量和流量，为编制自然资源资产负债表提供了有益探索，能够推动实施自然资源资产离任审计，建立健全自然资源源头保护制度、损害赔偿制度和责任追究制度，完善生态治理和生态修复制度。

三是有利于推动建立符合生态文明要求的发展方式。习近平总书记强调指出，保护生态环境就是保护生产力、改善生态环境就是发展生产力。通过开展森林资源核算，可以用资源损耗的具体数据，来评价经济发展的质量；以森林资源的量化指标，来推动资源节约和绿色发展，促进形成符合生态文明要求的发展方式。

2. 东方卫视记者提问和许宪春回答实录

东方卫视记者： 党的十八届三中全会决定要求探索编制自然资源资产负债

表，国家统计局作为牵头单位，目前工作进展情况如何？中国森林资源核算项目研究对探索编制自然资源资产负债表有什么作用？

许宪春：探索编制自然资源资产负债表工作，是党的十八届三中全会作出的重大改革部署，国家统计局作为这项改革任务的牵头单位，高度重视，认真贯彻落实。今年年初，通过认真研究和与国务院有关部门密切沟通，听取意见，于4月下旬制定了改革实施规划。目前，国家统计局正在按照规划明确的目标、路径及时间表，扎实推进相关工作。

森林是一种重要的自然资源，加强森林资源核算，可以定量测算我国森林资源的实物量和价值量，科学反映森林的功能和作用，更好地服务于经济建设和生态文明建设。森林资源核算是自然资源核算的重要内容和有机组成部分。

国家林业局作为林业主管部门，在森林资源管理和森林资源调查等方面具有丰富的专业技术和经验。国家统计局作为统计主管部门，在包括森林资源在内的自然资源核算的国际标准和其他国家的核算方法研究方面积累了一定的经验。国家林业局和国家统计局联合开展中国森林资源核算项目，是贯彻落实十八大和十八届三中全会精神的重要举措，对于加强和完善森林资源管理，推进经济建设、生态文明建设和可持续发展具有十分重要的意义。正如江主任刚刚指出的，中国森林资源核算研究项目采纳了第一个资源环境核算国际标准，《2012年环境经济核算体系：中心框架》，同时紧密结合我国森林资源统计调查实际，探索建立中国森林资源核算的理论框架和基本方法，为建立我国资源环境核算体系和编制自然资源资产负债表进行了非常有价值的探索，提供了重要参考。

森林资源具有生态、经济、社会、文化等多种功能，又具有动态、复杂、多样性等鲜明特点。开展森林资源核算是一项长期而艰巨的任务。森林资源核算的难点主要表现在两个方面：一是森林资源与经济活动相互作用相互影响，要准确地量化这种作用和影响存在较大的难度；二是对森林资源不同功能的估价是世界性难题。考虑到这些因素，我们本着实事求是的态度开展森林资源核算工作，先易后难，注意借鉴发达国家的经验，积极稳妥地推进。

按照改革实施规划，国家统计局和国家林业局将紧紧围绕探索编制自然资源资产负债表的改革任务，借鉴森林资源核算项目的成功做法，深入研究森林资产负债核算的关键问题，继续发挥各自的优势，密切合作，共同攻坚克难，争取圆满完成编制森林资源资产负债表的改革任务。

3.科技日报记者提问和江泽慧回答实录

科技日报记者：我注意到，在这次森林生态系统服务核算中，共选择了7类13项生态服务指标。请问江主任，为什么要选取这些指标？这些指标与经济社会发展以及老百姓日常生活有什么关系？

江泽慧：你提出的问题，确实是我们开展森林生态系统服务核算研究中非常重要的问题。先回答你的第一个问题。

（1）森林生态服务种类多样、核算复杂。大家知道，森林具有多种功能、多种效益。经济的发展离不开生态系统提供的物品和服务，人类本身也依赖于生态系统连续提供多种服务的能力。如何科学评价这些服务功能和效益，一直是世界各国学者研究的重要内容。到目前为止，在国内外都还没有形成一套非常完善的方法体系。

（2）国际上开展生态服务评估的主要方法。

一是联合国千年生态系统评估的指标体系。2005年发布的联合国千年生态系统评估报告，把生态系统服务划分为供给、调节、文化和支持4大类20多个指标，确立了评估的基本框架，并首次对全球生态系统开展了多尺度、综合性评估。

二是康斯坦扎的指标体系。2007年，美国著名生态经济学家Costanza（康斯坦扎）等在《Nature》发表的论文《世界生态系统服务的价值》中，提出了生态系统服务评估应遵循可描述、可测度和可计量的原则，得到了国际生态学界的普遍认可。他选择了17项指标，对全球生态系统服务价值进行了评估。

三是日本的指标体系。日本已连续3次公布全国森林生态效益评估结果。2001年公布的第三次评估结果，共列出了7类26种生态服务，但只对4类中的9种服务进行了定量化、货币化评估。

事实上，对于森林生态系统服务评估指标的选择，也是随着人们认识的提高而不断变化的。例如，由于近年来全球气候变化问题的不断升温，人们对森林的固碳功能倍加关注，森林固碳成为森林生态系统服务评估的重要指标之一。

（3）本研究对指标选取的主要考虑。

一是基于林业行业标准。通过十多年的研究探索，国家林业局2008年发布了行业标准《森林生态系统服务功能评估规范》，确定了 8 类 14 个主要服务指标的评估方法。

二是立于目前研究与计量基础。这次核算，综合了国内外最新研究成果，依据目前科学研究水平、技术手段和数据的可获得性，选择了涵养水源、保育土壤、固碳释氧、净化大气环境、森林防护、生物多样性保护、森林游憩等 7 类 13 项服务指标。

（4）对下一步森林生态服务核算的考虑。需要指出的是，这 7 类 13 项指标，只是反映了森林生态系统所提供的主要服务。还有很多服务，由于基础数据、评估技术手段等限制，目前还无法量化和货币化核算。也就是说，森林生态系统所提供的生态服务比本研究目前提供的核算结果要更多、更大。另外，即使是这次评估的某些单项指标，也没有对其全部服务进行评估。例如，森林的防护功能，不仅仅体现在农田防护和防风固沙方面，沿海防护林对农田、房屋、道路、动物栖息地等都具有重要的保护作用；森林除了能够净化大气环境外，还能够改变小气候、降低噪音，吸滞雾霾等。森林的这些功能都真实存在，并惠益人类，但由于监测、计量方法学等问题的限制，目前还无法进行准确评估。

我相信，随着人们认识水平的不断提高、评估技术的不断进步，评估的内容、指标也将不断充实和丰富。

下面回答你的第二个问题。

（1）生态服务是普惠的民生福祉。

习近平总书记在海南考察时指出："良好生态环境是最公平的公共产品，是最普惠的民生福祉。"人民群众作为良好生态环境的直接受益者和享用者，人人都可以平等消费、共同享用生态系统所提供的服务。如果生态系统遭到破坏，其生态系统服务就会丧失，人民群众正常的生产生活就会受到影响。开展森林生态系统服务价值评估的重要意义之一，就是科学、动态、直观的展示生态建设对我国经济社会可持续发展以及老百姓生活品质提升的作用和贡献。

这里举两个例子：

森林具有涵养水源、减灾防灾功能。保护好上游地区的森林资源，可以为下游地区提供充足、清洁的饮用水源；保护好山上的森林资源，山下就可能减少洪灾，防止泥石流、滑坡的发生，保障人民的生命财产安全。这次评估结果显示，全国森林生态系统每年涵养水源量达 5800 亿立方米，相当于近 15 个三峡水库的设计库容。

森林具有改善环境、净化空气的功能。近年来，随着生活水平的提高，人们更加注重生活质量的提升。到森林环境中休闲，呼吸清新的空气，已经成为人们日常生活不可缺少的一部分。这就是得益于森林释放氧气、产生负离子的生态服务。

这不仅得到了国内外专家研究的验证，而且，在我们日常生活中也能够切身感受到。

（2）核算研究可以进一步增加民生福祉。

通过开展这次核算，我们已经知道，森林生态系统每年可为每位国民提供相当于 0.94 万元的生态服务。可以说，目前绝大部分的生态服务还是无偿提供的。党的十八届三中全会提出，要实行资源有偿使用制度和生态补偿制度，谁破坏生态谁付费，逐步将资源税扩展到占用各种自然生态空间。核算研究将有助于建立系统完整的生态文明制度体系，一方面不断提高全社会的生态意识，加强各方面的生态自律，转变发展方式，改善生态与环境，让老百姓享受到更好的生态系统服务；另一方面，对于森林经营者因提供生态服务以及因生态系统遭到破坏而造成的损失，也可以得到更加符合市场经济规律的生态补偿。

三、第三期中国森林资源核算情况

（一）第三期中国森林资源核算启动

2016 年 7 月 5 日，由国家统计局和国家林业局共同开展的新一轮"中国森林资源核算及绿色经济评价体系研究"项目启动会在京举行。项目领导小组组长、国家统计局局长宁吉喆和国家林业局局长张建龙出席会议，国家林业局副局长彭有冬主持会议。

项目总牵头人、专家指导委员会主任、国家林业局科技委常务副主任、国际木材科学院院士江泽慧教授代表项目组汇报了新一轮"中国森林资源核算及绿色经济评价体系研究"项目研究的任务和下一步工作目标。本次项目研究的主要内容包括林地林木资源核算、森林生态服务价值核算、森林社会与文化价值核算和林业绿色经济评价指标体系。

宁吉喆表示，启动新一轮中国森林资源核算研究项目，构建更加完善的核算框架，探索更加科学的核算方法，既准确地核算出森林提供的自然资源资产的"家底"和增减变动情况，又科学地反映出森林提供的主要生态服务的价值及其变动趋势。这是落实党中央、国务院关于推进生态文明建设和绿色发展重大决策部署的具体举措，将为我国探索编制自然资源资产负债表打下良好的基础，也将为我国开展资源环境核算研究工作起到引领示范作用。并就做好项目研究提出了几点意见。国家统计局和国家林业局此前已经两次联手开展了相关研究，积累了成功合作的经验，为新一轮联合开展研究取得预期成果打下了很好的基础。

张建龙在讲话中表示，开展新一轮森林资源核算研究，为加快推进生态文明制度建设，实施领导干部自然资产离任审计制度和生态补偿制度等国家重大需求提供决策参考，意义十分重大。他强调，这是一项长期而艰巨的任务，希望两部门协同努力，再接再厉，开拓创新，扎实工作，确保项目研究工作取得预期成效。

中国科学院院士唐守正、中国科学院院士傅伯杰、中国工程院院士曹福亮，以及国家林业局有关司局、各主要参研单位代表和专家参加了会议。

（二）第三期中国森林资源核算研究成果

为贯彻落实习近平生态文明思想，坚持新发展理念，顺应世界绿色增长与发展大势，国家林业和草原局联合国家统计局组织开展了"中国森林资源核算"研究，在 2004 年、2013 年两期项目研究成果基础上，2016 年 7 月启动开展了三期项目研究，主要包括林地林木资源核算、森林生态服务价值核算、森林文化价值评估以及林业绿色经济评价指标体系等 4 部分内容。

在刚刚闭幕的全国两会上，习近平总书记对本次评估报告中的内蒙古大兴安岭林区生态产品价值评估给予了高度肯定，习总书记指出"生态本身就是价值，这里面不仅有林木本身的价值，还有绿肺效应，更能带来旅游、林下经济等。'绿水青山就是金山银山'，这实际上是增值的"。今天通报的是全国林地林木资源核算、森林生态服务价值核算和森林文化价值评估的研究结果。

1. 核算结果概述

以下以第九次全国森林资源清查期末 2018 年为基准测算：

一是林地林木资源积累了丰富的森林资产，全国林地林木资产总价值为 25.05 万亿元。

二是森林为美好生活提供了更多优质生态产品，我国森林生态系统提供生态服务价值达 15.88 万亿元。

三是首次开展森林文化价值的评估，全国森林提供森林文化价值约为 3.10 万亿元。

2. 核算内容

按照联合国、欧盟、经合组织、世界银行、联合国粮农组织共同发布的《2012 年环境经济核算体系：中心框架》《2012 年环境经济核算体系：实验性生态系统核算》的要求，并根据我国现行国民经济核算体系和国家森林资源清查结果，本研究重点核算了森林资源存量中的林地林木资源、森林产出中的森林生态服务以及森林文化价值。

在林地林木资源核算中，分别对林地、林木资源资产开展实物存量及其变动核算、价值量存量及其变动核算。创新性地开展了全国林地林木价值核算指标调查，为价值量核算提供了坚实的理论方法和数据支撑。

在森林生态服务价值核算中，按照森林生态系统当期提供的服务流量进行核算，采用森林生态连清技术体系，基于中华人民共和国国家标准《森林生态系统服务功能评估规范》（GB/T 38582—2020），选择了森林涵养水源、保育土壤、固碳释氧、林木养分固持、净化大气环境、农田防护与防风固沙、生物多样性保护、森林康养等服务功能 8 类 24 个评价指标，核算了森林生态服务物质量、价值量及变动情况，但本次未对林产品供给功能进行核算。

在森林文化价值评估中，提出了"人与森林共生时间"核心理论，创建了森林文化物理量和价值量的评估方法，构建了包括 8 项一级指标 22 项二级指标 53 项指标因子的森林文化价值评估指标体系，首次对我国森林的文化价值进行了评估。

3. 数据来源

林地林木资源实物量核算数据主要来源于第九次全国森林资源清查结果。价值量核算数据源于林地林木资源价值核算专项调查，在各省（自治区、直辖市）抽样选取了近 500 个国有林场（乡镇）作为样本点，该样本量已经满足抽样要求，通过县—省—国家林草管理部门逐级上报价值量核算基础数据。

森林生态服务物质量核算数据来源于全国 110 个森林生态站、600 个辅助观测点以及 10000 多块样地，依据森林生态系统长期定位观测标准体系获取的森林生态连清数据和第九次全国森林资源清查数据，价值量核算主要依据国家发改委、农业农村部、水利部等部委公布的公共权威价格数据。

森林文化价值评估主要数据来源于第九次全国森林资源清查结果，价值量评估中涉及的国内生产总值、森林旅游支出、人均可支配收入、区域人口等主要来源于国家统计局、文化和旅游部和国家林业和草原局等部门公布的统计数据。

4. 核算结果

研究结果表明，第九次森林资源清查期末 2018 年，全国林地资源实物量 3.24 亿公顷，林木资源实物量 185.05 亿立方米；全国林地林木资源总价值 25.05 万亿元，其中林地资产 9.54 万亿元，林木资产 15.52 万亿元。与第八次全国森林资源清查期末 2013 年相比，林地资源面积增长了 4.51%，林地资源价值量增长了 24.87%；林木资源实物存量增长了 15.12%，价值量增长了 13.70%。

全国森林生态系统提供生态服务总价值为 15.88 万亿元。与第八次森林资源清查期间 2009—2013 年相比，全国森林生态服务年实物量增长明显。其中，涵养水源功能中调节水量增加了 8.31%，保育土壤功能中固土量增加了 6.80%、保肥量增加了 7.50%，净化大气环境功能中提供负离子量增加了 8.37%、吸收污染气体量增加了 5.79%、滞尘量增加了 5.36%。全国森林生态服务年价值量从 12.68 万亿元增长到了 15.88 万亿元，增长了 25.24%。

全国森林提供森林文化价值约为 3.10 万亿元。森林文化价值评估方法中相关指标如"人与森林共生时间"就低取值，未计算森林文化价值的外延效益。由于森林的文化价值与森林的生态服务价值、经济价值既相互关联又相对独立；国际国内关于森林文化价值评估研究多处于定性范畴，基于历史与现实的复杂性和人类认识的局限性，难以做到精准核算并穷尽其价值。而我国森林文化价值核算是首次创新性开展工作，用相对准确的概念界定指标体系并进行定性和定量评估，以后还将深化研究，逐步完善。

5. 主要结论

一是林地林木资源持续增长，森林财富持续增加，为绿色发展奠定了重要的物质基础。第九次全国森林资源清查期间（2014—2018 年），全国森林面积、森林蓄积量双增长，森林覆盖率从 21.63% 提高到 22.96%。清查期末林地林木资产总价值 25.05 万亿元，较第八次清查期末 2013 年总价值净增加 3.76 万亿元，增长 17.66%。清查期末我国人均拥有森林财富 1.79 万元，较第八次清查期末 2013 年的人均森林财富增加了 0.22 万元，增长了 14.01%。天然林资源逐步恢复，人工林资产快速增长，"两山"转化的根基更加稳固。中东部地区林地林木资产价值快速增加，地方绿色发展的生态资本更加扎实。西部地区林地林木资产实物量、价值量比重最大，蕴含着巨大的生态发展潜力。

二是"绿水青山"的保护和建设进一步扩大了"金山银山"体量，为推进新时代社会主义生态文明建设提供了良好生态条件。第九次全国森林资源清查期间的林业生态建设成效显著，进一步提升了全国森林生态系统服务水平。2018 年，我国森林生态系统提供生态服务价值达 15.88 万亿元，比 2013 年增长了 25.24%。

三是开展中国森林文化价值评估尚属首创。构建森林文化价值评估指标体系，创新性地提出了森林的文化物理量和价值量的价值评估法，并以此对全国森林的文化价值首次开展了计量评估。研究成果对传承与弘扬中华优秀传统生态文化，增强文化自信、文化自觉等具有重大意义；同时，可以应用于区域森林文化价值和政府生态文明建设成效评估、完善森林生态系统生产总值测算。

四是森林资源核算研究为编制林木资源资产负债表和探索生态产品价值实现机制奠定了重要基础。森林资源核算研究借鉴了当前国际上最前沿的环境经济核算理论和方法体系，同时紧密结合我国森林资源清查和森林生态系统服务监测实际，采用我国首次提出的森林资源核算的理论和方法，构建了基于我国国情的森林资源核算框架体系，在国内外该领域都具有明显的先进性、适用性，为建立我国环境经济核算体系、编制林木资源资产负债表和构建森林生态产品价值实现机制提供了重要参考。

为确保核算结果科学可靠，此次计量和核算只包括目前技术手段条件下可测量的森林资源，一些难以定量化的森林资源的核算，尚需要进一步在指标选择、参数构建等方面，深入细分和量化研究，使其逐步趋于完善、更加贴合实际。

（三）第三期中国森林资源核算结果影响

第三期中国森林资源核算成果受到了国内外媒体的广泛关注，相关新闻报道登上人民日报、中央电视台、新华网、中国绿色时报、光明日报、archyde等国内外官方主流媒体。在新闻发布会上，来自人民日报、新华社、封面新闻等记者现场采访了新闻发布会的专家领导。

1. 人民日报记者提问和李晓超回答实录

人民日报记者：党的十八届三中全会决定要求探索编制自然资源资产负债表，国家统计局作为牵头单位，目前工作进展情况如何？中国森林资源核算项目研究对探索编制自然资源资产负债表有什么作用？

李晓超：探索编制自然资源资产负债表工作，是党的十八届三中全会作出的重大改革部署，国家统计局作为这项改革任务的牵头单位，高度重视，认真贯彻落实。

一是制定试点方案和试编制度。在认真研究国际自然资源核算理论和我国自然资源统计现状的基础上，国家统计局会同发展改革委、财政部等部门联合制定了《编制自然资源资产负债表试点方案》和《自然资源资产负债表试编制度（编制指南）》，作为探索自然资源资产负债表工作的指导方案。

二是开展试点工作。按照试点方案和试编制度，在国家统计局的组织协调下，在 2015 年至 2019 年间，在全国部分地区先后开展了两轮自然资源资产负债表试点工作。通过试点，积累了探索编制自然资源资产负债表的宝贵经验，同时也发现了一些问题。

三是开展试编工作。在系统总结试点试编经验、充分征求有关方面意见基础上，国家统计局会同国务院有关部门制定了《自然资源资产负债表编制制度（试行）》，按照编制制度试编了 2015—2018 年全国实物量自然资源资产负债表和 2016—2018 年省级实物量自然资源资产负债表，并将每年试编情况报送党中央和国务院。

通过近几年试点试编工作，基本上摸清了全国和各省（自治区、直辖市）自然资源资产家底，厘清了自然资源和生态环境调查统计监测的薄弱环节，为我国自然资源永续利用和生态环境保护等提供了信息支持。

森林是一种重要的自然资源，森林资源核算是自然资源核算的重要内容和有机组成部分。加强森林资源核算，可以定量测算我国森林资源及其提供的生态系统服务的实物量和价值量，科学反映森林的功能和作用，更好地服务于经济建设和生态文明建设。国家林业和草原局作为林业主管部门，在森林资源管理和森林资源调查等方面具有丰富的专业技术和经验。国家统计局作为统计主管部门，在环境经济核算体系的国际标准和实践的研究方面积累了一定的经验。国家林业和草原局和国家统计局联合开展中国森林资源核算项目，是贯彻落实十八大、十九大、十八届三中全会和十九届五中全会精神的重要举措，对于加强和完善森林资源管理，推进经济建设、生态文明建设和可持续发展具有十分重要的意义。中国森林资源核算研究项目采纳最新的相关国际标准，同时紧密结合我国森林资源统计调查实际，探索建立中国森林资源核算的理论框架和基本方法，为建立我国资源环境核算体系、编制自然资源资产负债表进行了非常有价值的探索，提供了重要参考。

按照改革实施规划，国家统计局和国家林业草原局将紧紧围绕探索编制自然资源资产负债表的改革任务，借鉴森林资源核算项目的成功做法，深入研究林木资源资产负债核算的关键问题，继续发挥各自的优势，密切合作，共同攻坚克难，圆满完成编制林木资源资产负债表的改革任务。

2. 新华社记者提问和彭有冬回答实录

新华社记者： 2020 年 9 月 22 日，习近平总书记在第七十五届联合国大会上承诺，我国二氧化碳排放力争于 2030 年前达到峰值，努力争取 2060 年前实现碳中和。我国森林对实现碳中和目标如何发挥作用？

彭有冬： 森林作为陆地生态系统的主体，是陆地生态系统中最大的碳库，森林植被通过光合作用可吸收固定大气中的二氧化碳，发挥巨大的碳汇功能，并具有碳汇量大、成本低、生态附加值高等特点。森林对以 CO_2 为主的温室气体的调控，主要体现在三个方面——贮碳、吸碳和放碳。联合国粮农组织对全球森林资源的评估结果表明，森林是陆地生态系统最重要的贮碳库，全球森林面积约 40.6 亿公顷，约占总陆地面积的 31%，森林碳贮量高达 6620 亿吨。

近 10 多年来，我国通过实施诸多林业生态工程，开展了大规模造林和天然林保护修复，森林资源得到了有效的保护和发展，森林面积和蓄积量均有较大幅度增长，森林碳汇量也大幅度增加。目前，我国森林面积达到 2.2 亿公顷，森林蓄积量 175.6 亿立方米，森林植被总碳储量 91.86 亿吨，年均增长 1.18 亿吨，年均增长率 1.40%。2018 年我国森林面积和森林蓄积量分别比 2005 年增加 4509 万公顷和 51.04 亿立方米，比第八次森林资源清查末期 2013 年增加 1266 万公顷和 22.79 亿立方米，森林面积和蓄积量持续增长，成为同期全球森林资源增长最多的国家，对应两个时期的森林碳储量分别增加了 11.69 亿吨和 5.53 亿吨。目前，我国人工林面积 7954.28 万公顷，全球增绿四分之一来自中国，是世界上人工林面积最大的国家，发展人工林对森林碳汇作用巨大。另外，我国森林资源中幼龄林面积占森林面积的 60.94%，中幼龄林处于高生长阶段，伴随森林质量不断提升，具有较高的固碳速率和较大的碳汇增长潜力。以上对我国二氧化碳排放力争 2030 年前达到峰值，2060 年前实现碳中和都具有重要作用。

3. 封面新闻记者提问和江泽慧回答实录

封面新闻记者：森林文化价值评估的创新性体现在哪些方面？对我国生态文明建设有何重要意义？

江泽慧：森林是人类文明的摇篮，蕴育和承载着巨大的自然资产和文化财富，人类与森林共生所创造的森林文化价值是森林生态系统服务价值的重要组成部分，是森林对人类身体健康、生活质量和精神发展所产生积极影响的现实反映。

首先，我们科学定义了森林文化概念：

森林文化是反映人类与森林生态系统之间相互依存、相互作用、相生共融（荣）的自然人文关系的文化形态和文化现象，是人与自然共同创造并与时俱进、创新发展的物质文化和精神文化的总和。

森林的文化价值是人类从森林文化中获取和享受的多种效益，也是自然给予人类福利的价值组成。

森林的文化价值评估是对森林文化服务于人类生产生活、经济增长、社会发展和文明建设等方面的物质和精神成果进行价值评估，包括对森林文化服务功能和满足人类需求能力的定性评估。

森林文化价值评估的创新点在于：

一是提出了"人与森林共生时间"理论，并将其作为森林文化价值评估量化转换的主导元素。森林文化价值评估，是由多种类型、多项指标、多个因子融合的多目标、贴和实际的综合评估体系。本项研究发现，森林的文化价值与人在森林中停留、共生互动的时间成正比，其价值高低、与自然力的作用、森林资源要素和环境结构密切相关，不同区域森林的文化价值存在梯度差异。因此，以"人与森林共生时间"作为森林文化价值评估量化转换的主导元素，引入森林文化价值评估指标体系的综合指标系数，创建了森林文化物理量和价值量的评估方法。二是构建了森林文化价值评估指标体系。包括 8 大类一级指标（审美艺术、身心康养、休闲体验、科研教育、文明演进、传统习俗、伦理道德、制度规范）22 项二级指标 53 项评估指标因子，同时融合了"森林资源本体文化价值评估"，包括历史的悠久度、级别的珍贵度、影响的广泛度、文化的富集度、文化的贡献度五大要素。将指标体系权重评估定性法，应用于既定区域森林文化质量定性的分级评估。

森林文化价值评估对生态文明建设的意义体现在："中国森林的文化价值评估研究"作为一项开创性的人文科学与自然科学相结合的交叉科学研究，在引入时间价值理论、自然价值理论、协同理论和梯度理论基础上，以"人与森林共生时间"为核心，链接森林文化价值评估指标体系综合指标系数和第九次全国森林资源清查结果，创新性地提出了森林文化物理量和价值量的价值评估法，在国际和国内尚属首创。研究成果对于进一步提升社会对森林多种价值的认识，传承与弘扬中华优秀传统生态文化，增强文化自信、文化自觉等具有重大意义，特别是为践行习近平总书记"绿水青山就是金山银山"的绿色发展辩证法提供了理论和实践支撑。同时对区域生态文明建设的成效评估和探索森林生态系统生产总值测算，具有重大意义。

4. 人民政协报记者提问和刘世荣回答实录

人民政协报记者：新一轮核算研究与前两轮相比，有什么创新之处？

刘世荣：本次森林资源核算研究，在前两期研究的基础上，充分吸收和借鉴国内外最新研究成果，在核算评估的理论和方法上不断创新并与中国森林资源管理实践紧密结合，进一步完善了我国森林资源核算的理论框架和方法体系，在理论与实践结合的应用方面处于世界领先水平。

在林地林木核算方面：本次研究是对前两轮核算研究的延续和深化，主要创新点在于：一是研究制定了新的抽样方法。本次核算研究在完善调查抽样方法基础上，完成了《林地林木资源价值核算技术经济指标调查技术规程》。林地林木资源价值核算技术经济指标调查以省级行政区域为总体，采用二阶不等概率的抽样方法调查样本指标，推算总体林地、林木资源资产状况的指标均值。采用二阶不等概率抽样方法，可以在保证抽到更多具有典型性样本的基础上，确保样本均值对总体均值的代表性。二是建立了核算数据填报反馈机制。正式调查前，专门组织专家开展数据调查培训工作，对全国 31 个省（自治区、直辖市）林草部门和各大森工集团的相关工作人员进行集中培训，详细解释调查表的调查方法、调查指标解释和调查方案等，并建立了调查指标数据分析沟通机制；各省、县、国有林场和乡镇建立了多层次组织管理体系，全国近 500 个国有林场和乡镇参与调查工作。

在森林生态系统服务方面：在本次评估中，森林生态连清技术体系得到进一步完善。在标准体系方面，增加了 3 项国家标准，分别为《森林生态系统长期定位观测指标体系》（GB/T 35377—2017）、《森林生态系统长期定位观测方法》（GB/T 33027—2016）和《森林生态系统服务功能评估规范》（GB/T 38582—2020），提升了各森林生态站及辅助监测点森林生态连清数据的准确性和可比性；在评估指标和评估方法方面，借鉴国外典型评估案例和项目组近年来的研究成果，在生物多样性保护功能、森林康养功能、滞尘功能的评估方法上进行了修正和完善，首次在全国尺度上对森林植被滞纳 TSP（总悬浮颗粒物）、PM_{10}、$PM_{2.5}$ 指标进行单独评估，并在森林生态功能修正系数集上实现了突破；在社会公共数据方面，依据《中华人民共和国环境保护税法》规定的"环境保护税税目税额表"中相关应税污染物当量值和征收税额对森林净化水质、森林吸收污染气体和滞尘功能的价值量进行了评估。

森林文化价值方面：不再重复，刚才森林文化价值评估的创新性江泽慧教授已经讲过。

林地林木价值核算专项调查

一、林地价值核算

林地类型包括用材林、防护林、特用林、能源林、经济林（果树林、食用原料林、工业原料林、药用林、其他经济林）、疏林地、灌木林地、未成林地、苗圃地、无立木林地、宜林地。

表 1　省县乡镇/林场林地租金调查表

公顷、元/（公顷·年）

林地类型	总面积	年租金
用材林		
防护林		
特用林		
能源林		
经济林		
疏林地		
灌木林地		
未成林地		
苗圃地		
无立木林地		
宜林地		
备注	乡镇或者林场离县城距离	

注：①年租金是指林地流转中各类林地年租金(市场价)，不包括地上覆盖物的使用价格；②各类林地类型面积采用最近的二类调查数据填报。林地分类及定义按照全国森林资源清查技术规程分类和定义。

指标说明：

年租金：以 2017 年为基准调查年，本地区发生林地经营权流转应支付的平均林地年地租价格。可以参考林地流转、地租专项调查资料（如集体林改有关的统计资料）或评估案例的统计资料估算。如果当年没有实际发生的林地流转案例，则以近三年当地相应林地类型流转的平均价格代替。

表 2　省县乡镇/林场林地流转情况调查表

交易案例编号	林地类型	林地质量	流转价格（元/公顷）	流转发生时间（年）	流转期限(年)	流转方式
001						
002						
……						

注：流转价格指流转发生当年的林地单位面积交易价格。

指标说明：

林地类型：林地分类及定义按照全国森林资源清查技术规程分类和定义。

林地质量：衡量林地的生产力水平的定性指标，用好、一般、较差表示。

流转价格：流转案例中林地的流转价值，不包括地上物的流转价值。

流转方式：包括林地转包、转让、出租、入股和抵押等方式。

流转发生时间：指流转实际发生的年份。

二、林木价值核算

1.林木市场交易价格调查

表 3　县乡镇/林场活立木（竹）市场交易价格调查表

		用材林			竹林
		幼龄林	中龄林	成熟林	
树种 1	价格（元/立方米）				
	（元/公顷）				

（续）

		用材林			竹林
		幼龄林	中龄林	成熟林	
树种	单位面积蓄积量（立方米／公顷）				
树种2	价格（元／立方米）				
	（元／公顷）				
	单位面积蓄积量（立方米／公顷）				
……					
毛竹	元／根	—	—	—	
	单位面积竹材年产量（根／公顷）				
杂竹	元／吨	—	—	—	
	单位面积竹材年产量（吨／公顷）				
……					

注：①填写交易价格时，一般按照单位蓄积统计填报，如果没有单位蓄积价格，按照单位面积价格填报。②用材林的市场交易价格是指活立木的交易价格，即买卖青山的价格。③毛竹、杂竹的市场交易价格指路边价，即林地运到公路边的销售价格。

2.营林成本调查

表4 省县乡镇/林场优势树种（组）的造林和年管护成本

元/公顷、元/（公顷·年）

优势树种	未成林造林成本								年管护成本			
	（1）造林调查设计费	（2）整地费	（3）苗木费	（4）植苗费	（5）肥料费	（6）管理费	（7）未成林抚育费	（8）其他1	（1）病虫害防治费	（2）防火费	（3）管护费	（4）其他2

注：①优势树种以当地主要用材树种为主；②以培育人工用材为依据，按照目前工程造林成本标准计算未成林造林成本，各优势树种（组）的成本差异主要是整地费、苗木费和植苗费；③未成林造林成本等于（1）+（2）+（3）+…+（8）；④年管护成本是指平均每年发生的营林支出，包括有害生物防治费用、防火费用、管护费用等；填报时，如有"其他"项内容，请注明。

指标说明：

未成林造林成本：是指从计划造林至林分郁闭前期间发生的营林成本，全部用市场价计算，包括如下科目：

造林调查设计费：指为组织造林生产而发生的调查设计费。

整地费：指平整林地或采伐迹地和挖穴作业项目，费用与造林规格及密度有关，整地费＝平整林地费＋造林密度 × 单位挖穴费（元 / 穴）。

苗木费：指用苗量与苗木单价的乘积，苗木单价是指运到造林地的价格，用苗量＝造林密度 ×（1+ 废苗率 + 补植率）。

植苗费：植苗作业发生的人工费，植苗费＝造林密度 × 单位植苗费（元 / 株）。

补植费：补植费＝造林密度 × 补植率 × 单位植苗费（元 / 株）。

未成林抚育费：是指造林成活后至郁闭前发生的除草、松土、割灌等费用。

其他：除上述作业项目外发生的，应计入未成林造林成本的费用。

年管护成本：是指每年发生的森林管理支出，包括如下科目：

病虫害防治费：为防治病虫害而发生的费用，可参考统计资料或国家级公益林公共支出标准计算。

防火费：包括防火设施、防火道建设、通信线路维修等防火费用，注意年均平摊的科学性，可参考统计资料和国家级公益林公共支出标准计算。

林木管护费：主要是指护林人员的管护工资，可参考天然林保护工程、公益林集中统一管护等的标准计算。

3. 木材综合调查

表 5　县乡镇/林场分树种综合调查表

树种	中龄林间伐（元 / 公顷）		间伐林龄（年）	主伐林龄（年）	主伐单位面积蓄积（立方米 / 公顷）	木材综合出材率（％）	采运成本（元 / 立方米）	木材价格（元 / 立方米）	木材销售服务费用（元 / 立方米）	木材生产经营利润（元 / 立方米）
	成本	总收益								

（续）

树种	中龄林间伐（元/公顷）		间伐林龄（年）	主伐林龄（年）	主伐单位面积蓄积（立方米/公顷）	木材综合出材率(%)	采运成本（元/立方米）	木材价格（元/立方米）	木材销售服务费用（元/立方米）	木材生产经营利润（元/立方米）
	成本	总收益								

指标说明：

间伐成本：是指间伐作业费用，包括原料、工资、折旧等费用。

间伐总收益：是指间伐作业时直接获得的林产品收入，如木材或薪材等收入。

主伐单位面积蓄积：是指主伐时林分的单位面积蓄积量。

木材综合出材率：是用材林主伐时立木树干材种出材率，包括规格材、非规格材和薪炭材。

木材价格：是指树种的规格材、非规格材、薪材的平均市场价，可取当期的木材销售收入除以销售数量（分树种和材种统计），以2017年木材交易价格为准；价格资料不全的，可以取近三年的平均交易价格代替。

采运成本：是指从立木采伐开始至木材运到产品交货地点（归楞场）的成本，包括伐区成本、运输成本和贮木场成本，各段成本包括直接费用和间接费用。

木材销售服务费用：指采伐设计费等。

木材生产经营利润：木材生产段的合理利润，一般按照木材生产成本比例计算。

4. 竹林调查

表6 省县乡镇/林场竹林调查表

竹林类型	稳产前期		稳产期					
	面积（公顷）	培育成本（元/公顷）	面积（公顷）	竹材产量（根/公顷）	竹材价格（元/根）	竹笋产量（公斤/公顷）	竹笋价格（元/公斤）	经营成本（元/公顷）

注：①稳产前期是指新营造竹林阶段。②稳产期是指竹林的竹材产量和竹笋产量与年度变化相对稳定的期间。

指标说明：

培育成本：包括整地、种竹、植竹、施肥、抚育及制造费等。

竹材产量：指平均每年的竹材出材量，要平衡大小年产量和不同经营级的产量。

竹笋产量：指平均每年的竹笋（鲜笋）产量，包括冬笋和春笋产量，要平衡大小年产量和不同经营级的产量。

价格：市场交易价（路边价），可以用统计资料估算。

经营成本：包括每年除草、翻土、病虫害防治、施肥以及挖笋和砍竹的投工、投资等直接为当年生产竹材和竹笋发生的成本和林地地租（注明地租价格）。

5. 主要经济林综合调查

表7　省县乡镇/林场主要经济林综合调查

经济林类型	经济林树种	初产期		盛产期				
		面积（公顷）	培育成本（元/公顷）	盛产期年限（年）	面积（公顷）	平均产量（千克/公顷）	平均价格（元/千克）	经营成本（元/公顷）

注：①初产期：包括新造的经济林地、产前期经济林地和始产期的经济林地。②盛产期：经济林产量比较稳定期间。③经济林地分类及定义按照全国森林资源清查技术规程分类和定义。

指标说明：

培育成本：初产期前发生的培育成本，包括造林、施肥和追肥、防治病虫害、修枝定形、除草、管理费用分摊。

平均产量：盛产期间的年平均产量，根据统计部门的统计资料或相关研究资料求算。

平均价格：以当地农业或统计部门提供的市场销售价格为准。

经营成本：包括肥料、施肥和灌溉、病虫害防治、人工采摘等直接为当年生产经济林产品发生的成本，包括年地租（注明地租价格）。

附 表

表 1　IPCC推荐使用的生物量转换因子（BEF）

编号	a	b	森林类型	R^2	备注
1	0.46	47.50	冷杉、云杉	0.98	针叶树种
2	1.07	10.24	桦木	0.70	阔叶树种
3	0.74	3.24	木麻黄	0.95	阔叶树种
4	0.40	22.54	杉木	0.95	针叶树种
5	0.61	46.15	柏木	0.96	针叶树种
6	1.15	8.55	栎类	0.98	阔叶树种
7	0.89	4.55	桉树	0.80	阔叶树种
8	0.61	33.81	落叶松	0.82	针叶树种
9	1.04	8.06	樟木、楠木、槠、青冈	0.89	阔叶树种
10	0.81	18.47	针阔混交林	0.99	混交树种
11	0.63	91.00	檫树落叶阔叶混交林	0.86	混交树种
12	0.76	8.31	杂木	0.98	阔叶树种
13	0.59	18.74	华山松	0.91	针叶树种
14	0.52	18.22	红松	0.90	针叶树种
15	0.51	1.05	马尾松、云南松	0.92	针叶树种
16	1.09	2.00	樟子松	0.98	针叶树种
17	0.76	5.09	油松	0.96	针叶树种
18	0.52	33.24	其他松林	0.94	针叶树种
19	0.48	30.60	杨树	0.87	阔叶树种
20	0.42	41.33	铁杉、柳杉、油杉	0.89	针叶树种
21	0.80	0.42	热带雨林	0.87	阔叶树种

注：资料引自（Fang 等，2001）；生物量转换因子计算公式：$B=aV+b$，其中，B为单位面积生物量，V为单位面积蓄积量，a、b为常数；表中R^2为相关系数。

表 2　不同树种组单木生物量模型及参数

序号	公式	树种组	建模样本数	模型参数	
				a	b
1	$B/V=a(D^2H)b$	杉木类	50	0.788432	−0.069959
2	$B/V=a(D^2H)b$	马尾松	51	0.343589	0.058413
3	$B/V=a(D^2H)b$	南方阔叶类	54	0.889290	−0.013555
4	$B/V=a(D^2H)b$	红松	23	0.390374	0.017299
5	$B/V=a(D^2H)b$	云冷杉	51	0.844234	−0.060296
6	$B/V=a(D^2H)b$	落叶松	99	1.121615	−0.087122
7	$B/V=a(D^2H)b$	胡桃楸、黄檗	42	0.920996	−0.064294
8	$B/V=a(D^2H)b$	硬阔叶类	51	0.834279	−0.017832
9	$B/V=a(D^2H)b$	软阔叶类	29	0.471235	0.018332

注：引自（李海奎和雷渊才，2010）。